管理思想文库

本书系第六期重庆市会计领军（后备）和重庆理工大学高层次人才引进项目（编号：2019ZD25）的资助成果

Research on the Influence of Short Selling Mechanism on Analyst Behavior

# 卖空机制对分析师行为的影响研究

王攀娜 著

经济管理出版社
ECONOMY & MANAGEMENT PUBLISHING HOUSE

图书在版编目（CIP）数据

卖空机制对分析师行为的影响研究／王攀娜著．—北京：经济管理出版社，2019.11
ISBN 978-7-5096-6896-2

Ⅰ.①卖… Ⅱ.①王… Ⅲ.①证券市场—研究—中国 Ⅳ.①F832.51

中国版本图书馆 CIP 数据核字（2019）第 195640 号

组稿编辑：杨雅琳
责任编辑：李红贤
责任印制：黄章平
责任校对：赵天宇

出版发行：经济管理出版社
　　　　　（北京市海淀区北蜂窝 8 号中雅大厦 A 座 11 层　100038）
网　　址：www.E-mp.com.cn
电　　话：（010）51915602
印　　刷：三河市延风印装有限公司
经　　销：新华书店
开　　本：720mm×1000mm/16
印　　张：12.5
字　　数：225 千字
版　　次：2019 年 11 月第 1 版　2019 年 11 月第 1 次印刷
书　　号：ISBN 978-7-5096-6896-2
定　　价：68.00 元

·版权所有　翻印必究·
凡购本社图书，如有印装错误，由本社读者服务部负责调换。
联系地址：北京阜外月坛北小街 2 号
电　　话：（010）68022974　　邮编：100836

# 前 言
## PERFACE

卖空机制是指投资者在公司股价高位判断其有下跌行情时，预先借入别人的股票卖出，待股价跌至预期价位时买回归还给借出方平仓，从中赚取价差的一种创新性的金融交易制度。卖空机制的作用主要体现在将更多信息融入公司股价中，有助于降低股市的投机性和波动性，增加资本市场的流动性和证券衍生价格，充分反映金融衍生品所代表的证券实际价格等。但因卖空机制与现行的看涨购买股票获利是反向操作，可能导致市场信号失真，产生扰乱市场甚至引起市场动荡的负面作用，因此各个国家均对卖空交易实行不同的管制。随着金融市场的发展，为了充分发挥卖空机制金融交易制度的作用，各个国家尤其是市场经济发达国家先后不断放松卖空管制。中国证监会于2010年启动卖空机制，经过五次扩容，截至2014年底卖空标的达900只。2015年6月中国证券市场发生严重股灾后，中国证监会于2015年8月发布交易细则收紧卖空管制。中国调整卖空机制的过程，为观察卖空机制的经济后果提供了很好的准自然实验场景。

关于卖空机制的经济后果，已有文献主要讨论了对市场效率和公司行为的影响，得到有正有负的结果，结论并不统一。随着研究的深入，学者们关注到卖空机制对信息中介的影响。分析师作为连接市场和公司的桥梁，近年来在证券市场中扮演着越来越重要的角色。从理论逻辑上说，分析师作为资本市场信息中介，有利于提高资本市场运作效率（Lang et al., 2003）。但现实世界中，分析师自身的成本收益权衡决定着分析师的行为。那么，卖空机制调整将引起分析师行为的哪些变化？结合传统金融理论和行为金融理论进行解释，能从全新的视角诠释该话题。

从卖空机制对分析师跟踪行为的影响来看，放松卖空管制后公司信息环境发生改变，既可能因卖空投资者对分析师的服务需求增加，分析师佣金收入得以提高，促使分析师跟踪增加，也可能因卖空投资者部分替代分析师的外部监督角色，分析师跟踪减少。从卖空机制对分析师预测行为的影响来看，如果卖空机制发挥外部治理作用，将提升分析师预测质量，减少预测偏差；

## 卖空机制对分析师行为的影响研究

放松卖空管制后股价下行风险增大，公司管理层和券商机构面临的市场压力增大，干预分析师发布乐观预测，则增大预测偏差。从卖空机制对分析师评级行为的影响来看，如果卖空机制改变信息环境，将使分析师信息获取成本降低，将减少分析师评级的"羊群行为"；放松卖空管制后股价下行风险增大，干预分析师评级行为，则可能增大分析师评级的"羊群行为"。由此可见，卖空机制对分析行为的影响具体为何，需要通过实证检验加以证实。

基于中国放松卖空管制的准自然实验，将经典金融理论与行为金融理论相结合，研究中国卖空机制调整如何影响分析师行为，具体作用机制是什么，又会产生怎样的经济后果？通过探讨中国卖空机制对分析师行为影响的作用机制，有助于加深卖空机制经济后果的认识。进一步地，从股价崩盘风险的角度，检测卖空机制影响分析师行为的经济后果。总体目标是基于中国调整卖空机制的制度背景，以分析师跟踪、预测和评级行为为切入点，建立卖空机制影响分析师行为的整体理论框架，为加强中国卖空机制政策作用效果、促进分析师职能发挥、提升资本市场效率提供对策建议。

本书的创新和贡献主要体现在以下三个方面：

第一，从信息中介分析师的角度，拓展和丰富了卖空机制经济后果理论研究。已有卖空机制经济后果研究着重关注对市场效率和公司行为的影响。近年来，卖空机制对信息中介（媒体、审计师和分析师）的影响逐渐引起人们的关注。Ke等（2015）和李丹等（2016）观测了卖空机制对分析师预测行为的影响，但未观测对分析师跟踪行为的影响，也未深入探讨卖空机制影响分析师行为的具体作用机制和经济后果。因此，基于中国逐步放松卖空管制的现实制度背景，研究卖空机制对分析师行为的影响，首次观测了对分析师跟踪行为的影响，并进一步讨论了卖空机制影响分析师跟踪、分析师预测和分析师评级行为的作用机制，及其影响分析师行为的经济后果。

第二，基于中国卖空机制调整的准自然实验构建双重差分模型，检验卖空机制对分析师行为的影响，一定程度上缓解卖空机制与分析师行为之间的内生性问题。基于中国2010年起放松卖空管制、四次调整过程中退出卖空机制标的、2016年8月收紧卖空管制等特殊时点进行研究，因为这些特殊时点具有事前的不可预测性、影响巨大等特征，是经济学研究所需的识别策略的很好的天然外生冲击。通过构建双重差分模型检验卖空机制对分析师行为的影响，一定程度上缓解了卖空机制与分析师行为之间的内生性问题。

第三，为卖空机制影响分析师行为的相关研究提供微观作用机制支持。Ke等（2015）基于美国放松卖空管制和李丹等（2016）基于中国引入卖空机制，均得到卖空机制通过治理机制作用降低分析师预测乐观度的结论。但这里认为中国是逐步放松卖空管制的,与 Ke 等(2015)一文中观测的美国放松卖空管制中的报升规则完全不同。本书的研究发现,放松卖空管制后,分析师发挥信息中介作用,在信息环境机制的作用下,由于投资者对分析师服务需求增加,吸引分析师跟踪;在市场压力机制的作用下,公司管理层和券商机构面临着股价下行风险增大,干预分析师发布乐观预测;放松卖空管制后改变市场信息环境,有助于减少分析师评级的"羊群行为"。

# 目 录
DIRECTORY

## 1 导 论
CHAPTER

1.1 选题背景 …………………………………………………… 001
1.2 研究问题和研究意义 ………………………………………… 003
    1.2.1 理论意义 ………………………………………………… 004
    1.2.2 现实价值 ………………………………………………… 005
1.3 研究思路与研究方法 ………………………………………… 006
1.4 研究创新与贡献 ……………………………………………… 007

## 2 理论基础与文献回顾
CHAPTER

2.1 基础理论 ……………………………………………………… 011
    2.1.1 有效市场假说 …………………………………………… 011
    2.1.2 卖空机制原理 …………………………………………… 013
    2.1.3 行为金融理论 …………………………………………… 015
    2.1.4 分析师角色 ……………………………………………… 016
2.2 卖空机制的经济后果文献回顾 ……………………………… 017
    2.2.1 卖空机制对资本市场效率的影响 ……………………… 017
    2.2.2 卖空机制对企业行为的影响 …………………………… 018
    2.2.3 卖空机制对信息中介的作用 …………………………… 019
2.3 分析师文献概述 ……………………………………………… 021
    2.3.1 分析师跟踪 ……………………………………………… 021
    2.3.2 分析师预测 ……………………………………………… 024

2.3.3 分析师评级 …………………………………………… 028
2.3.4 分析师个人特质 ……………………………………… 030
2.4 股价崩盘风险的成因 …………………………………………… 033
2.5 文献述评 ………………………………………………………… 035

# 3 卖空机制和分析师行业发展的制度背景

3.1 中国多层次资本市场的发展 …………………………………… 037
3.2 卖空机制概述 …………………………………………………… 038
    3.2.1 世界各国的卖空机制发展 …………………………… 039
    3.2.2 卖空机制在中国的发展 ……………………………… 042
3.3 分析师概述 ……………………………………………………… 045
    3.3.1 分析师工作内容 ……………………………………… 045
    3.3.2 分析师的分类 ………………………………………… 046
    3.3.3 分析师的独立性 ……………………………………… 047
    3.3.4 分析师在中国的发展 ………………………………… 049
3.4 构建卖空机制影响分析师行为的理论框架 …………………… 051
    3.4.1 金融监管制度对分析师的影响 ……………………… 051
    3.4.2 卖空机制影响分析师行为的理论框架 ……………… 052
3.5 本章小结 ………………………………………………………… 055

# 4 卖空机制对分析师跟踪的影响及作用机制

4.1 提出研究问题 …………………………………………………… 057
4.2 理论分析及研究假设推导 ……………………………………… 058
4.3 研究设计 ………………………………………………………… 060
    4.3.1 数据来源与样本选择 ………………………………… 060
    4.3.2 模型设定 ……………………………………………… 061
    4.3.3 变量定义 ……………………………………………… 061
4.4 实证检验与分析 ………………………………………………… 063

4.4.1　描述性统计分析 …………………………………… 063
   4.4.2　卖空机制与分析师跟踪 …………………………… 066
   4.4.3　卖空机制与明星分析师跟踪 ……………………… 067
   4.4.4　稳健性检验 ………………………………………… 069
   4.4.5　进一步分析 ………………………………………… 073
 4.5　卖空机制增加分析师跟踪的作用机制 …………………… 077
   4.5.1　公司治理 …………………………………………… 077
   4.5.2　信息环境 …………………………………………… 078
   4.5.3　本节小结 …………………………………………… 084
 4.6　本章小结 …………………………………………………… 084

# 5　卖空机制对分析师预测的影响及作用机制

 5.1　提出研究问题 ……………………………………………… 087
 5.2　理论分析和研究假设推导 ………………………………… 088
 5.3　研究设计 …………………………………………………… 090
   5.3.1　数据来源与样本选择 ……………………………… 090
   5.3.2　模型设定 …………………………………………… 091
   5.3.3　变量定义 …………………………………………… 091
 5.4　实证分析 …………………………………………………… 092
   5.4.1　描述性统计 ………………………………………… 092
   5.4.2　卖空机制与分析师预测偏差 ……………………… 095
   5.4.3　卖空机制、公司市值规模与分析师预测偏差 …… 096
   5.4.4　稳健性检验 ………………………………………… 097
 5.5　进一步分析 ………………………………………………… 103
   5.5.1　明星分析师 ………………………………………… 103
   5.5.2　公司业绩差异 ……………………………………… 105
   5.5.3　股票市场行情差异 ………………………………… 106
   5.5.4　收紧卖空管制 ……………………………………… 108
 5.6　卖空机制提升分析师预测乐观偏差的作用机制 ………… 110

5.6.1 信息环境 ……………………………………………………… 110
5.6.2 市场压力 ……………………………………………………… 112
5.6.3 本节小结 ……………………………………………………… 119
5.7 本章小结 ………………………………………………………………… 119

# 6 卖空机制影响分析师行为的经济后果：股价崩盘风险角度的观测

6.1 提出研究问题 …………………………………………………………… 121
6.2 理论分析与研究假设推导 ……………………………………………… 122
6.3 研究设计 ………………………………………………………………… 125
    6.3.1 数据来源与样本选择 ………………………………………… 125
    6.3.2 模型设定 ……………………………………………………… 125
    6.3.3 变量定义 ……………………………………………………… 125
6.4 实证分析 ………………………………………………………………… 127
    6.4.1 描述性统计分析 ……………………………………………… 127
    6.4.2 实证检验与分析 ……………………………………………… 128
    6.4.3 稳健性检验 …………………………………………………… 134
    6.4.4 本节小结 ……………………………………………………… 136
6.5 公司股价崩盘风险的传染：股灾的诱因及其治理机制 …………… 136
    6.5.1 公司股价崩盘风险到市场股价崩盘风险的传染 …………… 136
    6.5.2 股价崩盘风险引发2015年6月股灾 ………………………… 136
    6.5.3 防范股灾再次发生的对策建议 ……………………………… 137
6.6 本章小结 ………………………………………………………………… 138

# 7 卖空机制对分析师评级的影响

7.1 提出研究问题 …………………………………………………………… 139
7.2 文献回顾与研究假设 …………………………………………………… 140
7.3 研究设计 ………………………………………………………………… 142

- 7.3.1 数据来源与样本选择 …… 142
- 7.3.2 模型设定 …… 143
- 7.3.3 变量定义 …… 143
- 7.4 实证检验与分析 …… 145
  - 7.4.1 描述性统计 …… 145
  - 7.4.2 实证结果分析 …… 146
- 7.5 稳健性检验 …… 153
  - 7.5.1 回归方法 …… 153
  - 7.5.2 关键变量指标替换 …… 157
  - 7.5.3 去掉进入卖空标的当年数据 …… 161
- 7.6 研究结论与启示 …… 163

# 8 研究结论、政策启示及局限性

- 8.1 主要研究结论 …… 165
- 8.2 政策建议 …… 167
  - 8.2.1 卖空机制政策实施方面 …… 167
  - 8.2.2 分析师行业监管方面 …… 168
  - 8.2.3 市场信息环境方面 …… 168
- 8.3 研究局限性及未来研究展望 …… 169

参考文献 …… 171

后记 …… 187

# 导论

## 1.1 选题背景

卖空机制作为一种创新型的金融交易制度，可以将更多信息融入公司股价，降低投机性与波动性，增加资本市场流动性，在市场经济发达国家已推行多年。但2008年美国爆发了影响全球金融市场乃至整个世界经济的金融危机，反思其形成原因，卖空机制受到重大质疑。人们认为卖空交易不透明导致卖空头寸累计到一定程度形成系统性风险，在市场出现利空或大的动荡时，卖空机制成为投机者操纵市场进行投机交易的手段，卖空者扮演了制造资本市场恐慌和扭曲实体经济活动的负面作用。2008年国际金融危机后，美国证券交易委员会（SEC）通过了一系列措施加强资本市场监管，其他部分国家也发布了限制甚至禁止卖空的条例。美国金融学年会主席 Duffi（2010）演讲中指出，摩擦驱动的错误定价事件是近期金融文献研究的主要命题，俨然成为资本市场监管长期政策制定过程中需要着重考虑的新问题。

为了促进金融市场发展，提高资本市场定价效率，中国证监会于2010年3月31日开始试点卖空机制金融交易制度，首次批准90只公司股票进入交易名单，经过四次扩容，截至2015年底有900只标的股，约占中国证券市场1/3的股票。然而，2015年6月中国证券市场发生严重股灾，随后证监会在2015年8月发布交易细则收紧卖空管制。中国作为新兴市场经济国家的典范，在发展金融市场促进经济发展的过程中，其卖空机制的经济后果成为理论界和实务界关心的热点话题。中国证券市场放松卖空管制又收紧卖空管制，卖空机制调整的准自然实验场景，为我们研究卖空机制的经济后果提供了研究机会，也为进一步监管和调控资本市场风险提供理论借鉴和政策建议。

根据有效市场假说，卖空机制将更多信息融入市场股价，在市场行情上涨的过程中能增加证券的供给，在股价下跌的过程中因交割需要会增加对股票的需求，从而起到降低股市的投机性和抑制股价波动，活跃市场交易，扩大市场供需规模，提高市场效率。但基于中国证券市场启动卖空交易机制以来的现实观察却发现，沪市大盘指数从不到2000点一路飙升至5000多点，投资者投资热情高涨。尤其是2015年股灾发生后，部分财经专家认为是卖空机制制造了这场灾难。这都促使我们结合行为金融理论，深入探讨政策制定预期与现实观察不符的原因，这也是中国政府、投资者和上市公司都非常关心的问题。

已有关于卖空机制经济后果的研究文献，主要基于各个国家放松卖空管制的交易制度背景，从资本市场和公司行为两方面进行观测，得到有正有负的结果，结论并不统一。分析师作为连接市场和公司的桥梁，在证券市场扮演着越来越重要的角色。因此，本书基于中国放松卖空管制的现实制度背景，从信息中介分析师行为的角度，观测卖空机制对分析师行为的影响。之所以选择分析师进行研究，是因为分析师作为一种重要的资本市场信息中介（Healy and Palepu，2001），具有信息发现和解读的双重功能（Daniel et al.，2016），决定着资本市场信息效率。但成本收益权衡是分析师行为决策的关键（Beyer et al.，2010），信息获取的成本和收到的佣金收入共同决定着分析师跟踪行为。部分研究发现，分析师进行盈利预测时，如果面临来自其附属券商机构、机构投资者客户和被跟踪公司各种利益纠葛的压力，就可能发布有偏甚至是误导性的研究报告。正是由于分析师行为的不确定性，非常有必要研究放松卖空管制情境中，分析师行为到底发生什么改变。

卖空机制这种金融交易制度鼓励投资者挖掘公司"坏信息"投资获利，既可能提升公司财务信息质量（Massa et al.，2015），也可能降低业绩预告精度（Li and Zhang，2015），使公司信息环境变得更为复杂。公司信息环境的改变使投资者对分析师服务的需求增加，因能提高分析师佣金收入而使分析师跟踪增加。也有部分文献发现分析师具有监督职能，发挥公司外部治理作用（Healy and Palepu，2001；张纯和吕伟，2009）。如果卖空投资者部分替代分析师的监督职能，卖空机制将减少分析师跟踪。此外，如果卖空机制发挥积极治理作用，会对分析师行为产生纠偏作用，将减少分析师预测偏差。与之不同的是，放松卖空管制导致股价下行风险增大，公司管理层和券商机构在市场压力机制下均可能干预分析师发布乐观预测报告，导致分析师预测偏差增大。因此，卖空机制对分析师行为影响的作用机制值得深入探讨，卖空机制导致分析师行为改变的经济后果亦值得进一步观测。

基于以上分析，本书主要围绕卖空机制对分析师行为影响这一主题进行深入研究。通过构建理论框架，收集相关数据进行实证检验，从理论分析和实证检验两方面研究卖空机制对分析师跟踪、预测和评级行为的影响，进一步探讨卖空机制影响分析师行为的作用机制并从股价崩盘风险的角度，观测卖空机制影响分析师行为的经济后果，以期为中国证券监管部门促进卖空机制作用发挥提供政策启示和对策建议。

## 1.2 研究问题和研究意义

本书围绕卖空机制对分析师行为的影响展开研究，主要从分析师跟踪、预测和评级三个维度进行观测。总的来说，研究的问题主要是卖空机制对分析师行为的影响，具体分解为四个小的问题，分别为卖空机制对分析师跟踪行为的影响及作用机制，卖空机制对分析师盈利预测行为的影响及作用机制，卖空机制对分析师评级行为的影响及作用机制，卖空机制影响分析师行为的经济后果。

随着各个国家放松对卖空机制的管制以来，除从市场效率和公司行为观测其经济后果外，卖空机制对市场信息中介分析师行为的影响逐渐引起人们关注。Ke 等（2015）基于美国放松卖空管制的研究发现，由于股价下行风险增大，分析师通过公司股票价格学习了解公司基本面信息，为了保住个人声誉而选择相信卖空投资者，证实卖空投资者发挥了治理作用，卖空机制降低了分析师预测乐观度。李丹等（2016）考察了中国放松卖空管制对分析师预测行为的影响，发现卖空机制发挥治理作用降低了分析师预测乐观度。但卖空机制这种创新型的交易制度发挥治理作用需要满足一定的条件，中国资本市场是否满足这些条件？已有文献并未深入研究卖空机制影响分析师行为的作用机制。另外，中国自 2010 年以来逐步放松卖空管制，2015 年发生股价崩盘股灾后又收紧卖空管制，卖空机制存在调整的过程。目前尚未有文献关注到卖空机制对分析师跟踪行为的影响，仅有少量文献关注到放松卖空管制对分析师预测行为的影响，但对收紧卖空管制的影响尚未涉及，且并未进一步探讨其经济后果。

虽然 Ke 等（2015）基于美国放松卖空管制中的报升规则，李丹等（2016）基于中国启动卖空机制，均得到放松卖空管制降低分析师预测乐观度的结论。但本书认为,中国首次启动卖空机制与美国放松卖空管制中的报升规则完全不同,且基于中国放松卖空管制后的现实观察发现,资本市场一路上扬。因此,预期中国卖空机制对分析师行为的影响与美国不同,这正是本书中研究问题和研究机会所在。

立足于中国特殊的制度环境和资本市场实际,深入分析卖空机制影响分析师行为的作用机制,从理论分析和实证检验两个方面研究卖空机制对分析师行为的影响,并进一步探讨影响两者关系可能的约束条件及两者关系所导致的经济后果,得出具有基础性、前沿性、原创性及较强应用价值的研究成果,丰富和发展现代金融理论、行为金融理论、分析师信息中介等共同涉及的信息不对称理论。同时,为金融监管部门适时、科学、合理的卖空机制提供一定的借鉴和政策建议,为更好地理解现实中分析师的行为决策提供启示和参考,为投资者认识卖空机制经济后果,进而制定合理的投资策略提供理论依据与现实证据。本书带有一定的前瞻性,具体而言研究的理论意义和现实价值体现在以下几个方面:

### 1.2.1 理论意义

第一,拓展卖空机制影响分析师行为的理论研究体系。已有卖空机制的经济后果研究主要从市场效率和公司行为两方面进行了大量观测,但研究结论有正有负,并不统一。有的从市场和公司中介分析师的视角,检验卖空机制对分析师行为的影响。现有该领域文献仅见 Ke 等(2015)、李丹等(2016)和胡凡和夏翊(2017)证实放松卖空管制降低分析师预测乐观度。进一步观测卖空机制对分析师跟踪的影响和作用机制,卖空机制对分析师预测的影响和作用机制,卖空机制影响分析师行为的经济后果,基于中国放松又收紧卖空管制的特殊自然实验观测卖空机制调整对分析师行为的影响和经济后果,有助于拓展卖空机制影响分析师行为的理论研究体系。

第二,丰富了卖空机制对分析师行为影响的作用机制研究。结合中国的现实制度背景,借鉴 Ke 等(2015)及倪骁然和朱玉杰(2017)的研究,本书认为卖空机制对分析师行为影响主要有如下几种作用机制:一是公司治理。卖空机制通过促进市场参与者对公司负面私有信息的挖掘,采用"用脚投票"的杠杆效应加大了对大股东和管理层利益侵占行为的惩罚(He and Tian,2015),公司治理改善,对分析师跟踪的影响存在增加或减少的两种可能,将减少分析师预测偏差。二是信息环境。卖空机制刺激卖空投资者挖掘公司"坏消息",公司的信息环境改变。分析师跟踪既可能增加也可能减少。公司分析师跟踪数量取决于投资者对分析师服务的需求(Bhushan,1989)。如果放松卖空管制,投资者对分析师服务的需求将增加,则分析师跟踪增加。反之,如果卖空者部分替代分析师的监督角色,投资者对分析师服务的需求减少,则分析师跟踪减少。信息环境的改变使分析师预测偏差也存在增大或减少两种可能。分析师评级的"羊群行为"既可能加剧,也可能减轻。三是市场压力。股价大幅下跌引起股市行情下滑可能降低券商机构的经纪收入,低的股票价格也可能增加公司经理人被接替或解雇的可能性(Stein,1988; Morck et al.,1990),券商和公司经理人面对股价下行压力时,可能干预分析师,增大分析师预测偏差,改变分析师评级"羊群行为"。本书结合中国调整卖空机制的准自然实验,研究卖空机制对分析师行为影响的具体作用机制,丰富和完善该领域的理论研究。

第三,从股价崩盘风险角度,完善卖空机制影响分析师预测行为的经济后果研究。本书基于行为金融理论的框架,在中国严重股灾的背景下研究卖空机制影响分析师行为的经济后果,发现放松卖空管制标的公司的分析师预测乐观偏差增大,将加剧公司股价崩盘风险。卖空机制可能引发股市行情大幅下跌,中小股民离场将大大削减券商的经纪收入,此时券商将面临的市场压力转嫁给分析师。在"利益冲突"下,分析师存在乐观偏差倾向,进而加剧公司股价崩盘风险。公司层面的股价崩盘风险迅速传染到市场,引起市场层面的股价崩盘,诱发严重的股灾。

### 1.2.2 现实价值

第一,有助于认识中国卖空机制的经济后果。根据经典金融理论,卖空机制能提高信息透明度,一方面提升资本市场定价效率,另一方面将发挥外部治理作用改善公司治理。那么,如果卖空机制对信息中介也发挥正面的治理作用,通过分析师行为观测,应当得到一些积极的经验证据。但卖空机制发挥治理作用需要满足一定的条件,中国资本市场是否满足这些条件?这是市场参与者非常关心的问题。本书观测中国卖空机制对分析师行为的影响,并进一步观测该影响的作用机制和经济后果。研究结论有助于相关市场参与者了解中国放松卖空管制的经济后果,为证券监管部门加强卖空机制制度执行和监管提供政策建议。

第二，帮助理解分析师行为逻辑。中国分析师行业发展时间较短，囿于缺乏分析师与附属机构之间的佣金等数据，分析师行为研究才刚起步，导致对分析师行为决策逻辑认识有限。在放松卖空管制情境中，通过分析师行为变化透视其背后的利益链条，加深对分析师预测行为逻辑的理解。从最大化分析师声誉、根据接收者的反应优化分析师报告和最大化分析师报告对投资者的价值（Beyer et al., 2010）等方面探讨提升分析师激励效果，为加强分析师行业监管提供对策建议。

第三，寻找到解释中国股灾发生的诱因和作用机理，为防范股灾再次发生提供对策建议。2015年6月中国股灾发生之后，学术界和业界对股灾形成的原因进行了各种解读和分析，但这些梳理主要从现象出发进行主观解读，缺乏理论逻辑框架的分析及严谨的数据论证和支撑。结合中国的现实制度背景，证券市场信息环境存在诸多问题，分析师作为市场信息中介，在卖空交易机制下对股价崩盘风险起到了"推波助澜"的作用。未来的股灾防范过程中，需要加强券商等机构投资者的监管，积极引导分析师等行业信息中介的健康发展。

## 1.3 研究思路与研究方法

随着中国放松卖空管制，卖空机制金融交易制度的影响成为理论界和实务界关注的热点话题。理论上市场信息中介分析师能客观、公正地研究和传播公司有关各类信息，从而提高市场效率，所以分析师行为是资本市场的重要研究领域。通过对卖空机制经济后果和分析师行为两大领域的国内外文献进行梳理，发现卖空机制对信息中介分析师行为影响这个研究领域既很重要且又尚属空白。因此，本书基于中国卖空机制调整的过程，研究卖空机制对分析师行为的影响，并检测具体作用机制和可能的经济后果。

本书主要回答的问题包括：卖空机制如何影响信息中介分析师行为，具体作用机制是什么，又会产生怎样的经济后果？结合该领域的最新研究进展，具体从卖空机制对分析师跟踪的影响和作用机制、卖空机制对分析师预测的影响和作用机制、卖空机制对分析师评级的影响和作用机制、卖空机制影响分析师预测行为的经济后果等方面开展全书的理论分析与实证研究。

本书规范研究和实证研究相结合，在理论回顾和文献梳理的基础上，采用大样本观测卖空机制对分析师行为的影响、作用机制和经济后果,对实证检验结果进行比较分析;辅以事件研究法,观察卖空机制调整特殊时点的分析师行为改变。具体研究方法和对应的研究内容如下:

一是实证研究与规范研究相结合。基于已有文献梳理卖空机制的经济后果和分析师行为。实证研究部分,构建计量模型,收集相关数据,充分利用描述性统计、多元回归分析等方法,检测卖空机制对分析师跟踪、预测和评级行为的影响和作用机制;从股价崩盘风险的角度,观测卖空机制影响分析师行为的经济后果。采用实证研究与规范研究相结合的方法,利用有效市场假说和行为金融理论等,进行理论分析和实证检验结果解释。

二是比较分析法。中国2010年开始逐步放松卖空管制,2011~2014年先后四次扩容至900只标的股。选取2007~2015年沪深两市A股上市公司作为研究样本,构建多时点的双重查分模型(DID),通过卖空标的和非卖空标的进入卖空标的前后的对比,对放松卖空管制影响分析师行为进行双重差分比较,具体通过分析师跟踪、分析师预测和分析师评级三个维度进行观测。除了采用公司—年度数据样本外,还采用分析师—公司—年度数据样本进行检验。主要采用面板数据模型,控制公司固定效应和时间效应进行回归检验,以期得到更加稳健的结果。

三是事件研究法。随着我国逐步放松卖空管制,卖空标的逐步扩容,也逐步退出了部分不符合标准的标的公司。中国2015年6月发生股灾以后,同年8月证监会收紧卖空管制。通过事件研究法,以所有进入卖空标的的900只股票为研究样本,观测收紧卖空管制对分析师行为的影响。本书基于中国卖空机制调整,采用事件研究法检验卖空机制对分析师行为的影响。

四是归纳总结法。根据本书的研究内容,归纳中国卖空机制政策执行效果,总结卖空机制制定和执行过程的问题,为证券监管部门加强卖空机制度执行和监管提供政策建议。通过分析师行为逻辑的分析,为加强分析师的行业监管提供思路借鉴。

## 1.4 研究创新与贡献

本书关注卖空机制对分析师行为的影响,具体的作用机制和经济后果。研究发现,中国放松卖空管制吸引分析师跟踪,作用机制是信息环境改变,投机型投资者的服务需求增加,并非意味着改善了市场信息环境。研究还发现，放松卖空管制标的公司的分析师预测乐观偏差增大，作用机制为市场压力机制，即公司管理层和券商机构面临股市行情下滑风险，干预分析师发布乐观预测报告。卖空机制增加分析师预测乐观偏差，将加剧公司未来股价崩盘风险，减少分析师评级的"羊群行为"。相较于现有文献，本书的贡献主要体现在以下几个方面：

首先，从信息中介分析师的角度拓展和丰富了卖空机制经济后果理论研究。已有卖空机制经济后果文献着重关注了对市场效率和公司行为的影响，对信息中介（媒体、审计师和分析师）的影响逐步引起关注，但卖空机制对分析师行为的影响研究还只是停留在表面观测，如 Ke 等（2015）和李丹等（2016）只观测了卖空机制对分析师预测行为的影响。在现有文献并未观测卖空机制对分析师跟踪行为的影响，也并未深入探讨卖空机制影响分析师行为的具体作用机制和经济后果。因此，本书基于中国卖空机制调整的现实制度背景，丰富卖空机制对分析师预测行为的影响，并首次观测了卖空机制对分析师跟踪行为的影响，进一步讨论了卖空机制影响分析师跟踪和分析师预测行为的作用机制，卖空机制影响分析师行为的经济后果。

其次，基于中国卖空机制调整的准自然实验构建双重差分模型，检验卖空机制对分析师行为的影响，在一定程度上缓解卖空机制与分析师行为的内生性问题。卖空机制作为一种资本市场金融交易制度，和市场信息中介分析师之间存在天然的联系，这局限了卖空机制与分析师行为之间关系的研究。基于中国 2010 年起逐步放松卖空管制、退出部分卖空标的公司、收紧卖空管制等特殊时点进行研究，因为这些特殊时点具有事前的不可预测性、影响巨大等特征，是经济学研究所需识别策略很好的天然外生冲击。

再次，为卖空机制影响分析师行为的相关研究提供微观作用机制支持。Ke 等（2015）基于美国放松卖空管制和李丹等（2016）基于中国引入卖空机制，均得到卖空机制通过治理机制降低分析师预测乐观度的结论。但本书认为，中国的卖空机制是逐步放松卖空管制，与 Ke 等（2015）一文中观测的美国放松卖空管制中的报升规则完全不同。研究发现，在放松卖空管制的情境中，分析师发挥信息中介作用，在信息环境作用的机制下，由于投资者对分析师服务需求增加，吸引分析师跟踪；放松卖空管制后，在市场压力作用的机制下，公司管理层和券商机构面临股价下行风险增大，干预分析师发布乐观预测。

最后，本书的结论有一定的政策启示。中国证监会于 2010 年开始启动卖空机制，逐步放松对部分上市公司的卖空交易管制，之后又五次扩容使卖空标的增至 900 多只，以期发挥卖空机制稳定市场、提高市场定价效率的作用。但本书发现，政府对卖空交易制度管制严格，设置参与卖空交易的门槛较高，广大中小股民被限定在卖空交易门槛外，使卖空机制成为少数机构投资者操纵市场的工具，卖空机制非但未能达到平稳市场的预期效果，反而通过提高分析师预测乐观偏差，加剧股价崩盘风险。因此，在我国资本市场逐步发展完善的阶段，降低参与卖空交易门槛，更好地促进和发挥卖空机制的作用，具有较大的现实意义。

# 理论基础与文献回顾

CHAPTER 2

本书所要解答的中心问题是卖空机制如何影响分析师行为,可以分为两个层面:首先是卖空机制对分析师行为的影响和作用机制;其次是卖空机制影响分析师行为的经济后果。以上问题根源于信息不对称的广泛存在,以及分析师存在利益冲突的现实,故有效市场假说和行为金融理论是本书研究的逻辑起点和理论基础。此外,分析师作为一种重要的市场信息中介,是缓解信息不对称的重要途径。随着行为金融理论的崛起,学者们不再仅局限于信息角色研究分析师行为,而是基于分析师自身利益考虑的行为逻辑观测其行为。延续行为金融理论的研究逻辑,从分析师跟踪和分析师预测行为的视角,对金融交易制度环境与信息中介相关研究进一步拓展和丰富。因此,金融交易制度与分析师行为系列文献也是本书的基础理论和研究起点。

首先,下文将从传统金融理论的有效市场假说、卖空机制原理、现代行为金融理论、分析师角色以及卖空机制影响分析师行为对已有理论和实证文献进行梳理和总结。其次,一方面对金融交易制度的经济后果已有文献进行简要概括,另一方面对分析师跟踪和预测行为的影响因素和经济后果的已有文献进行整理和评述。在文献述评的基础上,突出当前研究现状及不足,明确研究机会,从而构建卖空机制影响分析师行为的理论框架。本章的理论基础及文献回顾,为后文实证检验提供了坚实的理论与文献基础,并明确研究创新和边际贡献。

## 2.1 基础理论

### 2.1.1 有效市场假说

美国芝加哥大学金融学教授 Fama(1965)发表的《股票市场价格行为》一文中,首先提出有效市场假说(Efficient Market Hypothesis,EMH),并于

1970年对该理论进行了深化。该假说认为，在法律健全、透明度高、功能良好和充分竞争的股票市场中，一切有价值的信息包含公司当前和未来价值，业已及时、准确、充分地反映在股价走势中了。衡量证券市场有效性的两个主要标志：一是根据有关信息，证券价格是否能够自由地变动；二是证券有关信息能否充分披露，在市场均匀分布，使每个投资者在同一时间内得到等质量信息。根据这一假说，股票的技术分析是无效的，除非投资者通过市场操纵，否则不可能通过分析以往价格获取高于市场平均水平的超额投资收益。自此，有效市场假说成为传统金融经济理论最重要的基础理论之一。

根据 Fama（1970）的研究，有效市场假说包括三种形式，具体如表 2-1 所示。

表 2-1　有效市场假说的形式及主要观点

| 形式 | 主要观点 |
| --- | --- |
| 弱式有效市场（weak form） | 证券市场价格已充分反映出所有公司已公开披露的证券价格历史信息，投资者无法通过搜寻历史信息赚取超额收益 |
| 半强式有效市场（semi-strong form） | 证券价格已充分反映了公司所有已公开披露的财务信息，投资者无法通过公开信息赚取超额收益 |
| 强式有效市场（strong form） | 证券价格已充分反映了所有关于公司已公开披露信息及公司内部未公开信息，投资者无法获得超过平均利润的投资收益 |

根据有效市场假说对信息的表述，所有可得的信息包括：最容易获取的以往的交易信息，如价格、成交量等；较容易获取的公司年报、新闻等公开信息；不容易获取的内幕信息。有效市场假说是一个以完美市场（perfect market）为前提，强调信息对证券价格的决定性作用，主要基于如下四个方面的假设，具体如表 2-2 所示。

表 2-2　有效市场假说的主要假设

| 主要观点 | 具体内容 |
| --- | --- |
| 市场没有摩擦 | 没有交易成本和税收，所有资产可完全分割并进行交易，没有针对市场的限制性规定 |
| 市场充分竞争 | 市场参与者都接受市场定价价格 |
| 信息成本为零 | 信息没有获得成本 |
| 市场参与者同时接受信息 | 市场参与者都追求效用最大化 |

在现实生活中，有效市场假说条件很难成立，因为投资者投资时，需要考虑交易成本、税收、信息挖掘成本和机会成本等。并非每个投资者都是理性的，且在每一时点上信息并非都是有效的。但有效市场假说提出了理论上的一种完美状态，具有重要研究贡献。

综上可见，为了提高证券市场的有效性，关键在于解决信息问题。因此，公开信息披露制度是建立有效资本市场的基础。尽管现实世界的证券市场很难做到完全有效，但这并不能否认理论上完美市场的存在，它为信息和效率之间架起了桥梁。会计信息的基本功能是环境市场中的信息不对称程度，其质量的高低决定着资本市场的有效程度和社会资源配置效率（逯东等，2012）。因此，如何改善信息披露质量，成为提升证券效率的关键。各国政府为了促进金融市场发展，通过各种途径改善信息披露质量提升市场效率，包括健全相关法律法规体系、细化信息披露主体和内容、督促提升公司治理质量、加强行政监管处罚力度等（罗宏等，2016）。但除了上述法律体系和管制制度外，市场机制作用也是非常重要的手段。正如主流经济学信奉者认为的那样，市场会自发实现资源的有效配置。卖空机制这种创新金融交易制度，便是利用市场机制提升市场效率的一种典范。

### 2.1.2 卖空机制原理

传统经济学理论主要强调完全竞争和自由进入两个方面，认为市场是完美的，并不存在摩擦，主要关心市场均衡状态的存在，但对于如何形成市场均衡状态却并未加以考虑。经典金融理论侧重从市场信息流的角度认识资产价格，也认为市场是无摩擦的且没有交易成本的，即交易者为了获得信息，可以在市场中无成本地交易，市场交易的资产价格能迅速反映资产价值。除了资产价格外，交易者无法从市场交易过程中获得关于资产价值的信息。因此，价格发现问题并非经典金融理论重点关心的范畴。但市场运行过程中，人们发现价格似乎有一种"魔力"，从形成开始就似乎包含了资产价值相关的所有信息。因此，对交易过程的价格运动影响研究非常有必要。Demsetz（1968）在发表的《交易成本》一文中建立了首次引入交易制度的证券交易过程模型，为金融市场微观结构理论奠定了基础。Garman（1976）探讨了资产价格受到做市商制度的影响，为微观结构理论发展拉开了序幕。后来，Biais 等（2002）根据流动性供应者的行为特征，将价格发现模型进一步划分为竞争性做市商报价模型和策略性流动性供应者模型两类进行研究，对价格形成和发现理论进行了拓展。

经典资产定价模型通常假定，一方面，理性人在套利行为的推动下会完全卖空无成本套利；另一方面，投资者信念同质，即对股票价格的预期相同。然而，现实世界中投资者的信念是不一致的，因此，上述两个假定均不太可能成立。即使是最发达的美国证券市场，也会对投资者的卖空行为实施不同程度的限制。所以，结合投资者的异质信念，是研究卖空机制原理的重要假定。因为投资者之间的信息来源和渠道不同，所以证券市场必将存在信息不对称。也正是由于信息不对称，将必然产生市场交易成本和不完全竞争。在卖空交易环境中，知情交易者会根据卖空限制的程度进行行为选择。如果政府管制对卖空限制程度较小，知情交易者能够通过卖空机制将坏消息释放出来，则知情交易者能通过其交易行为反映市场状态；而非知情交易者通过逐步市场学习，改变自身投资策略，促使市场有一个动态调整的过程，最终逐步逼近有效市场状态。理论上来说，在市场行情上涨的过程中，卖空机制能够增加证券的供给；而在股价下跌的过程中，因卖空投资者交割需要会增加对股票的需求。如果卖空机制抑制股价剧烈波动，就能够增强股票买卖双方的参与热情，从而扩大市场供需规模，有利于提高市场流动性。

证券市场中长期投资者的购买行为往往反映了公司正面消息，却使负面消息被忽略，导致股价高于公司真实价值。如果股价长期偏离投资者预期这种现象得不到有效缓解，将使投资者对资本市场运行机制失去信任而不愿意购买股票，阻碍金融市场发展。卖空交易这种金融创新机制，通过促进市场参与者对公司负面私有信息的挖掘和传播，将"坏消息"及时、充分地反映到股价中，提高股票市场定价效率。卖空机制赋予投资者在股价高位判断市场将会有下跌行情时，预先借入别人的股票卖出，待股价下跌至预期低位时买回还给借方平仓，赚取中间买卖价差获利。其与现行待股价上涨获利是反方向操作，所以在熊市行情中仍能吸引大量资金入场投资，刺激金融市场发展。

虽然卖空机制能将更多信息融入股价，有助于降低股市投机性和波动性，但如果投资者获取信息有误或判断错误时，股价不跌反而持续走高，完成交易、平仓止损将是一件难以预测的事情，对投资者和证券市场都会带来极大的风险。由于卖空行为通过保证金交易方式创造出了虚拟的证券供应和需求，因此会导致市场信号失真。当市场上出现大量卖空时，可能使投资者看空股票市场而不愿入市，还可能导致后续的卖空行为引起投资者恐慌而大量抛盘，造成市场动荡。为了避免卖空机制带来的负面作用，各个国家根据自身实际情况和风险防范需要，对卖空交易实施不同程度的限制。随着金融市场发展的需要，各个国家先后放松卖空限制，卖空机制已成为一种非常普遍的金融交易制度。基于放松卖空管制的现实制度背景，观测不同市场参与者行为，通过行为金融理论进行解释，完善和补充金融理论研究。

### 2.1.3 行为金融理论

传统金融理论建立了很多对市场具有预测价值的理论，如资本资产定价模型（Capital Asset Pricing Model，CAPM）和有效市场假说（Efficient Market Hypothesis，EMAH）等，这些理论把金融投资看作一个动态均衡过程。传统金融理论基于如下三个基本假设进行分析，具体如表2-3所示。

表2-3 传统金融理论基本假设

| 序号 | 基本假设 |
| --- | --- |
| 1 | 投资者是理性的，会理性判断证券价格 |
| 2 | 部分非理性投资者随机交易将被抵消，对证券价格无严重影响 |
| 3 | 即使非理性投资者交易行为同方向，对证券价格的影响将被市场上套利者的理性交易消除 |

针对传统金融理论的基本假设，现代行为金融理论提出了如下质疑：投资者一定是理性的吗？非理性投资者行为是否随机发生？套利行为能否没有限制地发挥作用？

Kahneman和Tversky（1979）提出期望理论，成为行为金融学发展史上的一个里程碑。学者们通过大量的实证研究发现，证券市场收益存在偏离资本资产定价模型（CAPM）和有效市场假说（EMH）的异常现象（anomalies），如股票溢价现象、股价过渡波动异象、日历效应、网络泡沫、小市值股票效应和"羊群行为"等，行为金融理论则提供了新的强有力的实证支持证据。

行为金融理论是金融学、心理学和人类学等有机结合的综合理论，主要揭示金融市场的非理性行为及投资者行为决策规律，从人自身的角度来解释市场行为，充分考虑市场参与者的心理因素作用。该理论认为，股票价格并非只由公司内在价值决定，还很大程度上受到投资者心理与行为的影响。该理论以人的心理活动和需求为出发点，讨论投资者投资决策对股票价格的影响，使人们对金融市场投资者行为的研究，由现代金融理论"应该怎么做决策"，转变到行为金融理论"实际是怎样做决策的"，具有较大的现实意义。

虽然现代金融理论对市场价格的描述非常重要，但无疑行为金融理论研究日益重要。近年来，行为金融理论得到长足发展，市场参与者行为的观测和解释研究蓬勃兴起。分析师作为连接公司和市场的信息中介，基于行为金融理论对分析师行为进行观测和解释，将具有很强的理论意义。

### 2.1.4 分析师角色

根据 Fama（1970）提出的有效市场假说，依据价格对信息的吸收状态，可以把证券市场可分为强式有效、半强式有效和弱式有效三种类型。在强式有效市场中，投资者无法通过获取信息获得超额投资收益，分析师失去了存在的意义。然而，即便是发达程度最高的美国也只是半强式有效市场，也同样存在信息不对称。中国的资本市场效率只能归结为尚处于弱式有效状态（吴东辉和薛祖云，2005），外部投资者和公司内部之间信息不对称严重。这种信息不对称包括政府与上市公司之间、上市公司与股东之间、资金雄厚的机构投资者和众多散户之间及公司内部管理者和股东与外部中小投资者之间等。因此，研究分析师的角色显得尤为重要。

信息搜寻是有成本的，当投资者预期能够获得超额投资收益时，哪怕风险较大，也会花费时间和成本去收集信息，但如果信息收集活动过程产生的成本过高，得不偿失，投资者的投资热情便会下降。因此，投资者只愿意在有限范围内、成本可控的情况下接受信息收集活动。普通投资者属于信息弱势方，只具备有限的信息收集和分析专业能力，也难以承受信息收集的高额成本。普通投资者显然不及专业财经人士分析师等，所以需要分析师等专业人士对其投资决策进行指导。尤其是对于新兴市场投资者而言，信息不对称程度更加严重，投资风险较成熟资本市场更大（Moshirian et al., 2009），投资者对分析师等信息中介的需求更大。

分析师能发挥信息中介作用。分析师利用自身专业优势和技能，通过对市场、行业和公司各个层面的信息进行挖掘和分析，形成投资报告，向投资者传递所跟踪上市公司的盈余预测和股票评价信息，即分析师通过对公开信息的专业分析及可能拥有的其他信息渠道优势（非公开信息甚至是内幕信息），向投资者传递信息，提高资本市场效率。

分析师还可能发挥公司外部治理作用。分析师可以纠正公司管理层的偏差行为（Jensen and Meckling, 1976; Healy and Palepu, 2001）。例如，分析师跟踪能有效激励管理人员，减少其代理成本提高公司价值（Chung, 1996），抑制企业盈余管理（Degeorge et al., 2012），显著减少企业的过度投资行为（张纯和吕伟，2009），降低上市公司业绩预告违规的概率，尤其是在公司内部监督力度较弱时，分析师成为监管制度的有效替代发挥作用（郑建明等，2015）。

但对分析师行为的认识不能仅停留在理性经济人假设的基础上，分析师也会有自利倾向。因此，除了基于传统金融理论，基于行为金融理论对分析师行为的理解更具现实意义。

## 2.2 卖空机制的经济后果文献回顾

关于卖空机制的研究，早期文献主要基于理论模型分析卖空机制对资本市场效率的影响，但实证研究却相当困难，主要原因在于不能观测到股票的基础价值，只能通过相对价值检验卖空限制的影响，同时还受到内生性问题的影响。比如观测到市场相对高估了受到卖空限制的股票，但却并非一定是卖空限制所致，而可能是股票的基础价值、风险、流动性等（Diether et al., 2009）其他因素所致。因此，研究者们很难实际识别卖空限制对股票价格的影响，进而推导出卖空限制与股票价格之间具有因果关系。近年来，随着金融市场的发展，各个国家不同程度地开始放松对卖空机制的管制，已有文献主要基于各个国家（地区）放松卖空管制的自然实验，从资本市场和企业行为两方面检验其经济后果。随着金融市场的发展、资本市场信息中介的兴起，卖空机制对信息中介的影响逐步引起关注。因此，这里着重从卖空机制对资本市场效率、企业行为和信息中介的影响三方面回顾和梳理已有文献。

### 2.2.1 卖空机制对资本市场效率的影响

关于卖空机制对资本市场效率的影响研究，学者们大多基于自然实验采用双重差分模型（DID）方法，分析卖空机制如何影响信息传递，进而影响市场股票流动性和波动性，反映市场定价效率（Miller, 1977; Diamond and Verrecchia, 1987）。从具体结果来看，目前主要有两种代表性的观点：一部分研究认为卖空机制的引入提高了市场定价效率（Boehmer et al., 2008; Diether et al., 2009; 许红伟和陈欣, 2012; 李科等, 2014; 李志生等, 2015; 朱宏泉等, 2016），降低了标的证券股价特质性波动（肖浩和孔爱国, 2014）；另一部分研究则认为卖空机制的引入增加了股市的波动率（陈海强和范云菲, 2015），因为在市场下跌时可能加剧市场的负面情绪导致恐慌而增大股价崩盘风险（Aitken et al., 1998; Morris and Shin, 1998; 褚剑和方军雄, 2016），增加了内幕交易的可能性，如果噪声交易者充斥市场，卖空交易的作用则非常有限（张俊瑞等, 2016）。

由此可见，无论是基于欧美发达国家得到的经验证据，还是来自中国新兴市场的检验，均没有得到关于卖空机制对资本市场效率作用的一致研究结论。卖空机制对资本市场的巨大影响毋庸置疑，随着全球政治经济形势的不断变化、国家层面的资本市场监管政策的制定和执行的不断完善，未来的研究需要结合每个国家具体的宏观政治、经济形势,为卖空机制对资本市场效率的检验寻找到一些新的场景和支持证据。

中国分批次、分时间放松对部分股票的卖空限制,为我们提供了放松卖空管制前后纵向比较、标的股和非标的股的横向比较的很好场景。现有中国研究主要采用双重差分(DID)方法,着重关注卖空标的股在市场的影响。另外,也可基于一些具体行业或者重大事件的自然实验,关注尚未进入卖空限制标的股的资本市场表现,形成对比研究。例如,李科等(2014)采用中国白酒行业的"塑化剂事件"研究中国卖空限制对股票错误定价的影响,根据卖空限制的性质构建对冲投资组合,证实具有低风险和高超额收益;进一步分析发现,卖空限制使不能被卖空股票的严重高估,导致资本市场的错误定价。

以上给本书的研究带来启发,中国卖空机制的经济后果需要考虑卖空机制调整的作用,不仅要观测放松卖空管制标的股的影响,还可通过观测退出卖空交易制度标的股的市场反应,以更好地解释卖空机制对资本市场效率的影响。此外,针对中国弱式主有效资本市场的研究,需要充分考虑市场的复杂性和各市场参与主体的利益点,进一步通过股价崩盘风险等方面进行更加全面的观测。

### 2.2.2 卖空机制对企业行为的影响

关于卖空机制对企业行为的影响,现有文献主要基于公司治理的框架,从公司内部参与者"人"的角度出发,强调卖空机制带来的人的动机变化和行为调整。一部分研究支持卖空机制作为一种有效治理机制,在一定程度上抑制应计盈余管理和真实盈余管理(陈晖丽和刘峰,2014;Massa et al.,2015;Fang et al.,2016;Rennekamp et al.,2017),通过限制经理人的财富业绩敏感性和对经理人的敌意接管而抑制过度投资(Chang et al.,2015),促进企业技术创新(He and Tian,2015),敦促企业管理层面临差的投资机会时及时调整投资决策(靳庆鲁等,2015),改善公司信息披露质量(张璇等,2016;李春涛等,2017),提高公司现金价值(侯青川等,2016),抑制大股东掏空(侯青川等,2017),促进企业创新产出(权小锋和尹洪英,2017),改善公司并购活动的短期和长期绩效(陈胜蓝和马慧,2017)。另一部分研究则得到了一些卖空机制对企业行为产生负面作用的证据。例如,Li 和 Zhang (2015)发现,面对外界卖空导致股价下行风险时,管理层为了应对股价对坏消息的反应灵敏度,会降低业绩预告精度。倪骁然和朱玉杰(2017)发现,企业面对卖空压力会更少承担风险,这在治理水平较低的企业更为显著,而在治理水平较高的企业不会降低企业承担风险水平,而是通过保持较高管理层持股水平承担风险,揭示出资本市场压力传导到实体经济的一条路径。

在美国发达的市场环境中,其他投资者可以通过卖空投资者获取中概股(中国公司在美国上市的概念股)公司财务信息(Chen,2016)。2011年,中概股在美国资本市场集体遭遇做空;2010年1月至2013年12月,共计31家在美国上市的中概股公司被迫私有化(祝继高等,2015)。这无疑给中国上市公司上了生动的一课,使大家对卖空机制这种金融交易制度的"威力"有了较深刻的认识。正如顾乃康和周艳利(2017)研究发现的那样,中国放松卖空管制以来,虽然市场卖空交易量并不大,但卖空机制发挥威慑作用,促使企业减少外部融资,尤其是债务融资,降低财务杠杆。

根据上述文献回顾发现,基于中国放松卖空管制的自然实验对企业行为的影响,已有研究关注了卖空机制对企业真实盈余管理活动(陈晖丽和刘峰,2014)、投资(靳庆鲁等,2015)、财务重述(张璇等,2016)、风险承担(倪骁然和朱玉杰,2017)和创新的影响(权小锋和尹洪英,2017)。卖空机制对企业其他经济活动如企业信息披露策略、融资决策等行为的影响,有待后续完善。企业的任何一项行为决策都有其原因和经济后果,根据代理理论的解释,拥有内部经营和管理权的大股东和管理层的利益诉求在企业行为决策中起到至关重要的作用。他们的利益诉求有些可能是长期绩效,有些可能是短期业绩。以往众多公司治理的研究中,广大学者试图揭开企业股东、管理者和其他利益相关者之间的利益均衡博弈的过程和结果。而卖空机制为我们提供了企业外部股价下行风险的自然实验场景,面对这种资本市场监管带来的风险时,检验企业内部经营管理者的行为将会有何改变。

这也给本书的研究带来一些有益的启示,卖空机制对公司治理和信息环境的作用有助于后文讨论卖空机制影响分析师行为的内在机制,即卖空机制通过公司治理和信息环境机制影响分析师行为决策调整。

## 2.2.3 卖空机制对信息中介的作用

根据 Healy 和 Palepu(2001)关于信息披露研究的文献综述,公司和资本市场之间的信息中介主要包括分析师、审计师和媒体,他们在公司和市场之间扮演着重要的信息传递的角色。随着卖空机制经济后果研究的深入,学者们开始注意到对信息中介的影响。例如,Fox 等(2010)基于美国道琼斯通讯社(Dow Jones Newswires)的媒体数据发现,在非交易时间有关于发行人的高度负面新闻,当发行人的负面新闻在两个交易日之间爆出时,下一个交易日的股价波动并不大,存在异常高水平的卖空量,说明卖空机制影响媒体信息发布时间和性质的选择；黄超和黄俊（2016）基于中国上市公司的数据发现，卖空机制导致公司审计诉讼风险提高，会计师事务所要求的审计收费提高；Hope 等（2017）发现，卖空机制提高了审计师的审计收费，且这种作用只存在于当审计师关注公司破产风险和公司管理者受到卖空威胁较小时。

此外，Ke 等（2015）基于美国放松卖管制的研究发现，由于股价下行风险增大，分析师通过公司股票价格学习了解公司基本面信息，为了保住个人声誉而选择相信卖空投资者，证实卖空投资者发挥了治理作用，卖空机制降低了分析师预测乐观度。李丹等（2016）发现，中国引入卖空机制显著降低了分析师盈余预测的乐观性偏差，并提高了盈余预测的准确度。胡凡和夏翎（2017）也发现，鼓励交易机会使分析师发布乐观盈余预测报告，而允许卖空有助于矫正这种商业动机而增强分析师专业性。因此，将卖空机制与分析师预测行为有机衔接，深入研究卖空机制对分析师预测行为的影响和作用机制，将是该领域理论研究的重要内容。

但是，放松卖空管制既可能提高公司财务信息质量（Massa et al.，2015等），也可能降低管理层业绩预告精度（Li and Zhang，2015），信息环境变得更为复杂。面对信息环境的改变，投资者对分析师服务的需求增加，分析师佣金收入因此得以提高，吸引分析师跟踪增加；也可能由于卖空投资者部分替代分析师的监督角色作用，分析师跟踪减少。卖空机制通过改善信息环境，促进公司治理将提升分析师预测质量，减少预测偏差；也可能由于放松卖空管制后，股价下行风险增大，在市场压力机制下，公司管理层和券商机构干预分析师发布乐观预测报告，导致分析师预测偏差增大。

中国共计五次逐步放松卖空管制，且与美国证券监督委员会（SEC）2004 年通过《证券卖空法案》（SHO）放松卖空管制中的报升规则[①]不同，中国证监会对卖空交易机制管制较多。结合这些现实制度背景观测中国卖空机制对分析师行为的影响，有助于更好地解释当前中国证券市场的各种现象，促进中国资本市场生态环境的改善。

观测卖空机制经济后果的观点和代表文献如表 2-4 所示。

---

① 美国国会于 1934 年通过了证券交易法案加强对证券市场的监管。其中对卖空行为的限制建立了股票的报升规则，即只有在股票的最近交易价格高于上一个交易日价格时，才能进行卖空交易，这个制度一直延续至 2007 年。2004 年 7 月，美国证券交易委员开始测试 1934 年建立的报升规则对股市的影响，经过几年的研究，结果表明，该规则对股票市场的动荡没有影响，于 2007 年废除了报升规则。

表 2-4  卖空机制经济后果文献总结

| 研究视角 | 方向 | 代表文献 |
|---|---|---|
| 市场定价效率 | 正面 | Boehmer 等（2008）、Diether 等（2009）、许红伟和陈欣（2012）、李科等（2014）、肖浩和孔爱国（2014）、李志生等（2015） |
|  | 负面 | Aitken 等（1998）、Morris 和 Shin（1998）、陈海强和范云菲（2015）、褚剑和方军雄（2016）、张俊瑞等（2016） |
| 公司行为 | 正面 | Massa 等（2015）、Chang 等（2015）、He 和 Tian（2015）、Fang 等（2016）、Rennekamp 等（2017）、陈晖丽和刘峰（2014）、靳庆鲁等（2015）、张璇等（2016）、侯青川等（2016）、侯青川等（2017）、权小锋和尹洪英（2017）、陈胜蓝和马慧（2017） |
|  | 负面 | Li 和 Zhang（2015）、倪骁然和朱玉杰（2017） |
| 信息中介 | 正面或负面 | 分析师：Ke 等（2015）、李丹等（2016）、胡凡和夏翊（2017）<br>审计师：Hope 等（2017）、黄超和黄俊（2016）<br>媒体：Fox 等（2010） |

## 2.3　分析师文献概述

分析师作为一种重要的资本市场信息中介（Healy and Palepu，2001），具有信息发现和解读的双重功能（Daniel et al.，2016），能提高资本市场运作效率，最终提升公司价值（Lang et al.，2003）。分析师的行为决策研究是重要研究内容，对帮助认识、了解分析师的信息中介作用具有很大帮助。这里主要围绕与研究主题相关的分析师跟踪、分析师预测、分析师评级和分析师个人特质四类文献展开。

### 2.3.1　分析师跟踪

分析师跟踪决策行为包括发起、持续及终止跟踪决策。毋庸置疑，股票价格的改变和分析师发起、持续及终止跟踪的决策相关（Gleason and Lee，2003，Kecske's and Womack，2008）。然而，分析师跟踪增加也和公司股票流动性增加（Roulstone，2003）及权益资本成本相关（Bowen et al.，2008）。上述研究主要考虑了公司和分析师成本收益权衡的结果（Fields et al.，2001），还有部分文献基于公司信息环境的改变研究对分析师跟踪行为的影响。本部分分别从分析师的经济佣金、分析师公共信息和私有信息的获取影响分析师跟踪行为的文献进行概述。

#### 2.3.1.1 经纪佣金决定着分析师跟踪决策

分析师的激励和股票交易量捆绑时，分析师更愿意跟踪那些当他们发布预告时，投资者有更加强烈反应的那些公司。O'Brien 和 Bhushan（1990）检验发现，那些以前年度分析师跟踪较少的公司，分析师跟踪数会显著增加，原因是分析师收集信息的成本收益权衡。那些预期业绩良好的公司股票能更大程度上激励分析师发起跟踪（Brennan and Hughes，1991；Hayes，1998），风险规避投资者对那些有分析师发布报告的公司均持有较大份额的股票，这说明对于那些期望业绩良好的公司，投资者将购买更多的股份，致使股票交易量上升，分析师能获得更多的交易佣金。Alford 和 Berger（1999）发现，有着更高股票交易量的公司有更高的分析师跟踪，这和 Hayes（1998）关于分析师跟踪那些潜在的能让他们挣得更多经纪佣金股票的研究结论一致。综上，这些研究认为，经纪佣金决定着分析师跟踪。

#### 2.3.1.2 公共信息获取影响分析师跟踪

公司管理层和分析师之间存在信息依存关系，公司管理层通过分析师提供的信息获益；反之，分析师也通过公司管理层提供的信息获利（Arya and Mittendorf，2007）。Bhushan（1989）发现，公司公开信息披露增加了分析师可利用的有效信息集，降低了信息收集和处理成本，使供给函数外移增加均衡供给量，即会增加分析师跟踪数量。Lang 和 Lundholm（1996）发现，分析师跟踪与来自金融分析师联合会公司信息委员会对公司报告的评级正相关，因为监管力量能降低分析师信息收集成本而提高分析师跟踪。但如果公司披露过多额外的信息时，即一家公司的公共信息已足够精确时，投资者对分析师的需求降低，分析师会停止对该公司的跟踪，反而降低了投资者可获取信息的总量（Fischer and Stocken，2010）。

总体来说，已有文献认为，通过公共信息环境获取信息为分析师带来的收益，决定着分析师是否跟踪一家公司。公司公共信息的质量和内容决定着分析师跟踪，公司年度报告可读性强（Lehavy et al.，2011）及非财务信息披露（Dhaliwal et al.，2011；王艳艳等，2014）可以降低股价同步性，优化公司信息环境，降低分析师的信息收集成本，因而吸引更多分析师跟踪。窦欢和王会娟（2015）发现，私募股权投资支持的企业能吸引更多分析师关注，且其预测也更准确；外资背景的私募股权投资支持企业在上市时受到更多分析师关注，分析师预测准确度更高。丘心颖等（2016）根据中国汉字环境下年报的复杂性和刻度性指标检验其对分析师行为的影响，发现年报复杂性与分析师跟踪正相关，但与分析师预测信息含量无关；进一步利用中国公平信息披露法规变革的准自然实验检验发现，分析师跟踪年报复杂性高的公司主要是源于分析师的过度自信。

#### 2.3.1.3 私有信息获取影响分析师跟踪

除了公共信息对分析师的吸引之外，私有信息的获取也会影响分析师跟踪。Alford 和 Berger（1999）使用联立方程模型推导出分析师跟踪和分析师预测精度具有内生性关系，即分析师预测精度和更高的分析师跟踪相关，他们解释这种结果为：由于分析师私有信息对公共信息的完善而不是替代作用，这些私有信息增加了投资者对公司未来业绩的确定性。Barth 等（2001a, 2001b）的研究也证实，分析师通过跟踪那些信息不对称程度更高的公司获取私有信息具有更大的潜在收益。Kim 等（2011）发现，公司的应计盈余降低，分析师跟踪增多，证实公司低质量的盈余为分析师通过私有信息获利提供了机会。

综上所述，分析师自身成本收益权衡是分析师跟踪行为决策的关键（Beyer et al., 2010）。现有研究主要基于分析师成本收益框架，检测公司特征与分析师发起、改变或终止跟踪决策的关系。主要研究结论支持规模大、业绩好、市场回报率高等公司，能吸引投资者的投资兴趣，提高分析师经纪佣金，从而吸引更多分析师跟踪。另外，能为分析师提供更多公共信息或私有信息的公司，能降低分析师信息收集成本，将吸引更多分析师跟踪。但正如前文所述，公司特征和分析师跟踪之间存在严重的反向因果关系，我们很难断定由于公司的特征而导致分析师跟踪决策的改变，而不是分析师跟踪导致信息环境的变化引起公司特征的改变。因此，基于某些外生事件的冲击（如卖空机制）引起公司信息环境的改变检验分析师跟踪的变化，能更好地缓解内生性问题，帮助我们厘清公司特征对分析师跟踪行为决策的影响。

关于分析师跟踪行为的经济后果，已有研究主要从市场和企业两方面进行了观测。

从对市场的影响来看，已有研究证实分析师跟踪增加公司股票流动性（Roulstone, 2003），降低权益资本成本（Bowen et al., 2008）。能力出众的分析师能够提供更多公司特质信息，提高市场效率（Xu et al., 2013）。基于中国的研究，朱红军等（2007）和辛清泉等（2014）均得到分析师跟踪可以提高股价信息含量，降低股价波动性，提升资本市场效率。为了克服公司特征和分析师行为之间存在较强的内生性问题，部分研究基于分析师跟踪增加或减少的特殊自然实验，观测其市场反应。一组研究观测到，公司的分析师关注从无到有的积极市场反应（Demiroglu and Ryngaert, 2010; Irvine, 2003）；

另一组研究基于证券分析师所在券商机构的合并或倒闭,这种外生事件的冲击导致分析师退出关注产生的消极、负面的市场反应(Kelly and Ljungqvist,2012)。上述文献均说明,投资者普遍认为分析师跟踪增加,可以提高信息透明度,具有改善信息环境的积极作用。

分析师跟踪对企业行为的影响,大量研究证实分析师发挥公司外部治理作用,纠正公司管理层行为偏差(Jensen and Meckling,1976;Healy and Palepu,2001);分析师可有效激励管理人员,从而减少其代理成本提高公司价值(Chung,1996),抑制企业盈余管理(Degeorge et al.,2012;李春涛等,2014),抑制内部人交易(李琳和张敦力,2017)。但也不乏分析师跟踪加大企业偏差行为的证据,如 He 和 Tian(2013)发现,分析师跟踪的增加使企业管理层压力增大,为了达到短期盈余目标,企业管理层会缩减创新支出。翟胜宝等(2016)发现,公司分析师跟踪越多,越倾向于进行审计意见购买。

基于传统金融理论的有效市场假说,分析师跟踪增多即代表着信息环境的优化,但现有文献缺乏基于行为金融理论,从分析师自身因素角度,对分析师跟踪行为的经济后果展开研究。

### 2.3.2 分析师预测

分析师的主要工作是通过财务报告、实地调研等多种渠道收集公司相关信息,撰写研究报告对公司盈利能力进行预测,进而为投资者提供投资建议。关于分析师盈利预测,主要存在着准确性和偏差两个维度的研究。

#### 2.3.2.1 分析师预测准确性

因为分析师盈利预测对帮助投资者预期公司业绩具有重要的增量贡献,所以分析师盈利预测质量非常重要。Groysberg 和 Healy(2011)研究发现,公司行业竞争性、战略选择、管理层质量等方面均会影响分析师预测,证实公司的基本面状况是决定分析师预测质量的重要因素。除公司基本面的公共信息会影响分析师预测外,公司管理层为分析师提供的私有信息也是影响分析师盈余预测质量的重要因素(Williams et al.,1996)。分析师经验(代表分析师的能力和技能)、所属券商规模(代表资源的可获取性)和分析师跟踪的行业和公司数(代表任务的复杂性)、应计信息含量等均会影响分析师预测的准确性(Clement,1999;Jacob et al.,1999;刘永泽和高嵩,2014;曲晓辉和毕超,2016)。

此外,方军雄(2007)发现,上市公司的会计信息透明度越高,分析师对会计盈余数据信息的依赖程度越低,其预测准确性就会越高。白晓宇

(2009)、王玉涛和王彦超（2012）、李馨子和肖士盛（2015）均证实，管理层业绩预告为市场参与者提供了额外的公司盈余信息，提高了分析师预测的准确性。周开国等（2014）和谭松涛等（2015）发现，媒体关注度增加会显著提升分析师关注，进一步提高分析师预测的准确性。程博和潘飞（2017）发现，语言多样性会降低分析师盈余预测质量，但随着公司员工受教育水平的提高，上述负面影响有所减弱。

#### 2.3.2.2 分析师预测偏差

根据分析师的激励分析，学者们发现，分析师不会完全如实报告他们的私有信息，这导致了分析师盈利预测的偏见：总体来看，有两种类型的分析师偏见：一是扭曲报告的确定性减少信息价值，二是报告额外噪声信息降低报告质量。根据前文述及的分析师激励，分析师发布乐观预测报告取悦上市公司高管以获取私有信息（Lim，2001），改善分析师预测精度迎合管理层的报告战略（Beyer，2008）或是最大化交易佣金（Beyer and Guttman，2012）。分析师之所以倾向于发布有偏差的预测报告，是因为即使投资者能够推测出分析师存在偏见和私有信息，分析师也无法可靠地承诺他们完全保持客观中立。由于分析师报告的使用者很难掌握充分的信息以断定分析师报告存在偏差，所以我们很难具体观测到分析师的偏差对信息质量的作用。因此，投资者基于分析师报告不仅能推断出公司的基本面情况，也能推测出分析师发布有偏报告的激励所在（Morgan and Stocken，2003）。即使分析师得到相对精确的信息和具备与投资者进行沟通的渠道，分析师也不会选择完全如实地报告他们的私有信息，而会选择披露有噪声的私有信息（Admati and Pfleiderer，1986；Lizzeri，1999），出于职业生涯的考虑，忽略或打折扣地报告他们的私有信息（Trueman，1994；Graham，1999）。

分析师盈利预测对投资者的投资决策具有重要影响，而投资者的投资行为反过来对分析师的交易佣金收入具有决定性作用，这决定了分析师之间存在竞争机制。分析师之间的竞争是导致分析师利益冲突的主要原因。虽然从理论上来说，分析师由于个人声誉（如明星分析师的评选）和获取交易佣金的需要会努力发布更加准确的预测报告，但由于分析师供职的机构或其个人利益最大化的驱动，分析师会选择发布有偏差的分析报告，主要体现为发布乐观预测报告。分析师对上市公司的预测盈余往往显著大于公司实际盈余（Francis and Philbrick，1993），这种有方向的正向偏差体现了分析师在进行盈余预测时的乐观度。分析师一般不愿意披露公司的负面消息（Easterwood and Nutt，1999），而发布更为乐观的报告。大量研究证实，分析师的盈利预测和评级存在乐观倾向（Ali et al.，1992；Dugar and Nathan，1995；Hong and Kubik，2003；Ashton and Cianci，2007）。

  分析师乐观预测主要有两种根源：一种是分析师没有充分的信息来源做出更精确的预测，他们本身对公司未来业绩固有地持过度乐观态度（Easterwood and Nutt，1999），如吴锡皓和胡国柳（2015）发现，不确定因素增多会导致分析师盈余预测误差增大，而公司会计稳健性有助于降低上述不利影响；另一种是分析师不恰当的激励，分析师即使掌握了公司的负面信息，但为了从公司管理层获取私有信息，也会选择保留负面信息不予披露（Lim，2001；赵良玉等，2013），他们以促进交易为原则发布乐观倾向的盈利预测以获得交易佣金带来的报酬（Cowen et al.，2006）。

  关于激励导致分析师乐观预测的解释，主要包括分析师取悦公司管理层和分析师受到券商等机构投资者的压力两种。

  一是分析师为了取悦公司管理层从而获取私有信息。Francis 和 Philbrick（1993）的研究发现非常有意思，如果某分析师对公司出具了不利的投资评级，则会发布乐观盈余预测，期望通过发布乐观盈利预测改善由于发布不利评级产生的与管理层的紧张关系。Das 等（1998）发现，当上市公司历史盈余信息较难预测时，分析师反而会发布更加乐观的盈余预测，以取悦公司管理层获取私有信息。随后，Lim（2001）、Matsumoto（2002）和 Richardson 等（2004）均提供了分析师通过发布有偏的盈利预测取悦公司管理层的经验证据。Chen 和 Matsumoto（2006）、Mayew（2008）和 Mayew 等（2013）均认为，分析师通过发布乐观投资评级报告从公司管理层获取更多私有信息。Gu 等（2012）进一步解释了分析师获取私有信息的原因是为了提高盈余预测质量，因为分析师报告的主要使用者——基金经理并不总是直接运用分析师报告的结论，而会更加看重分析师研究假设和推理过程，这都对分析师盈余预测质量提出了更高要求。基于中国的研究，赵良玉等（2013）发现，上市公司公开增发、配股、大股东减持等公司需要发布乐观预测报告的事件时，发布乐观评级预测的分析师随后的盈余预测更准确，证实分析师乐观预测偏差的重要动机是为了满足上市公司管理层的偏好，以获取私有信息。

  二是来自分析师附属券商等机构投资者的压力。Libby 等（2008）发现，分析师发布乐观投资评级报告以帮助所在券商获取更多的交易佣金。Gu 等（2012）和 Gu 等（2014）发现，分析师通过为基金公司重仓的股票发布乐观投资评级报告，以获得来自基金公司的佣金收入和对自身明星分析师选票的支持。进一步地，Firth 等（2013）证实，当基金公司是分析师所在机构客户，分析师对这些基金公司持有公司的股票发布更为乐观的投资评级。基于中国的研究，分析师因为利益冲突迫于压力而发布乐观预测，也得到了与国外研究一致的结论。潘越等（2011）利用新股上市后一年内的分析师预测数据，考察承销商利用分析师报告托市的行为，结果发现，承销商会利用分析师发布乐观有偏的报告和为市场表现不佳的新股托市，证实分析师为了其券商的投行业务发布乐观预测报告和股票评级。曹胜和朱红军（2011）检测发现，分析师对其附属券商已重仓持有股票的评级报告更为乐观，证实分析师为了其券商机构自营业务获利而发布乐观预测报告，且市场需要较长时间才能消化这些乐观偏差信息。吴超鹏等（2013）则通过构建理论模型和实证检验证实，分析师为了维护与基金等机构投资者及公司内部投资银行部门的良好关系，倾向于发布乐观预测报告。胡娜等（2014）发现，券商如果对某公司存在有股权投资，其附属分析师对该公司存在乐观偏差。朱卫东等（2016）发现，机构投资者持股比例越高，分析师越倾向于发布乐观报告，根据欺诈三角理论，机构投资者与分析师附属证券公司研究所存在较大的利益关联，所以证券公司研究所会干预其下属的分析师，为这些与其存在利益关联的机构投资者持股公司发布乐观报告。

综上所述，分析师乐观度是一种较为普遍的分析师偏差现象，除了信息来源外，不恰当的激励加大了分析师利益冲突，是造成分析师乐观偏差的主要原因，具体见表2-5的总结。

表2-5 分析师乐观偏差的缘由

| 视角 | 观点 | 代表文献 |
| --- | --- | --- |
| 信息来源 | 没有充分的信息来源 | Easterwood 和 Nutt（1999）、吴锡皓和胡国柳（2015） |
| 分析师利益冲突 | 取悦公司管理层 | Das 等（1998）、Lim（2001）、Matsumoto（2002）、Richardson 等（2004）、Chen 和 Matsumoto（2006）、Mayew（2008）、Mayew 等（2013）、Gu 等（2012）、赵良玉等（2013） |
| | 来自券商等机构投资者压力 | Libby 等（2008）、Gu 等（2012）、Gu 等（2014）、Firth 等（2013）、潘越等（2011）、曹胜和朱红军（2011）、吴超鹏等（2013）、胡娜等（2014）、朱卫东等（2016） |

关于分析师乐观偏差的缘由，现有研究发现主要是来自外界券商、机构投资者等干扰，但从分析师自身的激励和监督角度的研究还较少。未来研究可结合行为金融理论，加深对分析师的行为逻辑分析和检验。从最大化分析

师声誉、根据接收者的反应优化分析师的报告和最大化分析师报告对投资者的价值等方面进行分析师激励优化（Beyer et al.，2010）。

关于分析师预测的经济后果，早期研究发现分析师盈利预测的准确性要高于时间序列模型预测，认为分析师更能准确预测市场对上市公司盈利的期望（Brown and Rozef，1978；Fried and Givoly，1982；李丽青，2012），分析师对盈余预测可以较高地代表市场一致预期这一结果已被普遍接受（Kothari，2001）。

随着行为金融理论的发展，学者们发现分析师并不总是完全报告其掌握的私有信息，而是存在系统性的乐观倾向。由于分析师行为影响投资者的股票交易行为（Barber and Loffler，1993），分析师预测行为将影响公司股票价格（Graham et al.，2005），因此分析师预测的乐观偏差将带来负面的市场影响。例如，林晚发等（2013）发现，分析师预测偏差与债券信用利差显著相关。李志生等（2017）证实，分析师在媒体上发布的荐股信息，对个人投资者产生强烈影响，但股票存在显著为负的超额收益，且影响了市场财富的流动，个人投资者依赖分析师的信息买入行为给他们带来了明显的损失。许年行等（2012）证实，分析师乐观偏差与公司股价崩盘风险显著正相关，从横截面分析来看，股市行情为"牛市"、机构投资者持股比例较高或机构投资者数量较多、公司有再融资行为和来自附属于前五大佣金收入券商机构的分析师所占比例较高时，上述正相关关系更为显著；分析师乐观偏差导致公司负面消息难以被外部投资者所获悉和理解，当公司负面消息积累到一定程度时，会通过一定方式释放出来，此时便可能导致股价大幅下跌，从而出现崩盘风险局面，即增加了公司股价崩盘风险。

综上可见，现有文献大多关注分析师预测精度对市场效率的影响，但关于分析师预测偏差的后果研究还较少。在西方发达国家，投资者基于分析师报告不仅能推断出公司的基本面情况，也能推测出分析师发布有偏报告的激励所在（Morgan and Stocken，2003）。但在中国等新兴市场国家，分析师行业才刚起步，对分析师行业的监管也并不成熟，分析师附属券商等机构投资者投机色彩浓厚。市场投资者投资理念不够成熟，会较多依赖于分析师等专业投资服务群体，并不能分辨出分析师预测偏差行为，这可能加剧市场负面效应。因此，基于中国现实制度背景，考虑分析师行业现状，研究分析师预测偏差行为的经济后果，具有较大的理论价值和现实意义。

### 2.3.3 分析师评级

推荐评级是反映分析师对公司价值相对于当前价格高低的观点，所以分析师盈利预测和股票评级以一种可预期的方式联系在一起。Brddshaw（2004）考察了分析师盈利预测和股票评级如何相联系的四个估值模型，即两种剩余收益模型、价格—利润—增长（PEG）模型和分析师长期盈余增长模型，结果发现，分析师评级并不能被剩余收益模型解释，而价格—利润—增长模型和分析师长期盈余增长模型可以解释分析师股票评级，还发现分析师的长期盈余增长模型对股票评级的解释力最大。总体来说，相较于分析师的盈利预测，分析师的推荐评级对帮助投资者对公司估值具有增量贡献。根据估值理论，公司价值等于预期未来现金流的现值，那么分析师为公司创造价值主要包括：要么改善未来现金流，要么降低资本成本，或者两种兼有（Campbell，1991；Campbell and Shiller，1988）。

#### 2.3.3.1 分析师评级具有投资价值

Womack（1996）通过考察美国主要券商新发布的买入、卖出评级发现，推荐前后的股票价格存在显著的、系统性的差异。可见，分析师具有市场时机选择和股票挑选的能力。Barber 等（2001）采用最有利（不利的）分析师一致投资评级去购买（卖出）股票，协同每天投资组合的重构和对评级变动的及时反应，产生4%的年度超额收益，也证实分析师的投资推荐是有投资价值的。Jegadeesh 等（2004）研究发现，分析师一般会推荐那些一向具有正收益的、高成长、高交易量和相对贵的股票，对投资者而言具有投资价值。

#### 2.3.3.2 分析师评级不具有投资价值

部分研究发现，分析师评级不具有投资价值，究其原因主要是由于分析师所在机构及其个人利益最大化的驱动，分析师评级失去独立性，存在乐观倾向。例如，Chen 和 Matsumoto（2006）、Mayew（2008）和 Mayew 等（2012）均提供了分析师通过发布乐观投资评级报告，以从公司管理层获取更多私有信息的证据。具体来看，Ke 和 Yu（2006）分别以分析师盈利预测的精确度和是否在公司管理层的电话会议中获得更多提问体会来具体衡量分析师从管理层获取私有信息的多少。蔡庆丰等（2011）通过证券分析师评级调整事件发现，中国证券分析师的评级调整行为存在明显的"羊群行为"，且分析师的"羊群行为"会进一步加剧机构投资者的"羊群行为"，加剧市场波动性，引发信息阻塞，降低资产定价效率。蔡庆丰和陈娇（2011）发现，分析师调整评级存在复述市场信息行为，向市场提供的增量信息非常有限，投资者据此难以获得超额收益。曹胜和朱红军（2011）从券商自营业务收入出发，检验券商自营股票买卖对隶属分析师独立性的检验发现，券商自营股票投资影响隶属分析师独立性，促使其发布更乐观的投资评级报告。赵良玉等

(2013)证实,中国分析师为了满足上市公司管理层的偏好,发布乐观评级报告以获取私有信息。吴超鹏等(2013)通过构建理论模型和实证检验证实,分析师为了维护与基金等机构投资者以及公司内部投资银行部门的关系,倾向于发布乐观盈余预测和股票评级。

分析师评级是分析师研究报告的最终结论,多数研究均采用事件研究法检验短窗口期内投资评级产生的超额收益。例如,Francis和Soffer(1997)检验了1989~1991年六位分析师的研究报告发现,以分析师研究报告发布日为中心的三个交易日内的股票收益与投资评级和修正预测限制正相关,表明市场对于那些买入评级的修正预测反应最为强烈。但Hirst等(1995)认为,如果投资者对分析师的投资评级持怀疑态度,则说明他们对整个研究报告都不信任。Hirst等(1995)和Asquith等(2005)用实证方法证实了只有当分析师出具下调评级时,投资者才会试图去分析研究报告中的其他信息进行投资决策。上述研究均以分析师投资评级的可信度为依据,研究了投资者对分析师投资评级增量信息的反应。Ramnath等(2008)认为,这可能是由于他们对投资评级增量信息的度量方法不同所致。另外,由于分析师存在较强的乐观动机,当公司被出具卖出评级时,投资者反而更加信任,市场反应更大。

中文文献中,蔡庆丰和陈娇(2011)发现,分析师调整评级存在复述市场信息行为,向市场提供的增量信息非常有限,投资者据此难以获得超额收益。曹胜和朱红军(2011)发现,投资者未能在短期内区分分析师带来的评级预测是否独立,市场需要长期的股价走势来消化非独立分析师带来的影响,券商自营业务对附属分析师独立性的影响损害了市场资本配置效率。赵良玉等(2013)发现,根据上市公司需要而给予了乐观评级支持的分析师,由于他们之后获得了私有信息,因此长远来看引起的市场反应更大。

### 2.3.4 分析师个人特质

随着高层梯队理论的提出(Hambrick and Mason,1984),基于分析师个人特质的因素,研究分析师根据其个人产生精确信息的能力决定其行为决策开始引起关注。正如Xu等(2013)认为的那样,个人特征对分析师的信息活动具有重要影响,如果不考虑分析师个体的异质性差异而笼统研究,所得结论可能存在一定偏差。

#### 2.3.4.1 分析师性别特征

据Fang和Huang(2015)的统计,美国约有20%的卖方分析师是女性。伊志宏等(2015)的统计显示,中国《新财富》2003~2012年评选的明星分析师中，女性的平均占比也达到约 27%。Kumar（2010）研究发现，由于性别歧视现象严重，只有能力特别强的女性才能进入竞争激烈的分析师行业，从而使女性分析师的平均能力高于男性分析师，女性分析师具有更高的盈利预测准确性。伊志宏等（2015）基于中国的研究证实，女性分析师关注度与公司股价同步性负向关系更为显著；具有留学经历的女性分析师工作更努力，其留学经历带来努力程度的提高有助于进一步降低股价同步性；女性分析师的盈余预测更加谨慎，降低了股价同步性。女性分析师向市场提供了更为丰富的公司特质信息，且分析师个人能力、工作努力程度及性格特征是挖掘更多公司特质信息的重要原因。

### 2.3.4.2 分析师个人能力

随着高层梯队理论的提出（Hambrick and Mason, 1984），基于分析师个人特质，研究其个人产生精确信息的能力开始引起关注。正如 Xu 等（2013）认为的那样，个人特征对分析师的信息活动具有重要影响，如果不考虑个体的异质性差异，而笼统研究分析师群体，所得到的结论可能存在一定的偏差。

在分析师的众多个人特质中，个人能力被视为影响分析师活动的重要方面。例如，Stickel（1992）基于美国《机构投资者》杂志评选出的明星分析师和非明星分析师，对比了他们在股票预测方面表现出来的差异，发现明星分析师更加频繁和准确，证实明星分析师具有更强的个人能力。后来，Clement（1999）为了更好地了解产生分析师预测准确性差异的原因，从分析师能力、资源和投资组合的复杂程度三个角度进行了解释，并将分析师的一般经验和特定公司经验作为度量分析师能力的变量，证实分析师能力与分析师预测准确性呈显著的正相关关系。

此外，分析师的行业专长也是影响其活动的重要方面。例如，Jacob 等（1999）研究发现，分析师行业专长和其所在券商机构的行业专长，也能显著提升分析师预测准确性。Boni 和 Womack（2006）、Kadan 等（2012）根据分析师对股票评级构建了"买入—卖出投资组合策略"，通过观察该投资组合在一个月的持有期中能否获得正向收益，来检验分析师是否具有对股票在行业内及行业间排序的能力，结果证实确实存在分析师行业专长。Hilary 和 Hsu（2013）认为，有经验的分析师除了从公司获取信息外，还可以从行业内其他公司获取一些公共信息，从而提高其信息预测的准确性，进一步解释了分析师能力差异导致其投资建议的价值差异。另外，刘永泽和高嵩（2014）基于中国的研究也发现，分析师行业专长与其预测准确性之间存在正相关关系。

近年来，从分析师的心理特征（过度自信、风险偏好）、生理特征（年龄、性别)、成长环境(出生地、自然灾害等)、学习环境(学历、专业、毕业院校)、工作环境(工作经历)、身份特征(创始人、官员等)等方面反映分析师所具有的价值观、认知程度、洞察力和人生观的差异,会在很大程度上影响到分析师行为决策。这将是未来分析师研究领域亟须填补的一个空缺。投资者对分析师个人能力的洞察力与分析师发布个人能力信号给投资者的机会有关,这对分析师个人特质信息披露提出了更高要求。

#### 2.3.4.3 分析师"羊群行为"

随着行为金融理论的发展,学者们观测到一些基于人的心理、社会等方面因素所决定的分析师行为,如"羊群行为"。经济学里常用"羊群行为"来描述经济个体的从众跟风心理。分析师的"羊群行为",主要指分析师有发布接近于前期盈利预期的趋势。Scharfstein 和 Stein(1990)建立了"羊群效应"模型,检验了影响分析师"羊群行为"的驱动因素。他们发现,在特定情况下,分析师会简单模仿其他分析师的投资决策,而忽略自身拥有的私有信息。他们解释分析师产生这种无效行为的原因是分析师出于自身声誉的考虑,为了避免犯错或增加其他额外的信息收集成本,会做出这种对于自身有利的理性行为。Trueman(1994)进一步拓展了分析师的"羊群效应",发现分析师的"羊群效应"还表现为其预测与之前其他分析师的预测很接近。Graham(1999)采用 Scharfstein 和 Stein(1990)构建的声誉羊群模型检验了分析师"羊群行为"的激励,结果证实当分析师声誉较高或能力很低或信号相关程度高时,分析师较容易进行"羊群行为"。分析师的"羊群行为"与分析师的声誉、能力或信息方面相关,而这些因素影响着分析师预测的准确性,那么可以推导出分析师的"羊群行为"会影响分析师预测的准确性,进而影响股票投资回报。

Welch(2000)发现,分析师的买或卖的评级对之后的两个分析师投资评级有显著的正向影响,这种影响可追溯到最近预测修正的短期信息,证实了分析师评级中的"羊群行为"。Hong 等(2000)结合分析师的声誉机制理论,根据分析师在劳动力市场的地位,从分析师职业生涯考虑检验其盈利预测的"羊群行为",发现没有经验的分析师相对于那些经验丰富的分析师,更容易由于不准确的盈利预测或相对于一致预测更加激进的盈利预测而被解雇。根据 Hong 等(2000)的研究不难推测,没有经验的分析师很少给出异质性预测,发布预测结果更不及时,并更加频繁地修改其盈利预测,这些发现很大程度上与现有关于分析还是出于职业生涯考虑而发生的"羊群行为"理论一致。Jegadeesh(2010)通过市场反应检验了分析师荐股评级行为中的"羊群效应",他们相较于分析师的新评级接近一致评级,分析师的最新评级远离一致评级时,股票价格对评级修正的反应更大,并且证实来自大券商和跟踪评级差异性小的分析师更容易发生"羊群行为"。

关于"羊群行为"的原因及其对资本市场的影响,Olsen(1996)认为,投资者对分析师有一致预测的需求,这将导致分析师盈利预测的"羊群行为",这种行为虽然会降低分析师预测偏差,但也会降低分析师盈余预测准确性,而投资者会错误地把这种偏差下降当作风险降低,致使投资者对那些分析师盈余不准确预测股票的投资回报率非常低。Crawford 等(2012)通过分析师发起跟踪和公司股价同步性关系的检验证实,分析师发起跟踪时制造的信息主要依靠于其他分析师提供的信息,并且证实分析师的"羊群行为"降低了资本市场效率。

基于中国的研究来看,已有相关文献主要研究了机构投资者的"羊群行为"及其后果,但关于分析师的"羊群行为",仅见于熊维强和宋军(2006)、蔡庆丰等(2011)。熊维强和宋军(2006)在中国较早关注到分析师的"羊群行为",并提供经验证据证实了中国存在分析师"羊群行为"。蔡庆丰等(2011)发现,分析师评级调整对证券投资基金的"羊群行为"具有显著影响,证实分析师的"羊群行为"会加剧机构投资者的"羊群行为",且这种分析师和机构投资者"羊群行为"的叠加加剧了市场波动性,降低了定价效率。

## 2.4 股价崩盘风险的成因

股价崩盘风险指股价急剧下跌的概率,其会加大投资者的投资风险,危及资本市场的健康运行和发展等,产生巨大危害。当坏消息累积到无法再隐藏时,如果突然释放到市场,将引起股价大幅下跌(Hutton et al.,2009)。近年来,随着证券市场的剧烈波动,股价崩盘风险逐步受到学者们的关注和重视,其中主要关注市场和公司两个层面。市场层面的股价崩盘风险是指在没有明显重大消息发生的情况下,股价下跌的幅度大于暴涨的幅度。一个市场或区域发生股价崩盘时,由于传染可能波及其他市场或区域,造成大面积的市场股价崩盘。已有市场层面的股价崩盘风险研究大多建立在理性均衡框架内。随着行为金融的发展,Hong 和 Stein(2003)提出投资者异质信念分析框架解释股价崩盘的形成。Jin 和 Meyers(2006)从信息不对称和代理理论两个角度,对股价崩盘提出了新的解释,认为公司层面的股价崩盘风险是指个股特有收益出现极端负值的概率,奠定了公司层面股价崩盘理论研究基础。关于公司层面的股价崩盘风险成因,总结来看包括三种,具体如表 2-6 所示。

表 2-6　公司股价崩盘风险成因

| 视角 | 主要观点 |
| --- | --- |
| 代理问题 | 公司管理层为了保护自己的薪酬和职位（Graham et al.，2005）及避税（Kim et al.，2011）等，选择暂时隐藏公司坏消息 |
| 信息不对称 | 由于信息不对称，公司基本面信息无法完全被投资者知悉，甚至产生虚假信息，导致公司股价具有较大"泡沫"。会计信息质量与股价同步性存在正相关关系，尤其是公司信息透明度较低（Jin and Meyers，2006）和存在负向盈余管理（金智，2010）时。一旦投资者了解到公司真实经营情况，"泡沫"破裂，股价便会发生暴跌（李小荣和刘行，2012） |
| 外部环境 | 由于短期投机型投资者持股，因此机构投资者持股比例越高，股价崩盘风险越大（Callen and Fang，2011）。当公司是投资银行或共同基金经纪公司时，跟踪分析师更加乐观，股价崩盘风险更大（Xu et al.，2013） |

中国自1990年建立上海和深圳证券交易所以来，至今已经历了七轮暴跌①。尤其是2015年6月发生有史以来最为严重的股灾，给中国证券市场带来了极大重创，股价崩盘风险俨然成为中国学术领域的研究热点。一部分学者从代理理论的角度对股价崩盘风险的成因进行了解释。例如，权小锋等（2015）发现，上市公司推行社会责任的同时加剧了股价崩盘风险，存在完全的投资路径和部分信息路径，证实上市公司推行社会责任的"工具特征"；江轩宇和许年行（2015）证实，企业过度投资加剧了公司股价未来崩盘风险，而股东与经理人的代理冲突是导致上述正相关关系的主要原因。另一部分学者从信息不对称角度对股价崩盘风险的成因进行了解释。例如，潘越等（2011）和肖土盛等（2017）均发现，公司信息透明度较低时，未来股价崩盘风险较大，信息中介分析师可缓解上述问题。还有部分学者从外部市场环境角度发现投资者异质信念（陈国进和张贻军，2009）、投资认知风险（陶洪亮和申宇，2011）、分析师利益冲突（许年行等，2012）、机构投资者（陈国进等，2010；曹丰等，2015）、机构投资者的"羊群行为"（许年行等，2013）均会加剧股价崩盘风险。

综上可见，国内外文献对股价崩盘风险话题已经给予了高度关注，并取得了丰硕的研究成果。中国股票市场成立时间短，还不够成熟和稳定，股价崩盘风险更高（Piotroski and Wong，2010）。因此，中国市场股价崩盘风险研

---

① 肖宾. 股市风云20年：1990~2010 [M]. 北京：机械工业出版社，2010.

究具有很大的现实意义。但目前中文文献还存在较多英文文献的模仿和跟踪，因此，未来的研究需要根据中国特有的制度环境，形成中国市场的股价崩盘风险理论研究体系。

## 2.5 文献述评

根据有效市场假说，提高证券市场有效性的根本在于解决证券价格形成过程中的信息问题。因此，建立公开的信息披露制度，改善信息披露质量，为信息和效率之间架起桥梁，成为提升证券效率的关键。卖空机制是一种典型的金融交易制度，可提高股票市场定价效率。随着证券市场的发展，各个国家先后放松了卖空管制，卖空机制的经济后果研究成为关注的热点。现有文献主要通过市场效率和公司行为两方面观测卖空机制的经济后果，结论有正有负、并不统一。近期卖空机制对信息中介的影响引起部分学者关注（Ke et al.，2015；李丹等，2016；黄超和黄俊，2016；Hope et al.，2017）。Ke 等（2015）发现，美国放松报升规则，降低分析师预测乐观度。虽然李丹等（2016）基于中国放松卖空管制的准自然实验也得到放松卖空管制降低分析师预测乐观度的结论，但该文并未深入探讨卖空机制影响分析师行为的作用机理，且中国逐步放松卖空管制与 Ke 等（2015）观测美国放松报升规则不同，中国资本市场的有效性远低于美国等发达国家。因此，中国卖空机制如何影响分析师行为，其具体解释的理论基础，除传统金融理论外，还可通过行为金融理论进行解释这不仅能帮助我们理解中国卖空机制的现实影响，也能拓展分析师行为方面的研究成果，这些主题相关研究具有重要的理论意义，而且实际应用价值也很高，有待进一步拓展。

此外，根据中国放松卖空管制以来的资本市场现实观察发现，股市行情走势一路向上，直至 2015 年 6 月发生严重股灾。股价崩盘风险是资本市场环境的重要方面，关于其诱因，现有文献主要关注了公司和外部市场参与者的影响，局限于内生性问题，缺少对宏观经济金融政策影响的研究。因此，卖空机制对分析师行为影响的经济后果，可以从股价崩盘风险的角度进行深入观测，以加深卖空机制通过影响分析师行为对资本市场带来了什么影响的理解。

# 卖空机制和分析师行业发展的制度背景

**CHAPTER 3**

根据卖空机制对分析师行为的影响这一研究主题,本章首先回顾中国多层次资本市场的发展;其次着重从卖空机制发展和分析师行业发展两个维度,对相关现实制度背景作一简要概述,以帮助理解研究结论;最后构建卖空机制影响分析师行为的理论框架,为后文的实证研究提供理论基础。

## 3.1 中国多层次资本市场的发展

随着中国经济的发展,企业的融资需求逐渐增大,高度依赖银行的间接融资不利于金融体系发展,通过发展资本市场可以提高直接融资比重,防范金融风险。在中国经济的产业结构调整和发展方式转变的过程中,资本市场的资源配置将在这个进程中起到重要作用。为了全面建设和谐社会,建立和完善多层次养老、医疗、保险和新农村等领域的体制改革,要求资本市场提高全面有效的金融支持和服务。中国资本市场的基本功能和作用主要包括筹集资金、转换机制、配置资源和公司治理。资本市场的这些功能发挥和推动了中国经济体制和社会资源配置方式的变革。改革开放四十年来,中国资本市场从无到有,得到了迅速发展,走过了一些成熟市场几十年甚至上百年的发展道路,尽管还存在着一些问题,但中国资本市场规模不断壮大,制度日趋完善是不争的事实。

中国资本市场是在向市场经济转轨的过程中,由试点开始逐步发展起来的,所以具有新兴市场的诸多局限。随着市场的发展和壮大,一些问题逐步演变成为阻碍市场发展的障碍,如上市公司改制不彻底、治理结构不完善;证券公司运作不规范、实力较弱;机构投资者类型少、规模小;市场提供产品的结构不合理,缺乏优质蓝筹股、金融衍生产品等。为了积极推进资本市场的改革和发展,国务院、证监会先后采取多项措施,如《关于推进资本市场改革开放和稳定发展的若干意见》(2004年1月发布)、《证券期货经营机构及其工作人员廉洁从业规定》(2018年6月发布)等,从多方面进行了一系列的改革,完善各项基础制度,如实施股权分置改革、加强证券公司综合治理、提高上市公司治理、大力发展机构投资者、改革发现制度和构建多层级的资本市场等。

近年来,中国股票市场股价暴涨暴跌、剧烈波动频繁,主要原因便是只能买涨(做多)赚钱的单边交易引起股价非理性上涨,进而引起股价暴跌的崩盘风险。为了结束单边交易带来的不利影响,中国证监会批准资本市场于2010年3月开始试点融资融券交易制度,投资者通过向具有融资融券业务资格的证券公司提供担保物,借入资金买入证券(融资交易行为),或借入证券并卖出(融券交易行为),大大促进了信用交易制度的发展。

## 3.2 卖空机制概述

卖空(Short-Selling)也叫作融券,依据美国证券监督管理委员会的规定,指投资者出售自身并不拥有的证券,或用自己的账户以借来的证券完成交割的出售行为。它与买多(Margin-Trading)即融资相对应,买多指投资者借入资金用于证券买入,并在约定期限内偿还本息。它们都属于证券保证金信用交易制度。

目前,对卖空有两种分类。第一种按卖空时卖空者持有证券与否,分为一般卖空和持有卖空。一般卖空是我们通常所指的不持有标的证券,而是借券来卖空;持有卖空则是指持有标的证券进行卖空操作。第二种按照是否需要交割,分为有交割保障卖空和无交割保障卖空。有交割保障卖空是事先通过期权或已达成的借入证券协议等借入证券作为保障。目前,多数国家(地区)均实行有交割保障卖空交易制度,如韩国、中国香港地区等。无交割保障卖空也叫裸卖空,指卖空时尚未获得证券,无交割保障。目前只有少数市场经济比较发达的国家如美国、英国和法国等允许无交割保障卖空。中国的卖空机制属于不持有标的的一般卖空,且有交割保障。

市场实际交易中,卖空交易机制的基本运作包括如下几个方面:①参与主体资格,即券商和客户资格的限定。发达国家(地区)对证券公司参与卖空交易业务的要求较为宽松,各个国家(地区)在资金和程序上对客户限制采取了一些措施。②融券标的证券标准。为了防止恶意炒作,控制风险,很多国家(地区)对标的证券制定了标准,如美国、日本、韩国等。③融券保证金比例。卖空交易具有财务杠杆效应,各个国家主要通过保证金制度监管信用交易,如初始保证金比例、维持保证金比例等。④单个证券的信用额度管理。为了防止股票被过度卖空而增加风险,限制单个证券信用交易量占该公司所有流通证券的比例。例如,中国台湾地区规定,单只股票融券额占其流通股本比例的范围是18%~25%。

17世纪,荷兰出现了世界上最早买卖股票的市场。到19世纪末期,英国伦敦股票交易所成为信用交易的重要场所。此时,英国征收资本利得税,即股票获利需缴纳的资本利得税,这大大促进了股票市场卖空活动。卖空成为一种投资者以达到避税目的而追捧的交易手段,这种社会环境极大地刺激了信用交易业务的发展(袁怀宇,2009)。

### 3.2.1 世界各国的卖空机制发展

目前,全世界大多数国家(地区)均建立了卖空机制。这里以美国、日本和中国香港地区信用交易的形成和发展为代表进行梳理和比较,以初步了解国际市场卖空机制的发展。

#### 3.2.1.1 美国的卖空机制

随着19世纪后半叶美国股票市场的迅速发展,卖空交易之诞生。这个时期,市场交易机制发挥主导作用,所以卖空交易十分普遍。1929年金融危机爆发后,经济学家们开始倡导政府管制对经济的干预作用,如1934年美国国会通过证券交易法案加强对证券市场的监管。为了限制卖空行为,建立股票报升规则,即某公司股票最近交易价格高于上一交易日收盘价格时,才允许被卖空。由于当时的证券交易尚处于有纸化交易时代,交易量的不断增大使协议结算日很难完成证券实物清算交割,协议结算日内便会遗留很多未完成的交易,交易者、证券经纪人之间便从这些未完成交易中借券,这个时期的融券主要用于金边证券交易及协议结算日内未完成的交易。

20世纪70年代,信用交易进一步发展。证券交易无纸化时代到来,信用交易广泛发展起来,打破了国家之间的藩篱,形成国际信用交易。到20世纪80年代,信用交易的借出方通过第三方托管银行来接受抵押品,而信用交易的介入方通过第三方托管银行来监管抵押品,很大程度上推进了信用发展。直至20世纪90年代,融券量对冲基金飞速发展,卖空成为对冲基金赚取利润的重要手段。2007年,美国证券交易委员废除了"报升规则"。

#### 3.2.1.2 日本的卖空机制

明治维新后,日本在东京和大阪分别设立证券交易所,开始进行证券交易。此时,主要采用定期清算交易制度,即允许买卖双方在预先约定的期限内互相授信,开展相反买卖,只需办理买卖差额清算交割。第二次世界大战,日本证券交易所被迫关闭。直至1948年5月,日本政府制定《证券交易法》,1949年4月,证券交易所重新开始营业,但也只是允许股票现货交易。"二战"结束后,日本设立证券金融公司,经券商介绍,向普通投资者融资融券,即贷借交易,较好地连接了金融公司与证券交易。

1951年6月,日本大藏省证券交易委员会正式建立信用交易制度,规定保证金比例为55%时,允许券商向客户融资和融券,券商可向证券金融公司转融通,但证券金融公司不得向客户融资融券。1955年,日本修订《证券交易法》,明确提出对证券金融公司的监管,明确了大藏省对信用交易活动的审批和监管权。1978年,日本根据股票好坏进行分类,那些被认为值得投资者投资、具有市场代表性的股票被称为优良股票,那些有过度投机之嫌的股票则被定义为劣质股票。证券监管部门逐日对这两种类型股票公布信用交易余额,供投资者参考(袁怀宇,2009)。

#### 3.2.1.3 中国香港地区的卖空机制

1994年1月3日,香港证券交易所推出17只股票进入卖空标的,放松对这些公司股票市场交易的卖空管制,标志着中国香港地区正式启动卖空机制。根据《证券条例》和香港交易所的规定,卖空交易必须遵守《卖空规例》(《联合交易所规则》第11附件),并从以下几方面规范投资者行为(见表3-1)。

表3-1 中国香港地区卖空交易规定

| 序号 | 内容 |
| --- | --- |
| 1 | 借入股票期限最多14天,借入的股票最迟在第14天必须平仓 |
| 2 | 投资者在卖空股票前必须在联合证券交易所登记 |
| 3 | 投资者必须设立证券保证金账户 |
| 4 | 投资者发出指令时必须明确标明为卖空指令 |
| 5 | 遵守"报升规则"①,以防股市下跌风险 |
| 6 | 为保证卖空交易者能在交割日提交相关卖空交易股票,投资者在卖空前必须订立协议,确保能按时获得指定证券用以交付 |
| 7 | 股票经纪商应确保卖空头寸未平仓客户在任何时期都保持一个最低保证金,其数额不得少于卖空头寸市值的105%,以控制与市场行情波动有关的风险 |

1996年3月,香港证券交易所取消"报升规则",卖空标的增至113只,但受到1997年亚洲金融危机的影响,又重新启用"报升规则"。此后,香港证监局也曾于2007年考虑取消该限制,但至今未执行。1999年底,香港证券

---

① 报升规则是指证券的卖空价格不得低于当前最新一笔交易的成交价格。

交易所卖空标的增至 182 只，全年实际有卖空交易记录的证券有 46 只，卖空交易金额约为 640 亿港元。到 2006 年底，香港证券交易所卖空标的增至 365 只，全年实际有卖空交易记录的证券有 260 只，卖空交易金额约为 3840 亿港元。发展至今，香港交易所对卖空股票进行严格的限制和监管。香港交易所对卖空标的股按一定标准每季度做调整，具体名单可查阅香港交易所网站①。根据香港交易所网站公布的信息，2016 年 5 月 20 日生效的最新卖空标的名单总计有 857 只股票。

#### 3.2.1.4 其他世界主要国家（地区）的卖空限制

卖空机制能将更多信息融入股价，有助于降低股市的投机性和波动性，增加资本市场的流动性，已成为证券市场的基础性交易制度。但卖空交易对投资者和证券市场都是风险极大的，当投资者信息有误或判断错误时，股价不跌反而持续走高，那么如何完成交易、平仓止损是一件难以预测的事情。另外，卖空机制也有可能产生扰乱市场的负面作用，卖空行为通过保证金交易方式创造出了虚拟的证券供应和需求，这会导致市场信号失真。当市场上出现大量卖空时，可能使投资者看空市场而不愿入市，还可能引致后续卖空行为引起投资者恐慌而大量抛盘，引起市场动荡。

为了规避卖空机制带来的负面作用，根据不同实际情况和风险防范的需要，各个国家实施不同程度的管制。Bris 等（2007）观测到，1990 年 1 月至 2001 年 12 月期间，选取的 46 个国家（地区）样本中有 35 个是允许卖空的；但受 1997 年金融危机的影响，上述 35 个国家（地区）中的 12 个在样本该期间内又相继退出卖空交易机制；此外，有 10 个国家（地区）始终是禁止卖空（包括中国）；而马拉西亚 1995 年则开始允许卖空。这里根据 Bris 等（2007）的研究，将 46 个国家（地区）样本分为四类情况（见表 3-2）。

表 3-2 世界 46 个国家（地区）卖空实践状况

| 类别 | 国家（地区） |
| --- | --- |
| 合法且能实践（21 个） | 美国、英国、法国、德国、日本、加拿大、澳大利亚、奥地利、比利时、捷克、丹麦、爱尔兰、意大利、卢森堡、墨西哥、荷兰、葡萄牙、新加坡、南非、瑞士和中国台湾 |
| 合法但不能实践（11 个） | 波兰、芬兰、巴西、新西兰、阿根廷、匈牙利、菲律宾、智利、以色列、土耳其和西班牙 |

---

① http://www.hkex.com.hk/eng/index.htm.

续表

| 类别 | 国家（地区） |
|---|---|
| 交易规则和实践有所改变（5个） | 瑞典、挪威、马来西亚、泰国和中国香港 |
| 禁止卖空（9个） | 韩国、印度尼西亚、巴基斯坦、哥伦比亚、秘鲁、委内瑞拉、希腊、津巴布韦和中国 |

值得特别注意的是，在上述法律上允许卖空的35个国家（地区），尚有11个国家（地区）虽然合法却不能实践。例如，在波兰只有资本总额达到折合人民币约43280万元的证券才有卖空资格；土耳其融券将被税务部门看作正常股票交易而征收资本利得税，导致几乎没有发生过卖空交易；在菲律宾虽然允许卖空，但运作规则不明确导致缺乏可操作性。还有5个国家（地区）的交易规则和实践有所改变，如中国香港每季度做一次调整，通常只有市值大、流动性好的股票才能入选卖空标的。

总体而言，市场经济体制比较成熟的发达国家，对卖空限制较少；而市场经济体制不够完善的发展中国家，对卖空限制程度较大，甚至禁止卖空。

### 3.2.2 卖空机制在中国的发展

2005年新修订的《中华人民共和国证券法》加入了融资融券条款，为开展卖空机制奠定了基础。从2006年开始，我国已经开始启动融资融券的各项准备工作，包括出台配套的法律法规、具体实施细则等。2006年6月，中国证监会发布《证券公司融资融券试点管理办法》；2006年8月，上海和深圳证券交易所发布《融资融券交易试点实施细则》。2008年爆发国际金融危机，我国证券市场受到影响出现较大的动荡。在此背景下，中国证监会宣布正式启动融资融券工作，并于2010年3月31日首次批准90只公司股票进入融资融券标的开始试点交易，经过五次扩容，到2016年标的股增至950只。

2010年3月31，中国证监会首次批准上证50指数和深证成指，共计90只公司股票首批次进入融资融券名单。2010年12月5日，沪深交易所发布通知，融资融券标的调整为如下交易型开放式指数基金（ETF），包括上证50、上证180、上证红利、上证180治理、深100、中小板和深成ETF，退出标的3只，总标的变为共计278只。2013年1月31日，沪深交易所分别发布《关于调整融资融券标的股票范围的通知》，沪市标的由180只扩展为300只，深市标的由98只扩展为200只，退出标的54只，总标的变为共计500只，此次扩容让更多中小板和创业板上市公司股票成为标的。2013年9月16日，沪市新增104只，深市新增102只，退出标的6只，总标的股票达到700只，在这些新增的206只标的中，中小板和创业板就增加了85只。2014年9月22日，为了进一步健全和完善卖空机制作用，此次扩容后中小板和创业板标的将分别达到172只和57只，退出标的18只，总标的扩容至900只股票，约占上市公司总数的1/3，其市值将约占A股流通总市值的80%。2016年12月12日，沪深交易所对融资融券将静态市盈率在300倍以上或为负数的股票折算率下调为零，沪市标的由485只增至525只，深市标的由388只增至425只，退出标的27只，总标的共计达950只。中国卖空标的各次调整的时间、范围和占比情况如表3-3所示。

表3-3 中国卖空标的范围及占比

| 调整时间 | 新增标的数量（只） | 退出标的数量（只） | 标的总数（只） | 两市A股上市公司总数（只） | 标的占比（%） |
|---|---|---|---|---|---|
| 正式试点（2010.3.31） | 90 | — | 90 | 1627 | 5.53 |
| 第一次扩容（2011.12.5） | 191 | 3 | 278 | 1935 | 14.37 |
| 第二次扩容（2013.1.31） | 276 | 54 | 500 | 2048 | 24.41 |
| 第三次扩容（2013.9.16） | 206 | 6 | 700 | 2468 | 28.36 |
| 第四次扩容（2014.9.22） | 218 | 18 | 900 | 2592 | 34.72 |
| 第五次扩容（2016.12.12） | 77 | 27 | 950 | 3034 | 31.31 |

资料来源：根据上海和深圳证券交易所公布的信息整理所得。

本书中对于卖空机制调整的几个关键变量界定如下：放松卖空管制是指2010~2014年五次扩容新增标的；退出卖空管制是指2011~2014年四次扩容调整过程中退出卖空标的；收紧卖空管制则是指2015年6月股灾发生后，2015年8月证监会发布收紧对卖空交易的管制。

为了监管卖空交易，2011年10月，中国证监会发布《证券公司融资融券业务管理办法》，形成对融资融券交易的监管体系，主要包括：①证监会及其派出机构依法对证券公司融资融券业务活动进行监督管理，证监会建立逆周期调节机制；②证券交易所建立风险控制指标浮动管理机制，实施逆周期调节；③中国证券业协会、证券交易所、证券登记结算机构对证券公司进行自律管理，中国证券金融公司对证券公司和客户交易情况进行监测监控。根据上述精神，上海和深圳证券交易所2011年对证券公司开展融资融券业务实施细则进行了具体规定（见表3-4）。

表3-4　上海和深圳证券交易所对证券公司融资融券业务实施细则的规定（2011年）

| 序号 | 规定条款 |
| --- | --- |
| 1 | 需经中国证监会批准方 |
| 2 | 以公司名义在证券登记结算机构分别开立融券专用证券账户、信用交易证券交收账户、客户信用交易担保证券账户和信用交易资金交收账户 |
| 3 | 融资融券金额不得超过证券公司净资本的4倍 |
| 4 | 限定融资买入或融券卖出单一证券量，或担保物持有量占其市场流通量比例的最高限额；接受某种证券融资买入指令或融券卖出指令规定 |

资料来源：根据上海和深圳证券交易所公布的信息整理所得。

另外，上海和深圳证券交易所对融资融券普通客户资格还进行了规定，具体包括：最近20个交易日均证券类资产不得低于50万元，具有一定风险承担能力，从事证券交易半年以上时间，不得有重大违约记录。而对融资融券专业机构投资者客户，取消了交易时间和证券类资产的条件限制。由此可见，中国卖空交易制度门槛较高，普通中小股民难以参与卖空交易，机构投资者成为卖空交易的主要参与者。

2015年6月，中国证监会对《证券公司融资融券业务管理办法》进行了修订，主要体现在以下内容如果已开信用账户客户，即便证券类资产低于50万元，也可以从事融资融券投资交易；废除投资者担保比例低于130%时，需在2个交易日内追加担保物至少达到150%的规定；改变将强制平仓作为证券公司处置客户担保物唯一方式的规定；除了允许最长不超过六个月的合约期外，增加允许证券公司与客户协定展期次数。根据上述精神，2015年，上海和深圳证券交易所均对融资融券交易实施细则进行了修订，具体如表3-5所示。

表3-5　上海和深圳证券交易所对证券公司融资融券业务实施细则的规定（2015年）

| 序号 | 规定条款 |
| --- | --- |
| 1 | 为严格控制融券卖出风险（卖空风险），防止空头打压导致股市暴跌，规定融券卖出的申报价格不得低于该证券最近成交价 |
| 2 | 在未了解相关融券交易前，投资者可提取保证金可用余额中的现金或可冲抵保证金的有价证券为信用证券账户担保超过300%比例部分，客户融券卖出款不得作为除了买券换券外的其他用途，客户卖出信用证券账户内已开仓证券所得款也应优先偿还其融资欠款 |
| 3 | 投资者在一家证券交易所只能开设一个信用账户，并且只能通过开设该账户的券商处进行融资融券交易，不得用该账户进行其他业务交易 |

资料来源：根据上海和深圳证券交易所公布的信息整理所得。

综上可见，中国与美国放松卖空管制的现实制度背景完全不同。首先，美国19世纪后半叶建立股票市场，同时启动卖空交易机制。2004年美国证监会（SEC）废除卖空限制中的报升规则，放松卖空管制；而中国资本市场2010年才开始启动卖空机制，保留报升规则，经过四次扩容卖空标的为900只，仅占市场总数的约1/3。其次，美国证券市场已处于半强式有效市场阶段；而中国证券市场尚属于弱有效市场阶段。

## 3.3 分析师概述

### 3.3.1 分析师工作内容

分析师是金融分析师、投资分析师、证券分析师和注册特许分析师等的统称。近年来，随着证券市场的发展，证券分析师行业队伍逐渐发展壮大，在证券市场扮演着越来越重要的角色。证券分析师（Securities Analyst）（本书简称分析师）是依法取得证券投资咨询职业资格，在证券经营机构从事对证券市场、证券品种价值即变动趋势进行研究和预测，开展证券研究和分析相关工作，以书面或口头的方式向投资者发布证券研究报告、分析、预测、建议等服务。分析师的工作包括对内服务和对外服务两方面，对内主要指支持受雇券商的相关业务；对外指与跟踪上市公司进行沟通，为附属券商机构所服务的机构投资者提供咨询等。下文将从分析师信息收集和分析、分析师盈利预测和股票评级两方面讨论其工作内容。

#### 3.3.1.1 信息收集和分析

随着信息技术的飞速发展，社会的信息环境更加多元化，那么信息披露方式和信息披露内容也变得越来越复杂。普通投资者受个人能力限制，难以高效地从海量信息中获取对自己投资具有指导意义的信息。且信息收集是有成本的，普通投资者收集信息产生的收益未必能弥补其产生的成本，这将大大降低其信息收集的动力，投资热情自然大打折扣。

证券分析师却全然不同，拥有自身专门的机构平台优势，掌握专业的信息收集、整理技能。在社会分工中，分析师扮演着证券市场专业信息收集的角色，其信息收集成本相对更低（胡娜，2014）。从分析师收集整理信息的范畴来看，既包括上市公司相关信息，如强制披露的财务报告、社会责任报告、半自愿性披露的管理层业绩预告等；还包括到上市公司调研等非公开方式获取的私人信息。此外，分析师还可能参考其他信息中介，如媒体、机构投资者等提供的各类间接信息。分析师根据公司披露的公开信息和自身掌握的私有信息，从盈利能力、偿债能力、营运能力和成长能力等方面进行财务状况评估，通过与目标公司以前年度的表现进行纵向对比、与同行业其他公司进行横向对比，预测目标公司未来的盈余情况，以及可能的股价走势。

因为宏观经济运行与证券市场有着密切联系，所以分析师的分析工作还包括对宏观经济运行态势大背景的整体把握，主要包括政府主导颁布的相关政策条例、有关监管部门发布的监管条例等，以及行业和市场层面的相关信息。分析师在对宏观经济形势有了一个总体研判后，再进一步根据上市公司在其所属行业中的地位、行业发展周期、产业链条上的上下产业链发展趋势等，对公司所处行业发展进行分析。此外，分析师还会关注证券市场运行特征，作一些基本面分析，预测市场大盘指数走势、股市行情等。

从各方渠道收集到相关信息后，分析师将参考宏观经济环境、资本市场和公司所处行业层面信息，再着重考虑公司层面的特质信息，进行专业的分析和评估，最终形成研究报告。

3.3.1.2 发布盈利预测和进行股票评级

分析师在信息收集和分析工作的基础上形成研究报告，虽然研究报告包括具体分析等诸多信息，但最关键的是进行盈利预测和对公司股票进行评级。分析师盈利预测的内容包括对目标公司的每股收益、市盈率、净利润、息税前收入、主营业务收入和每股经营现金流等会计指标给出具体的数值或范围，既可能是对目标公司当年度的短期预测，也可能是未来年度的长期预测。分析师的股票评级主要包括五个层次，分别为"买入""增持""中性""减持""卖出"。卖方分析师大多附属于专业券商机构，主要为聘用的券商机构服务。因为分析师并未向投资者收取任何费用，所以也并不对投资者的投资风险承担任何责任。对于分析师的投资建议，普通投资者只能作为参考，并不能作为完全规避风险的宝典。

综上可见，分析师收集到信息后，通过自身的研究工作，发表具有思想和见地的意见，为投资者创造价值。通过分析师的专业信息中介作用，使市场资金流向那些更有发展前景的公司，提升证券定价效率，提高资本市场资源配置效率。

### 3.3.2 分析师的分类

按照服务对象不同，证券分析师可以分为独立分析师（Independent Analyst）、买方分析师（Buy-side Analyst）和卖方分析师（Sell-side Analyst）（胡娜，2014）。

独立分析师通过信息收集和整理撰写研究报告，以市场化的运作方式卖出，为客户的投资提供参考，帮助个人和其受雇的专业研究咨询机构赚取收入。

买方分析师一般在卖方分析师发布的研究报告的基础上，加工形成自己的研究报告，主要提供给其受雇的机构，如投资咨询管理机构、基金公司和保险公司等，作投资决策参考。

卖方分析师通过收集、整理信息，进行盈余预测和股票评级。一般证券公司研究部门会雇用专业的卖方分析师，为券商机构的证券承销、投资和自营等业务提供咨询建议。此外，卖空分析师也会向外界机构投资者等其他投资者发布研究报告，进行盈余预测和股票评级。

### 3.3.3 分析师的独立性

目前，从世界范围来看，卖方分析师的数量远超过其他各类证券分析师从业人员（本书所述分析师均指卖方分析师）。卖方证券分析师服务对象多元化导致存在利益冲突，使其很难保持工作的独立性和客观性。来自附属券商机构、机构投资者客户和被跟踪公司各种利益纠葛压力，分析师不得不发布有偏甚至是误导性的研究报告。具体来说，分析师主要面临来自券商投行业务、经纪业务和自营业务的压力，以及机构投资者客户和上市公司管理层的压力。

#### 3.3.3.1 券商的投资银行业务压力

券商的投资银行核心业务包括股票发行和承销，当上市公司的股票委托某券商机构进行承销时，券商便会干预旗下分析师支持其股票承销业务。券商承接投资银行业务的过程中，附属分析师要帮助券商机构对发行股票公司进行"尽职调查"，并在各种公共场合进行该公司股票的说明、推荐等"路演"工作，尽力推销券商承销公司股票。股票发行结束后，为了在一定程度上抬高公司股票价格，不至于跌破发行价，券商机构也会干预附属分析师对这些公司股票发布乐观倾向的研究报告，以影响市场投资者的投资判断。此外，券商为了争取已承接股票发行业务上市公司的增发业务，会与这些上市公司建立和保持良好的合作关系，而干预附属分析师对这些公司发布乐观研究报告是重要的途径之一。

#### 3.3.3.2 券商的经纪业务和自营业务压力

券商的主要收入来源包括经纪业务所带来的佣金，即券商向市场证券买卖投资者提供交易平台，并从交易金额中按一定比例收取佣金。券商附属分析师的研究报告对市场有较大影响，如乐观报告能刺激市场交易量，将增加券商机构佣金收入。此外，从券商的证券自营业务来看，券商可以在二级市场以机构投资者的身份席位买卖股票交易获利，券商便有较大的动机促使其附属分析师为自身重仓持有的股票发布乐观报告，通过股票买卖价差获利。从分析师的角度来看，分析师之所以受到券商机构的干预严重，在很大程度上由分析师的薪酬制度设计所致。各大券商机构对附属分析师的薪酬一般实行考核制，将券商机构的佣金收入、自营业务收入等与分析师报酬挂钩，给分析师施加压力提升券商机构的经纪业务和自营业务。

#### 3.3.3.3　券商的机构投资者客户压力

这里所指的机构投资者主要指一些金融机构，包括银行、保险公司、信用合作社、投资信托公司、国家或团体设立的社保基金等组织。这些机构投资者是券商承销证券的大客户，他们手上掌握着影响券商交易佣金收入的大权。所以，对于机构投资者客户的投资对象，分析师便有动机发布更加乐观的研究报告，帮助机构投资者客户提升投资业绩，促进券商与机构投资者客户的合作关系。分析师受到附属券商的机构投资者客户方面的压力，失去独立性。

还有非常重要的一个方面是机构投资者对分析师声誉排名的重大影响。例如，美国《机构投资者》杂志举办的"全美分析师评选"，中国《新财富》杂志组织的"最佳分析师"，均主要由机构投资者为代表进行投票选举。票选结果决定着能否成为明星分析师，决定着分析师薪酬，甚至关乎分析师整个职业生涯。出于职业票选考虑，分析师不会发布负面研究报告投资建议影响机构投资者客户。

#### 3.3.3.4　上市公司管理层压力

分析师必须提供有价值的研究报告，才能获得基金经理的青睐，助其职业发展。现有英文文献认为，分析师报告的信息增量主要来源于公开信息的加工（解释）和上市公司的内幕交易（挖掘），并且信息挖掘占据主导地位（Chen et al., 2010）。分析师除了利用公司披露的公共信息外，更多具有价值的信息来源于分析师掌握的私有信息。分析师与上市公司高管建立良好私人关系，是分析师获取内幕消息的重要方式，除了基于同学、老乡等正式社会网络之外，也可以通过"互惠互利"的交易机制达成。分析师对上市公司的乐观预测报告，便是一种分析师对公司管理层表示善意的体现。分析师必须和上市公司保持良好关系，才能通过与公司管理层进行私人电话、现场调研等方式获得更有价值的内幕消息。与此同时，上市公司管理层便可能将私有信息作为交换条件，对分析师施加压力，促使其发布对公司管理层有利的研究报告。2016年8月10日，百富环球公司的中期业绩发布会现场出现了戏剧化的一幕，麦格理公司分析师因发布了对该公司的卖空报告而被公司高管驱逐出场，为我们生动地展现了公司高管干预分析师行为的一幕①。

### 3.3.4 分析师在中国的发展

20世纪90年代初，随着中国证券市场的建立，各类"股评家""市场人士""股评人士""证券研究员"活跃在证券交易所。这个时期，由于缺乏政策监管，证券市场内幕操作等新闻时有曝光。1999年，中国国家最高立法机构组织出台《证券法》，对中国证券机构及从业人员开始规范管理。2001年，证监会发布《关于规范面向公众开展的证券投资咨询业务行为若干问题的规定》。2002年12月，中国成立证券业协会证券分析师委员会。2005年，中国证券业协会修订《中国证券分析师职业道德守则》，出台了《中国证券业协会证券分析师职业道德守则》，使证券分析师管理逐步走向规范。

中国金融业形成了"一行三会"的分业监管格局，包括中国人民银行、中国银行业监督管理委员会、中国证券监督管理委员和中国保险监督管理委员会。其中，中国证券监督管理委员会（以下简称中国证监会）于1992年成立，并在全国设9个稽查局和36个地方证监局，是国务院直属机构，主管全国证券期货市场，维护证券市场秩序，对证券、期货业进行集中统一监管。发展至今，中国形成了证监会为顶层机构，包括证监会派出机构、证券交易所、行业协会、投资者保护以及行业自律的"五位一体"的证券监管体系。

进入21世纪后，中国资本市场经历了一系列重大变革，如2005年开始的股权分置改革。与此同时，中国资本市场多层体系逐步建立，形成了以交易所主板和中小企业板市场为主体，场外交易市场为补充的格局。随着中国资本市场的日趋成熟，投机为主的投资理念逐渐向长期价值投资转变，这也推动了整个中国金融行业的发展，如券商机构、基金公司等。

券商即证券交易公司（也叫证券公司），是上海证券交易所和深圳证券交易所的代理商。据万德（Wind）数据统计显示，截至2014年底，中国内地共有115家券商机构。这115家券商机构中，有20家在内地资本市场上市，6家在境外市场上市（其中包含中信证券和海通证券，两者均是交叉上市），另外共计有91家未上市。从券商业务结构来看，以2014年中报为例，经纪业务收入占总收入的42%，自营业务占总收入的17%，投行业务占总收入的12%，

---

① 和讯新闻.百富环球业绩发布会"驱逐"麦格理分析师 原因是发过看空报告.http://stock.qq.com/a/20160811/024879.htm, 2016-08-11.

资管业务占总收入的7%。另外值得特别关注的是，据新浪财经对中国2014年券商年度报告统计，融资融券业务收入已迅速成为证券公司仅次于代理买卖证券和证券投资收益的第三大创利器，占比超过10%[①]。

中国卖方分析师的产生源于券商业务的发展。早期，大型券商建立了以主要支持券商经纪、自营或资产管理等内部业务的研究部门，如1995年君安研究成立，其是中国最早的券商研究机构。随着以基金公司为代表的机构投资者业务的兴起，公募基金规模得到了前所未有的发展，催生了对券商卖方研究的需求。申银万国、国泰君安、中金公司等卖方研究机构应运而生。而任职于这些研究机构从事研究工作的便是卖方分析师，以对外提供研究服务业务为主，为券商公司获取了不菲的收入。其他券商机构也纷纷开始效仿，对内提供研究支持，对外提供研究服务，使证券分析师行业发展壮大起来。

作为市场信息中介，中国分析师行业得到了很大发展。据《2015中国证券研究行业报告》的统计显示，截至2015年11月23日，全国具有证券投资咨询资格的分析师共2278人[②]。根据中国新财富对2014年参与第十二届"最佳分析师"评选的候选分析师的调查统计显示，硕士学历占78.12%，博士学历占20.30%，硕士以下学历仅占1.58%；以分析师的工作时间分配来看，撰写研究报告用时超过32%。

中国分析师的薪资报酬由基本工资和年度奖金构成，其中年度奖金占比更大。各券商间分析师薪酬差异较大，通常大型券商公司的分析师薪酬更高。分析师收入主要取决于券商研究所对他们工作的评分，而评分标准主要是分析师为券商机构收入所做的贡献，主要体现在分析师对所就职的券商招揽基金客户获取交易佣金、招揽投行业务、促销承销股票、促进自营业务和融资融券业务等方面。分析师的这种收入考评体制决定了分析师将受到所在券商机构及与券商机构存在业务往来的其他机构投资者的很大影响。

中国分析师的声誉机制主要通过社会机制实现，即通过第三方机构的市场评级，产生分析师在证券市场的执业知名度和美誉度。其中最具影响力的是《新财富》每年进行的年度"最佳分析师"[③]（自2003年开始），至2016年已进行了十四届，是中国业内公认的最权威的证券分析师排行榜。《新财富》的评选办法是邀请机构投资者（买方）给券商分析师（卖方）打分投

---

① 新浪财经.2014年券商年度报告：两融业务篇.http://finance.sina.com.cn/focus/Securities201402/.

② 金融界.2015中国证券研究行业报告：新一代分析师正在崛起.http://finance.jrj.com.cn/2015/11/28134520151663.shtml, 2015-11-28.

③ 新财富网站，http://www.xcf.cn/zjfxs/.

票，投票主体中公募基金、保险资产管理公司、社保基金等具有直接投票权；而银行、保险公司、证券公司、养老保险公司、私募基金、信托公司、财务公司、海外投资机构，购买券商服务年度总额达 100 万元以上，且需获得五家及以上参评券商研究机构推荐，方具有投票资格。最后，《新财富》官方按一定权重将各方投票结果进行汇总。评选出的"最佳分析师"代表着中国分析师行业的顶尖水平，随着声名大噪，这些分析师将获得比普通分析师丰厚得多的报酬[①]，但也面临着更大的考验。

新财富的"最佳分析师"评选与分析师发布研究报告的质量并无直接联系，唯一的入选依据是基金经理等客户群体的主观评价。因此，分析师为了迎合机构客户，提高其研究和服务被客户群体认可的程度，很可能将失去独立性。但相对而言，《新财富》主办的"最佳分析师"评选活动，以市场化导向为主，得到了社会各界的广泛认可，在中国分析师声誉评选中首屈一指。

证券分析师出具的研究报告代表了证券公司、证券投资咨询机构等对上市公司发展现状及投资前景作出的深度解读，因此往往成为投资人，甚至包括专业投资机构的风向标。但在中国新兴加转轨的资本市场中，证券分析师往往出具过于乐观的研究报告，致使中小投资者损失惨重（潘越等，2011a；曹胜和朱红军，2011）。例如，2011 年 7 月，银河证券分析师对攀钢钒钛发布了 188 元的"天价"股价预测报告，使攀钢钒钛股价涨停，但当天交易显示有三个机构席位出逃，累计净卖出 1.56 亿元，占当日成交金额一半，致使前期深套的机构资金获得解套出局的机会，极大地损害了中小投资者的利益。

## 3.4 构建卖空机制影响分析师行为的理论框架

### 3.4.1 金融监管制度对分析师的影响

分析师除了通过企业财务报告、管理层业绩预告、媒体等公开途径获取信息（Hodder et al.，2008；王玉涛和王彦超，2012；谭松涛等，2015）外，还通过公司实地调研、与公司管理层私下接触等渠道获取信息（Bradshaw，2011；谭松涛和崔小勇，2015）。这些信息源的质量决定着分析师预测的行为和质量，所以金融监管的重点便是分析师信息源的监管。在分析师自身专业能力一定的情况下，证券市场公共信息和私有信息的供给共同决定了分析师

---

[①] 据《第一财经日报》报道，"新财富"行业分析师前三名，市场要价在 300 万~500 万元．http://kb.dsqq.cn/html/2015-01/14/content_ 380305.htm。

预测的准确性。证券监管的重点除加强上市公司公共信息的规范披露之外，还对分析师私有信息的获取监管尤为重要。

关于公司信息披露政策对分析师行为影响的研究，较早可以追溯到 Lang 和 Lundholm（1996），他们采用 FAF 报告（Report of the Financial Analysts Federation Corporate information Committee）中对上市公司信息披露水平的评分作为对公司信息披露状况的评价，发现评分越高分析师跟踪数量越多，分析师预测准确度越高，分歧度越小。2000 年，美国颁布了《公平信息披露规则》，该项规则的主要精神是要求上市公司信息披露时，如果是发布未公开的重大信息，必须向所有投资者公开披露，不得对分析师、机构投资者先进行信息披露，而后再进行公开披露，以保证所有投资者同时获悉相同的信息。基于公平信息披露规则出台背景对分析师行为的影响，Agrawal 等（2006）研究发现，分析师预测的准确性下降了；但 Bailey 等（2003）和 Heflin 等（2003）发现，分析师预测准确性和该规则出台前没有区别；Mensah 和 Yang（2008）、De 和 Apilado（2009）从"羊群效应"的角度发现，规则降低了分析师预测和建议的独立性，所以降低了分析师预测的准确性。

中国政府监管部门 2006 年发布了旨在遏制上市公司选择性信息披露行为的《上市公司公平信息披露指引》（简称 FD）。基于该公平信息披露指引出台的制度背景，刘少波和彭绣梅（2012）证实，FD 启动后分析师预测的准确性下降了。谭跃等（2013）发现，FD 缓解了分析师来自承销券商和机构投资者的压力，在一定程度上缓解了分析师的利益冲突。中国上市公司信息不对称问题一直为投资者所诟病，促使中国证券监管部门先后通过不同法律法规以缓解该问题。虽然由于各种原因，中国资本市场信息效率提高还有待完善，但总的来说，学者们均认同，上市公司信息披露透明度越高，分析师预测质量越高（方军雄，2007；白晓宇，2009）。所以，未来关于金融监管对分析师行为影响的研究，必将是中国学术界和实务界都非常关心的话题。

### 3.4.2 卖空机制影响分析师行为的理论框架

参考现有卖空机制经济后果和分析师行为影响因素的文献，结合中国放松卖空管制的现实制度背景，考虑分析师行业发展现状，构建卖空机制影响分析师跟踪行为和预测行为的理论框架。

#### 3.4.2.1 公司治理

在公司治理理论框架研究中，学者们逐渐关注到媒体、分析师等外部治理作用。李培功和沈艺峰（2010）及李焰和王琳（2013）发现，与欧美发达国家媒体通过替代内部治理发挥外部治理作用不同，中国媒体通过促进公司内部治理发挥外部治理作用。靳庆鲁等（2015）证实，当企业面临的投资机会较差时，引入卖空机制能提高投资与投资机会的敏感性，敦促股东监督管理层及时调整投资策略，证实卖空机制发挥外部治理作用，缓解代理问题。据此本书认为，中国卖空机制通过促进公司内部治理发挥治理作用。卖空机制敦促公司大股东对管理层加强监督，即卖空机制通过公司治理机制给公司管理层施加压力缓解代理问题，促使其积极改变行为决策，提高盈余质量（Massa et al., 2015；陈晖丽和刘峰；2014）。

关于卖空机制促使公司治理改善对分析师跟踪的影响，既可能是卖空机制促使公司治理改善，分析师信息收集成本降低而吸引更多分析师跟踪；也可能是由于低质量盈余的公司为分析师通过私有信息获利提供了机会（Kim et al., 2011），卖空机制提升公司盈余质量减少了分析师通过私有信息获利的机会，因此会使分析师跟踪减少。

### 3.4.2.2 信息环境

卖空机制鼓励投资者挖掘公司"坏消息"投资获利。现有文献发现，放松卖空管制将提升公司财务报告质量（Massa et al., 2015；陈晖丽和刘峰；2014）。面对外界卖空导致股价下行风险增大，管理层为了应对股价对"坏消息"的反应灵敏度，可能降低业绩预告精度（Li and Zhang, 2015）。因此，卖空机制使公司信息环境变得更为复杂，对分析师跟踪行为的影响也变得不确定。

依据 Bhushan（1989）构建的分析师服务的需求和供给的均衡函数，公司分析师跟踪数量取决于投资者对分析师服务的需求。那么，卖空机制对分析师跟踪行为的影响，也将根据卖空机制对投资者的需求的改变决定。一种情况是，卖空机制改变公司信息环境，投资者对分析师服务的需求将增加，分析师服务的供给函数向外移动，意味着均衡解的供给数增加，即分析师跟踪增加。另一种情况是，如果卖空机制使公司信息环境得以改善，导致投资者所获边际收益下降，将降低投资者对分析师服务的需求，使分析师服务的供给函数向内移动，意味着均衡解的供给数减少，即分析师跟踪减少。

现有文献发现，放松卖空管制既可能提升公司财务报告质量（Massa et al., 2015；陈晖丽和刘峰；2014），也可能降低管理层业绩预告精度（Li and Zhang, 2015），使公司信息环境变得更为复杂。因此，卖空机制通过信息环境改变影响分析师预测存在两种情况。一种情况是，财务报告信息是分析师预测的重要信息来源，财务信息质量提升将降低分析师预测偏差；另一种情况是，管理层业绩预告也是分析师预测的重要信息来源，业绩预告信息质量降低将增大分析师预测偏差。

#### 3.4.2.3 市场压力

低的股票价格可能增加公司经理人被接替或解雇的可能性（Stein，1988；Morck et al.，1990），公司经理人面对卖空机制带来的股票下行压力时，可能采取一些行为稳定甚至提升股价，以防他们暴露在下行风险之中。管理层利用自身掌握的公司私有信息作为交换，干预分析师发布乐观报告（Lim，2001；赵良玉等，2013），导致分析师预测偏差增大。此外，卖空机制使股价下行风险增大，股市行情如果持续低迷，很多中小投资者将会选择离场，将大大危及券商等机构投资者的经纪业务收入。券商面对卖空机制带来的股票下行压力时，可能促使分析师发布乐观预测报告，以提升投资者信心，稳定甚至抬升股市行情。由此可见，市场压力机制下，公司管理层和券商机构均可能干预分析师预测行为，导致分析师预测偏差增大。

综上可见，卖空机制通过公司治理、信息环境和市场压力三种作用机制影响分析师行为。这里构建的卖空机制影响分析师行为的作用机制和经济后果理论框架如图3-1所示。

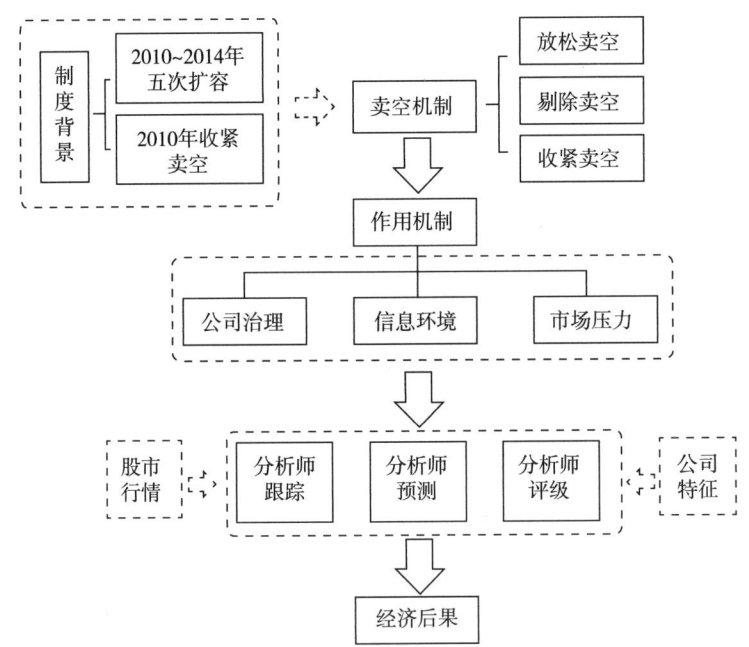

图3-1 本书理论框架

## 3.5 本章小结

本章旨在介绍帮助理解后续研究的制度背景。根据本书主题——卖空机制对分析师行为的影响，从卖空机制和分析师行业发展两个方面进行制度背景介绍。

首先，梳理卖空机制领域相关基本概念，介绍卖空机制制度的发展过程。根据证券市场发展的基本脉络，以具有代表性的美国、日本和中国香港地区的信用交易机制的形成和发展，对国际市场卖空机制发展进行梳理和比较。根据 Bris 等（2007）对全球 46 个国家（地区）卖空机制资料和数据的比较研究，归纳总结出世界主要国家（地区）的卖空限制，并发现截至 2010 年，中国是这 46 个国家中尚未放松卖空限制的 9 个国家之一。2010 年 3 月，中国启动卖空机制，经过五次扩容，共计 950 只股票允许进行融资融券交易，开启了中国卖空交易制度。但 2015 年 6 月中国证券市场发生股灾，卖空机制被认为是股灾的"推手"。随后，中国证监会于 2015 年 8 月发布交易细则收紧卖空管制。中国逐步放松卖空管制又收紧卖空管制，卖空机制的调整过程为观察中国卖空机制的经济后果提供了很好的准自然实验场景。

其次，介绍分析师行业发展的状况。主要从分析师的信息收集和分析、盈利预测和股票评级两个方面介绍了分析师的主要工作内容。根据分析师的服务对象，将分析师分为独立分析师、买方分析师和卖方分析师，其中卖方分析师数量最大，备受关注。通过对比发现，美国主要通过行业协会对分析师进行行业监管，"全美分析师"评选等社会监管也发挥了一定的作用；中国主要通过行政力量对分析师进行行政监管，另外，基于分析师声誉机制，"最佳分析师"评选发挥了一定的社会监管作用。由于中国卖方分析师主要附属券商机构，而券商机构一般将分析师的收入与券商招揽基金客户获取交易佣金、招揽投行业务、促销承销股票、促进自营业务和融资融券业务等业务收入密切挂钩，使分析师受到所在券商机构及与券商机构存在业务往来的其他机构投资者的影响很大，易受到干扰而发布有偏的研究报告。

最后，在分析金融监管制度对分析师行为影响的基础上，构建卖空机制影响分析师行为的理论框架。主要从公司治理、信息环境和市场压力三方面，分析卖空机制影响分析师跟踪、预测和评价的作用机制。在构建卖空机制影响分析师行为理论框架的基础上，开展后文的实证研究。

# 卖空机制对分析师跟踪的影响及作用机制

CHAPTER 4

卖空机制对分析师的行为究竟会产生什么影响？显然，这一问题的答案是全书的研究动因和逻辑起点，对于健全中国卖空机制制度建设也有重要的指导作用。本章首先从分析师跟踪行为出发，主要检验卖空机制对分析师跟踪的影响，此外还检验了卖空机制影响分析师跟踪行为改变的作用机制，为本章主要结论提供进一步的经验证据。

## 4.1 提出研究问题

中国证券市场自 20 世纪 90 年代初建立以来，得到了迅速发展。但中国证券市场自建立以来便实行完全卖空限制的单边市场，长期的单边市场交易造成股价高估，股票价格偏离公司价值严重，股价指数无法反映经济发展趋势。在卖空被管制的市场环境中，股价只能反映乐观交易者的观点，阻碍了悲观交易者表达观点，没有吸收公司的负面信息，导致了股价与公司基本价值相分离（Miller，1977）。中国上市公司代理问题严重，信息披露不规范，信息不对称导致内幕交易频繁。统计调查数据显示，自 2008 年以来，中国证券稽查部门调查内幕交易案件 280 起；2010 年，证监会调查内幕交易案件 530 起[①]。如果这种现象得不到有效缓解，将使证券市场无法有效发挥估值作用，影响社会经济发展。为了在一定程度上缓解上述问题，中国证监会于 2010 年启动卖空交易制度，自此，中国卖空机制的经济后果成为学术界和实务界关注的热点话题。

已有卖空机制影响市场效率的研究，一部分认为卖空机制提高了市场定价效率（Boehmer et al.，2008；Diether et al.，2009；许红伟和陈欣，2012；李科等，2014；李志生等，2015 等）；另一部分则发现卖空机制的引入，在市场下跌时可能加剧市场负面情绪导致恐慌（Aitken et al.，1998；Morris and

---

① 黄跃. 证券内幕交易的认定及其规制. 东方财富网，http://stock.eastmoney.com/news/1406/20141105442240214.html，2014-11-05.

Shin，1998），增加了股市的波动率（陈海强和范云菲，2015）。因此，卖空机制的经济后果尚未得到比较一致的研究结论。主要原因在于，不同国家放松卖空管制的程度不同，各个国家制度背景也存在显著差异。所以，卖空机制的经济后果检验，必须结合各个国家（地区）的现实制度背景，综合考虑当地证券市场的实际情况。

随着金融市场的发展、资本市场信息中介的兴起，从信息中介的角度观测卖空机制的经济后果，为我们提供了一个新的视角。例如，Fox 等（2010）基于美国道琼斯通讯社的媒体数据、Hope 等（2017）从审计师的审计收费观测卖空机制的影响；Ke 等（2015）和李丹等（2016）观测卖空机制对分析师预测乐观度的影响，为我们提供了很好的思路借鉴。本书基于中国 2010 年逐步放松卖空管制的准自然实验，检验卖空机制对分析师跟踪的影响和作用机制。之所以选择分析师跟踪进行观测，是因为证券市场是信息驱动的市场，投资者在市场形成预期并实现市场信息效率的重要手段便是信息的产生和传播。分析师作为上市公司和投资者的媒介，其跟踪行为最终影响了整个资本市场的有效性（朱红军，2007）。

## 4.2 理论分析及研究假设推导

传统单边市场中，主要是非知情交易者观察和学习知情交易者行为，不利于市场效率。放松卖空管制后，更多知情交易者参与卖空交易，能将更多公司负面信息及时反映出来，使股票价格趋向于公司内在价值，市场效率将会提高。综合来看，知情交易者和非知情交易者之间的互动关系能使股票市场通过自我调节，逐步趋向于均衡状态。卖空机制是赋予知情交易者的一种金融交易机制，在信息分布不变的前提下，卖空机制将有利于信息的释放，使市场信息效率提高。

分析师作为证券市场的专业人员，通过信息收集和分析，向市场参与者提供反映证券价格的信息，发挥信息中介作用从而提升市场效率（Healy and Palepu，2001）。随着研究的深入，学者们认为分析师不仅通过加工、解读和传播已有信息发挥中介作用，还通过自身专业技能和关系网络挖掘新信息，分析师扮演着信息中介和供给的双重角色（Beyer et al.，2010）。

在分析师的诸多职能活动中，跟踪关注上市公司是其基本行为之一。由于分析师的精力有限，对上市公司跟踪展开研究成本较高，因此每个分析师会跟踪相对比较固定的几家上市公司（李心丹等，2008）。那么，在分析师自身资源有限的情况下，分析师如何决策跟踪行为？分析师跟踪行为受到哪些因素的影响？根据 Bhushan（1989）构建的分析师服务的需求和供给的均衡函数，公司的分析师跟踪数量取决于投资者对分析师服务的需求。那么，卖空机制对分析师跟踪行为影响的最终结果，取决于分析师服务供给和需求函数的净效应。分析师发挥不同角色的作用时，分析师服务的供给和需求线外移（内移），净均衡函数解的上升（下降），决定着分析师跟踪的增加（减少）。

一种情况是，分析师发挥信息中介作用。相较于普通投资者，证券分析师具有强大的信息渠道和更专业的分析技能（Kim and Verrecchia，1994），能更准确地解读上市公司披露的信息。放松卖空管制后，卖空交易机制赋予投资者挖掘公司"坏消息"投资获利的权利，极大程度地激励了卖空投资者挖掘公司"坏消息"，卖空者将更多地传递公司信息，从而增加信息透明度（Chen，2016）。卖空机制为投资者增加了卖空套利的机会，如果分析师发挥信息中介作用，由于投资者对分析师的信息加工和解读服务需求的增加，吸引分析师跟踪增加。综上，应当观测到放松卖空管制后，卖空标的公司的分析师跟踪数量增加。

另一种情况是，分析师发挥外部监督作用。已有部分研究证实分析师发挥公司外部治理作用，纠正公司管理层的偏差行为（Jensen and Meckling，1976；Healy and Palepu，2001），如减少企业的过度投资行为（张纯和吕伟，2009）、有效激励管理人员抑制企业盈余管理（Degeorge et al.，2012）等。新近研究发现，卖空机制也是一种有效的公司外部治理机制（陈晖丽和刘峰，2014；侯青川等，2017等）。因此，如果卖空机制对分析师发挥替代作用，即卖空者部分替代分析师外部治理作用，那么投资者对分析师的服务需求便会减少，使分析师跟踪数量减少。那么，应当观测到放松卖空管制后，卖空标的公司的分析师跟踪数量减少。

根据上述分析，这里提出两个竞争性假设：

**H4-1a：控制其他因素后，分析师发挥信息中介作用，放松卖空管制公司将吸引分析师跟踪。**

**H4-1b：控制其他因素后，分析师发挥外部监督作用，放松卖空管制公司将减少分析师跟踪。**

分析师获取信息的成本受到分析师自身能力的影响较大。关于分析师能力的衡量，已有文献主要通过分析师的声誉机制进行考评，分析师通过道德约束、分析水平和形象宣传三个方面积累声誉（胡奕明，2005），分析师既要保持客观、公正的立场和足够的分析能力取信于投资者，还需借助媒体等扩大知名度。声誉对分析师的职业生涯至关重要，一方面声誉能为分析师带来不菲的身价收入，另一方面明星分析师有维护声誉的动机。

Stickel（1992）、Loh 和 Stulz（2011）通过对比美国《机构投资者》杂志评选出的明星分析师和非明星分析师在股票预测方面的表现差异发现，明星分析师更加频繁和准确，证实明星分析师具有更强的个人能力。Mikhail 等（1999）和 Xu 等（2013）均证实，明星分析师具有更高的声誉，由于过去优秀工作经验和可能产生更高质量信息而更被投资者所信任。出于声誉考虑，"明星"称号还可以作为分析师短期机会主义行为的一种约束机制（Fang and Yasuda，2009）。张宗新和杨万成（2016）发现，新财富分析师通过声誉模式产生更大市场反应。跟普通分析师相比，明星分析师为了维持"明星"称号，提高信息预测质量，有更强烈的动机关注公司特质信息。正如胡奕明和林文雄（2005）通过问卷调查发现的那样，私人信息成为分析师获取荣誉的基础。

根据上述分析，这里认为相较于普通分析师，卖空机制对明星分析师跟踪行为决策影响更为显著。

一种情况是，分析师发挥信息中介作用。卖空机制赋予投资者卖空交易套利的机会，对于卖空标的公司，投资者对分析师信息加工和解读服务需求增加。因为分析师更愿意跟踪那些当他们发布预告时，投资者会有更加强烈反应的公司，且明星分析师自身拥有卓越的工作能力，对市场需求变化有着更加敏锐的洞察力，将会及时跟进卖空标的公司，因此，应当观测到放松卖空管制后，卖空标的公司的明星分析师跟踪数量增加更为显著。

另一种情况是，分析师发挥外部监督作用。卖空机制激励卖空投资者挖掘公司"坏消息"投资获利，某种程度上能发挥外部治理作用改善投资者行为。明星分析师为了维持"明星"称号，有更强烈的动机积极发挥外部监督作用。放松卖空管制后，如果卖空投资者部分替代分析师的外部监督作用，那么对于明星分析师这种外部监督作用的替代效应更大。那么，应当观测到放松卖空管制后，卖空标的公司明星分析师跟踪数量减少更为显著。

根据上述分析，这里提出如下研究假设：

**H4-2：放松卖空管制标的公司对明星分析师跟踪数量变化的影响更为显著。**

## 4.3 研究设计

### 4.3.1 数据来源与样本选择

所有公司财务和分析师数据均源于国泰安（CSMAR）数据库。因中国从2007年开始实施新的会计准则，为了统一财务指标计算口径，样本从2007年开始。总体样本包括2007~2015年沪、深两市所有A股上市公司。进入卖空标的公司和退出卖空标的公司的各批次名单,从沪深交易所网站手工整理得到。标的公司买多、卖空量数据源于国泰安(CSMAR)数据库。对于分析师跟踪样本根据公司—年度样本结构,求出分析师跟踪机构数和分析师发布的总报告数。

对上市公司初始样本筛选过程如下:①所有沪、深两市A股上市公司;②剔除金融保险行业;③剔除ST或*ST处理样本;④剔除当年上市公司样本;⑤构建双重差分模型进行回归,为了保证2010年放松卖空管制之前和之后样本均有数据,剔除2009年之后上市公司所有样本;⑥剔除变量缺失样本。

对于主要连续变量,为了消除极端值的影响,按照1%分位数进行了调整(Winsor)处理。为了保证回归结果的稳健,所有回归进行了稳健性(Robust)控制。

### 4.3.2 模型设定

中国放松卖空管制是一个多次冲击的自然实验,为了准确测度卖空机制对分析师跟踪行为的影响,参考Bertrand和Mullainathan(2003)的方法,构建多时点双重差分(DID)模型。借鉴李志生等(2015)关于卖空机制经济后果的研究,设置卖空(Short)虚拟变量进行检测。分析师跟踪的衡量借鉴王艳艳等(2014)的研究,分别以分析师跟踪机构数(Coverage1)和分析师报告数(Coverage2)衡量,并在模型中控制了其他可能影响分析师跟踪的变量。按照经典双重差分模型(DID)思想,模型中应当包含对照组和控制组指标变量(Treat)以及自然冲击前后指标变量(Post),且模型中控制了公司个体效应。基本模型如下:

$$Coverage_{i,t}(Stars_{i,t}) = \partial + \beta Short_{i,t} + \gamma Controls_{i,t} + Z_i + \Gamma_t + \varepsilon_{i,t} \quad (4-1)$$

其中,因变量是分析师跟踪(Coverage)和明星分析师跟踪(Stars);关键自变量是卖空(Short)虚拟变量;Controls表示年度$t$公司$i$对应的控制变量;$Z_i$和$\Gamma_t$分别表示个体效应和时间效应;$\varepsilon$为随机误差项。如果卖空机制对分析师跟踪有影响,那么相对于卖空管制公司而言,模型中的核心解释变量卖空(Short)的估计系数将会显著变化,意味着放松卖空管制标的公司的(明星)分析师跟踪数量具有显著变化。

### 4.3.3 变量定义

本章构建的模型中有关变量的定义及测度如表4-1所示。

表 4-1 变量定义及测度

| 变量名 | | 变量符号 | 变量测度 |
|---|---|---|---|
| A：因变量 | 分析师跟踪 | Coverage1 | 年度 t 所有跟踪公司 i 的分析师所在机构数取自然对数 |
| | | Coverage2 | 年度 t 所有跟踪公司 i 的分析师发布报告数取自然对数 |
| | 明星分析师跟踪 | Stars | 年度 t 跟踪公司 i 的分析师中属于《新财富》杂志当年度评选的明星分析师的人数取自然对数 |
| B：自变量 | 卖空 | Short | 虚拟变量，年度 t 公司 i 为融资融券标的取值为 1，否则为 0 |
| C：控制变量 | 公司规模 | Lnmv | 公司年末市值取自然对数 |
| | 市净率 | Pb | 每股股价与每股净资产的比值 |
| | 收入波动性 | Epsv | 公司过去三年实际每股盈余的标准差衡量 |
| | 资产收益率 | Roa | 公司净利润比上资产总额 |
| | 第一大股东持股比例 | Big | 第一大股东持有公司股份比例 |
| | 机构投资者持股比例 | Instution | 机构投资者在观测公司的持股比例 |
| | 股票非流动性 | Amihud | 详见后文式（4-2） |
| | 标准化未预期盈余 | Sue | 详见后文式（4-4） |
| | 所有权性质 | Soe | 虚拟变量，若上市公司实际控制人为国有企业，取值为 1，否则为 0 |
| | 风险指数 | Betavals | 公司股票相对于整个股市的价格波动情况 |
| | 成长性 | Growth | 营业收入增长率 |
| | 年度 | Year | 虚拟变量，表示年度 |
| | 公司 | Firm | 虚拟变量，表示公司 |

表 4-1 中股票非流动性（Amihud）的计算参考梁丽珍和孔东明（2008）的做法，他们证实：在中国，股票非流动性（Amihud）指标捕捉股票的流动性最好，具体计算公式如下：

$$Amihud_{i,t} = \frac{1}{Days_{i,t}} \sum_{d=1}^{Days_{i,t}} \frac{|R_{i,t,d}|}{V_{i,t,d}} \quad (4-2)$$

其中，$R_{itd}$ 表示公司股票 i 在第 t 月的第 d 个交易日的收益率，$V_{itd}$ 表示股票 i 在第 t 月的第 d 个交易日的交易量（人民币为单位），$Days_{it}$ 表示股票 i 在第 t 月的有效交易天数。在构造出的月度 Amihud 值的基础上，取平均值作为股票年度的 Amihud 值，该值越大表示股票流动性越差；反之，该值越小表示股票流动性越好。

表4-1中标准化未预期盈余（$SUE$）计算参考吴世农和吴超鹏（2005）的研究，采用公司中报和年报披露的股本总额和每股收益对上半年和下半年的每股收益进行调整，具体方法如下：

$$EPS_{mid}' = EPS_{mid} \times (E_{mid}/E_{year}) \quad (4-3)$$

其中，$EPS_{mid}$为公司半年度每股收益，$EPS_{mid}'$为求得的调整后的半年度收益，$E_{mid}$为半年度股本，$E_{year}$为年度股本。根据公式（4-4）计算下半年的每股收益：

$$EPS_{year}' = EPS_{year} - EPS_{mid} \quad (4-4)$$

其中，$EPS_{year}$为年度每股收益，$EPS_{year}'$为下半年度每股收益。采用不存在漂移的随机游走模型来计算公司i第t半年度的标准化未预期盈余Sue，具体计算公式如下：

$$Sue_{it} = (EPS_{it} - EPS_{it-2})/\sigma_{it} \quad (4-5)$$

其中，$EPS_{it}$表示公司i第t半年度的每股收益；$EPS_{it-2}$表示i滞后两个半年度的每股收益；$\sigma_{it}$表示公司i第t个半年度和滞后两个半年度未预期盈余，即（$EPS_{it}-EPS_{it-2}$）的标准差。采用$\sigma_{it}$标准化未预期每股收益，是为了排除以前未预期盈余波动对本期未预期盈余的影响。

## 4.4 实证检验与分析

### 4.4.1 描述性统计分析

本章以2014年9月22日调整之后的900家卖空公司为实验组，以沪、深两市A股上市公司中没有进入卖空标的非金融类公司为控制组。表4-2报告了2010~2015年度卖空样本统计情况，其中关键观测变量卖空（$Short$）在2010~2015年逐年上升，符合客观现实；卖空样本占总体样本比重为25.30%，表明观测样本量充足。

表4-2 卖空样本年度分布情况统计

| 年份 | 2010 | 2011 | 2012 | 2013 | 2014 | 2015 | 总计 |
| --- | --- | --- | --- | --- | --- | --- | --- |
| 总样本 | 985 | 1095 | 1015 | 901 | 911 | 958 | 7689 |
| 卖空样本 | 60 | 200 | 195 | 449 | 535 | 506 | 1945 |
| 卖空占总样本比例（%） | 0.78 | 2.60 | 2.54 | 5.84 | 6.96 | 6.58 | 25.30 |

表4-3报告了参与回归的主要变量的描述性统计结果。由表4-3可知，

分析师跟踪（Coverage1）的均值为 1.694；分析师跟踪（Coverage2）的均值为 2.299。卖空（Short）的均值为 0.253；即卖空样本占总样本的比例为 25.30%；卖空量（Ssp）的均值为 0.035；明星分析师（Stars）的均值为 0.727。

表 4-3 变量描述性统计

| 变量 | 样本量 | 均值 | 中位数 | 标准差 | 最小值 | 最大值 |
| --- | --- | --- | --- | --- | --- | --- |
| Coverage1 | 7689 | 1.694 | 1.792 | 1.015 | 0 | 3.466 |
| Coverage2 | 7689 | 2.299 | 2.398 | 1.261 | 0 | 4.605 |
| Stars | 7689 | 0.727 | 0.693 | 0.768 | 0 | 2.890 |
| Short | 7689 | 0.253 | 0 | 0.435 | 0 | 1 |
| Ssp | 7689 | 0.035 | 0 | 0.101 | 0 | 1.539 |
| Ssq | 7689 | 9.981 | 0 | 25.866 | 0 | 264.995 |
| Lnmv | 7689 | 22.720 | 22.610 | 1.001 | 20.800 | 25.570 |
| Pb | 7689 | 3.544 | 2.758 | 2.695 | 0.660 | 15.350 |
| Epsv | 7689 | 0.242 | 0.162 | 0.241 | 0.012 | 1.351 |
| Roa | 7689 | 0.047 | 0.040 | 0.050 | -0.112 | 0.209 |
| Big | 7689 | 0.376 | 0.362 | 0.157 | 0.094 | 0.770 |
| Instution | 7689 | 0.088 | 0.054 | 0.114 | 0.001 | 0.879 |
| Amihud | 7689 | 6.182 | 3.750 | 7.875 | 0.274 | 51.420 |
| Sue | 7689 | 0.031 | 0.046 | 1.010 | -2.316 | 2.458 |
| Soe | 7689 | 0.539 | 1 | 0.498 | 0 | 1 |
| Betavals | 7689 | 1.072 | 1.082 | 0.236 | -0.202 | 2.089 |
| Growth | 7689 | 0.200 | 0.126 | 0.444 | -0.494 | 2.969 |

表 4-4 报告了本章主要变量的一阶段回归相关系数矩阵。由表 4-4 可知，卖空（Short）与分析师跟踪（Coverage1 和 Coverage2）均在 5% 的显著水平上存在正相关关系，卖空（Short）与明星分析师（Stars）也在 5% 的显著水平上存在正相关关系，初步验证了本章假设。

表 4-4 相关性分析

| | Coverage1 | Coverage2 | Short | Stars | Lnmv | Pb | Epsv | Roa | Big | Instution | Amihud | Sue | Soe | Betavals | Growth |
|---|---|---|---|---|---|---|---|---|---|---|---|---|---|---|---|
| Coverage1 | 1 | 0.956* | 0.175* | 0.618* | 0.453* | 0.010 | 0.148* | 0.382* | 0.092* | 0.150* | -0.237* | 0.067* | -0.021 | -0.108* | 0.039* |
| Coverage2 | 0.959* | 1 | 0.229* | 0.621* | 0.486* | 0.011 | 0.140* | 0.384* | 0.087* | 0.147* | -0.243* | 0.089* | -0.040* | -0.129* | 0.039* |
| Short | 0.177* | 0.234* | 1 | 0.254* | 0.511* | -0.064* | 0.055* | 0.024 | 0.038* | -0.035* | -0.290* | -0.002 | 0.076* | -0.015 | -0.076* |
| Stars | 0.679* | 0.667* | 0.176* | 1 | 0.338* | -0.055* | 0.113* | 0.280* | 0.080* | 0.086* | -0.173* | 0.051* | 0.003 | -0.139* | 0.021 |
| Lnmv | 0.446* | 0.482* | 0.507* | 0.309* | 1 | 0.128* | 0.177* | 0.223* | 0.240* | 0.056* | -0.441* | 0.093* | 0.136* | -0.098* | 0.067* |
| Pb | 0.034* | 0.034* | -0.087* | -0.069* | 0.120* | 1 | 0.030* | 0.252* | -0.093* | 0.051* | -0.023 | 0.101* | -0.193* | -0.147* | 0.113* |
| Epsv | 0.202* | 0.195* | 0.056* | 0.158* | 0.168* | -0.005 | 1 | 0.042* | 0.069* | 0.028 | -0.066* | -0.021 | 0.040* | 0.011 | 0.060* |
| Roa | 0.403* | 0.402* | 0.007 | 0.292* | 0.204* | 0.313* | 0.066* | 1 | 0.061* | 0.103* | -0.088* | 0.285* | -0.134* | -0.191* | 0.171* |
| Big | 0.094* | 0.085* | 0.037* | 0.094* | 0.222* | -0.102* | 0.069* | 0.050* | 1 | 0.001 | 0.006 | 0.014 | 0.247* | -0.004 | 0.036* |
| Instution | 0.308* | 0.307* | -0.027* | 0.210* | 0.121* | 0.167* | 0.073* | 0.205* | -0.138* | 1 | 0.012 | 0.059* | 0.079* | -0.091* | 0.014 |
| Amihud | -0.346* | -0.365* | -0.529* | -0.216* | -0.704* | -0.079* | -0.122* | -0.105* | 0.023 | -0.067* | 1 | -0.041* | -0.073* | -0.059* | 0.033* |
| Sue | 0.079* | 0.101* | -0.011 | 0.050* | 0.089* | 0.119* | -0.031* | 0.296* | 0.014 | 0.092* | -0.050* | 1 | 0.014 | -0.108* | 0.238* |
| Soe | -0.020 | -0.040* | 0.076* | 0.008 | 0.119* | -0.221* | 0.018 | -0.149* | 0.257* | -0.015 | -0.104* | 0.012 | 1 | 0.075* | -0.034* |
| Betavals | -0.126* | -0.145* | -0.000 | -0.143* | -0.087* | -0.111* | 0.007 | -0.179* | -0.005 | -0.142* | -0.072* | -0.107* | 0.075* | 1 | -0.036* |
| Growth | 0.159* | 0.152* | -0.082* | 0.130* | 0.079* | 0.162* | 0.019 | 0.274* | 0.005 | 0.126* | -0.010 | 0.318* | -0.048* | -0.057* | 1 |

注：系数 1 的左下部分为 Pearson 检验结果，右上部分为 Spearman 检验结果；* 表示在 5% 的显著性水平上显著（双尾检验）。

## 4.4.2 卖空机制与分析师跟踪

表4-5报告了利用模型（4-1）检测卖空机制与分析师跟踪关系的回归结果。表4-5列（1）、列（2）以分析师预跟踪（$Coverage1$）为因变量，列（1）控制年度时间效应时，卖空（$Short$）系数显著为正，意味着放松卖空管制后，标的公司分析师跟踪增加；列（2）控制年度时间效应和公司固定效应，卖空（$Short$）系数也显著为正。表4-5列（3）、列（4）以分析师预跟踪报告数（$Coverage2$）为因变量，卖空系数也显著为正。这些回归中关键观测变量的回归系数未发生实质性改变，表明本书设计的放松卖空管制准自然实验是随机可靠的。以上回归结果表明，与未进入卖空标的股相比，进入卖空标的公司分析师跟踪数增加了约7.5%（回归系数），并通过了显著性检验。表4-5所有回归结果表明了H4-1a成立，即放松卖空管制标的公司吸引分析师跟踪。

从表4-5的控制变量回归结果可以看出，公司市值规模（$Lnmv$）、总资产收益率（$Roa$）和机构投资者持股比例（$Instution$）与分析师跟踪显著正相关，而市净率（$Pb$）、股票非流动性（$Amihud$）和成长性（$Growth$）与分析师跟踪显著负相关。以上结果与现有文献中关于分析师跟踪的研究结果基本一致。

表4-5 卖空机制与分析师跟踪

| | (1)<br>$Coverage1$ | (2)<br>$Coverage1$ | (3)<br>$Coverage2$ | (4)<br>$Coverage2$ |
|---|---|---|---|---|
| $Short$ | 0.072 ** <br> (2.57) | 0.073 ** <br> (2.41) | 0.081 ** <br> (2.23) | 0.087 ** <br> (2.26) |
| $Lnmv$ | 0.529 *** <br> (29.09) | 0.544 *** <br> (16.21) | 0.683 *** <br> (28.67) | 0.716 *** <br> (16.22) |
| $Pb$ | −0.021 *** <br> (−4.85) | −0.018 *** <br> (−2.97) | −0.023 *** <br> (−4.11) | −0.017 ** <br> (−2.32) |
| $Epsv$ | 0.068 <br> (1.63) | 0.004 <br> (0.09) | 0.103 * <br> (1.92) | 0.038 <br> (0.62) |
| $Roa$ | 3.442 *** <br> (13.06) | 2.446 *** <br> (7.64) | 4.569 *** <br> (13.37) | 3.344 *** <br> (8.04) |
| $Big$ | −0.158 <br> (−1.44) | 0.014 <br> (0.07) | −0.179 <br> (−1.31) | 0.123 <br> (0.47) |

续表

| | (1)<br>*Coverage*1 | (2)<br>*Coverage*1 | (3)<br>*Coverage*2 | (4)<br>*Coverage*2 |
|---|---|---|---|---|
| *Instution* | 1.004*** <br>(6.78) | 1.027*** <br>(4.98) | 1.250*** <br>(6.78) | 1.264*** <br>(4.92) |
| *Amihud* | -0.009*** <br>(-7.06) | -0.009*** <br>(-6.31) | -0.011*** <br>(-6.51) | -0.011*** <br>(-5.78) |
| *Sue* | -0.001 <br>(-0.08) | 0.014* <br>(1.79) | 0.015 <br>(1.58) | 0.031*** <br>(3.17) |
| *Soe* | -0.113*** <br>(-3.95) | -0.053 <br>(-1.29) | -0.175*** <br>(-4.92) | -0.081 <br>(-1.63) |
| *Betaval* | -0.038 <br>(-0.89) | 0.033 <br>(0.73) | -0.075 <br>(-1.40) | 0.016 <br>(0.27) |
| *Growth* | -0.084*** <br>(-4.15) | -0.082*** <br>(-3.75) | -0.099*** <br>(-3.81) | -0.100*** <br>(-3.59) |
| _cons | -10.981*** <br>(-27.22) | -11.363*** <br>(-15.20) | -14.211*** <br>(-27.09) | -15.085*** <br>(-15.42) |
| *Year* | Yes | Yes | Yes | Yes |
| *Firm* | No | Yes | No | Yes |
| *N* | 7689 | 7689 | 7689 | 7689 |
| $R^2$ | 0.276 | 0.279 | 0.248 | 0.251 |

注：括号内为 t 值，*、**、***分别代表在 10%、5%、1%的水平上显著。下同。

### 4.4.3 卖空机制与明星分析师跟踪

表 4-6 报告了利用模型（4-1）检测卖空机制与明星分析师跟踪的关系。表 4-6 列（1）仅将卖空（*Short*）与明星分析师跟踪人数（*Stars*）进行单变量回归，结果显示卖空系数显著为正，证实放松卖空管制标的公司吸引明星分析师跟踪增加；列（2）放入其他控制变量，卖空系数也显著为正；列（3）在列（2）的基础上控制公司固定效应，而列（4）控制年度时间效应和公司固定效应，均得到卖空系数也显著为正的结果。表 4-6 的所有回归结果表明了 H4-2 成立，即放松卖空管制标的公司吸引明星分析师跟踪。

表 4-6　卖空机制与明星分析师跟踪

| | (1) Stars | (2) Stars | (3) Stars | (4) Stars |
|---|---|---|---|---|
| Short | 0.182*** | 0.088*** | 0.087*** | 0.048** |
| | (9.14) | (4.02) | (3.62) | (1.99) |
| Lnmv | | 0.142*** | -0.092*** | 0.333*** |
| | | (11.47) | (-4.80) | (12.38) |
| PB | | -0.050*** | -0.032*** | 0.005 |
| | | (-14.98) | (-6.47) | (1.06) |
| Epsv | | 0.176*** | 0.003 | -0.003 |
| | | (4.37) | (0.05) | (-0.06) |
| Roa | | 3.889*** | 3.300*** | 0.999*** |
| | | (17.88) | (11.78) | (3.82) |
| Big | | 0.117 | 0.356** | 0.163 |
| | | (1.55) | (2.12) | (1.11) |
| Instution | | 0.572*** | 0.851*** | 0.572*** |
| | | (5.21) | (4.49) | (3.50) |
| Amihud | | -0.004*** | -0.007*** | -0.001 |
| | | (-4.77) | (-6.45) | (-0.82) |
| Sue | | -0.032*** | -0.013 | -0.005 |
| | | (-4.08) | (-1.61) | (-0.75) |
| Soe | | -0.049** | -0.045 | -0.029 |
| | | (-2.29) | (-1.22) | (-0.93) |
| Betaval | | -0.254*** | -0.140*** | 0.075* |
| | | (-5.92) | (-3.00) | (1.82) |
| Growth | | 0.015 | 0.047** | -0.023 |
| | | (0.88) | (2.52) | (-1.32) |
| _cons | 0.618*** | -2.369*** | 2.760*** | -7.491*** |
| | (43.43) | (-8.47) | (6.33) | (-12.63) |
| Year | No | No | No | Yes |
| Firm | No | No | Yes | Yes |
| N | 7689 | 7689 | 7689 | 7689 |
| $R^2$ | 0.039 | 0.201 | 0.051 | 0.358 |

### 4.4.4 稳健性检验

本部分进行了以下几方面的稳健性测试,大体上支持原有的研究结论。

#### 4.4.4.1 卖空量

参考褚剑和方军雄(2016)以标的公司卖空量($Ssp$)作为解释变量,考虑融资交易制度的影响加入买多量($Ssq$)作为控制变量。卖空量以年度 $t$ 卖空标的公司 $i$ 的平均融券余额股数与公司股数之比进行度量,买多量以年度 $t$ 卖空标的公司 $i$ 的平均融资余额股数与公司股数之比进行度量。表 4-7 报告了回归结果,卖空量系数显著为正,验证了假设 4-1a 和假设 4-2 可靠。

表 4-7 卖空量与(明星)分析师跟踪

|   | (1) Coverage1 | (2) Coverage2 | (3) Stars | (4) Stars |
| --- | --- | --- | --- | --- |
| $Ssp$ | 0.127* (1.67) | 0.288** (2.37) | 3.207*** (7.57) | 0.988*** (2.71) |
| $Ssq$ | -0.001 (-1.57) | -0.002*** (-2.60) | -0.012*** (-8.71) | -0.003*** (-2.67) |
| $Lnmv$ | 0.554*** (16.27) | 0.729*** (16.30) | 0.267*** (4.25) | 1.131*** (13.37) |
| $Pb$ | -0.018*** (-3.07) | -0.017** (-2.33) | -0.159*** (-9.84) | -0.008 (-0.56) |
| $Epsv$ | -0.003 (-0.06) | 0.026 (0.43) | -0.245 (-1.46) | -0.111 (-0.81) |
| $Roa$ | 2.415*** (7.50) | 3.289*** (7.87) | 7.492*** (8.71) | 3.049*** (3.70) |
| $Big$ | -0.044 (-0.21) | 0.034 (0.13) | 0.263 (0.51) | 0.305 (0.65) |
| $Instution$ | 0.969*** (4.75) | 1.177*** (4.64) | 0.660 (1.31) | 0.641 (1.35) |
| $Amihud$ | -0.009*** (-6.34) | -0.011*** (-5.86) | -0.017*** (-5.74) | -0.005 (-1.52) |
| $Sue$ | 0.013* (1.70) | 0.030*** (3.08) | -0.001 (-0.05) | 0.001 (0.02) |

续表

|  | (1) Coverage1 | (2) Coverage2 | (3) Stars | (4) Stars |
|---|---|---|---|---|
| Soe | −0.051<br>(−1.26) | −0.079<br>(−1.60) | −0.021<br>(−0.19) | −0.112<br>(−1.14) |
| Betaval | 0.032<br>(0.71) | 0.013<br>(0.23) | −0.408***<br>(−2.70) | 0.298**<br>(2.15) |
| Growth | −0.083***<br>(−3.83) | −0.101***<br>(−3.64) | 0.012<br>(0.22) | −0.125**<br>(−2.49) |
| _cons | −11.553***<br>(−15.22) | −15.328***<br>(−15.44) | −3.557**<br>(−2.51) | −25.676***<br>(−13.60) |
| Year | Yes | Yes | No | Yes |
| Firm | Yes | Yes | Yes | Yes |
| N | 7689 | 7689 | 7689 | 7689 |
| $R^2$ | 0.279 | 0.252 | 0.065 | 0.315 |

#### 4.4.4.2 倾向得分匹配法

为了探讨卖空机制与分析师跟踪之间的因果关系，这里使用倾向得分匹配法（PSM）考察进入卖空标的与未进入卖空标的公司分析师跟踪的差异。倾向得分匹配法具体步骤如下：首先，通过 Logit 模型对样本企业是否由进入卖空标的做倾向打分；其次，采用最近邻匹配法进行样本匹配。选择进入卖空标的公司的市值、成长性、上市年限和收入波动性指标进行匹配。通过倾向得分匹配后，得到 2085 个控制组样本，加上 1945 个实验组样本，共计 4030 个样本。回归结果如表 4-8 列（1）、列（2）所示，列（1）以分析师跟踪（Coverage1）为因变量，得到卖空（Short）系数在 10% 的显著性水平上为正；列（2）以分析师跟踪（Coverage2）为因变量，卖空系数虽未通过显著性检验，但 t 值为 1.51，接近显著性的临界值，列（1）、列（2）的结果大体支持 H4-1a。

为了检验卖空机制对明星分析师跟踪的影响，这里参考上述倾向得分匹配法，得到 1059 个控制组样本，加上 1945 个实验组样本，共计 3004 个样本，进行回归检验。回归结果如表 4-8 列（3）、列（4）所示，列（3）未控制年度时间效应和公司固定效应时，卖空（Short）的系数在 1% 的显著性水平上为正；列（4）控制年度时间效应和公司固定效应时，卖空系数在 10% 的显著性水平上为正，结果仍然支持 H4-2。

表4-8 卖空机制与（明星）分析师跟踪（DID+PSM）

| | (1)<br>Coverage1 | (2)<br>Coverage2 | (3)<br>Stars | (4)<br>Stars |
|---|---|---|---|---|
| Short | 0.065*<br>(1.67) | 0.076<br>(1.51) | 0.191***<br>(4.40) | 0.080*<br>(1.73) |
| Lnmv | 0.435***<br>(9.84) | 0.594***<br>(10.16) | −0.469***<br>(−9.88) | 0.328***<br>(6.98) |
| Pb | −0.020**<br>(−2.36) | −0.012<br>(−1.17) | −0.000<br>(−0.01) | 0.015*<br>(1.65) |
| Epsv | 0.048<br>(0.84) | 0.059<br>(0.81) | 0.096<br>(1.07) | 0.020<br>(0.31) |
| Roa | 2.388***<br>(5.67) | 3.216***<br>(5.84) | 6.092***<br>(10.95) | 0.540<br>(1.15) |
| Big | 0.295<br>(1.10) | 0.330<br>(0.92) | 0.553<br>(1.50) | 0.008<br>(0.03) |
| Instution | 0.368<br>(1.44) | 0.547*<br>(1.68) | −0.060<br>(−0.16) | −0.015<br>(−0.05) |
| Amihud | −0.007**<br>(−2.41) | −0.011***<br>(−3.19) | −0.003<br>(−0.72) | −0.003<br>(−0.72) |
| Sue | −0.006<br>(−0.56) | 0.007<br>(0.50) | −0.048***<br>(−2.70) | −0.005<br>(−0.38) |
| Soe | −0.060<br>(−1.38) | −0.098*<br>(−1.82) | −0.103<br>(−1.46) | −0.047<br>(−0.93) |
| Betaval | 0.061<br>(1.03) | 0.053<br>(0.68) | −0.364***<br>(−4.27) | 0.103<br>(1.51) |
| Growth | −0.016<br>(−0.46) | 0.004<br>(0.08) | 0.221***<br>(4.22) | 0.042<br>(1.15) |
| _cons | −8.933***<br>(−8.82) | −12.413***<br>(−9.36) | 11.668***<br>(10.38) | −7.368***<br>(−6.90) |
| Year | Yes | Yes | No | Yes |
| Firm | Yes | Yes | No | Yes |
| N | 4030 | 4030 | 3004 | 3004 |
| $R^2$ | 0.308 | 0.238 | 0.128 | 0.555 |

### 4.4.4.3 负二项回归法

前文的检验对分析师跟踪取分析师跟踪机构数（报告数）的自然对数，这里还原为取自然对数前的分析师跟踪机构数（Analyst1）和分析师报告数（Analyst2），由于该数据是非负的整数，适用于计数模型。根据 Rock（2000）分析师关注优先使用负二项模型的结论，并采用泊松回归中的负二项回归法进行检验。表4-9列（1）、列（2）报告了回归结果，卖空（Short）的系数在1%的显著性水平上为正，支持H4-1a。同理，对明星分析师跟踪也还原为明星分析师跟踪人数（Star-Analyst），采用负二项回归法进行检验，表4-9列（3）、列（4）报告了回归结果，卖空系数显著为正，支持H4-2。

表4-9 卖空机制与（明星）分析师跟踪（负二项回归）

|  | （1）<br>Analyst1 | （2）<br>Analyst2 | （3）<br>Star-Analyst | （4）<br>Star-Analyst |
| --- | --- | --- | --- | --- |
| Short | 0.049 *** <br> (2.65) | 0.060 *** <br> (2.74) | 0.082 ** <br> (2.06) | 0.051 * <br> (1.74) |
| Lnmv | 0.451 *** <br> (25.01) | 0.468 *** <br> (26.80) | -0.040 <br> (-1.30) | 0.510 *** <br> (12.98) |
| Pb | -0.023 *** <br> (-5.51) | -0.009 ** <br> (-2.09) | -0.094 *** <br> (-10.36) | -0.019 ** <br> (-2.15) |
| Epsv | 0.008 <br> (0.25) | 0.022 <br> (0.62) | -0.068 <br> (-0.94) | -0.065 <br> (-1.06) |
| Roa | 2.262 *** <br> (11.37) | 3.235 *** <br> (14.62) | 5.950 *** <br> (14.06) | 1.964 *** <br> (4.82) |
| Big | -0.103 <br> (-0.89) | -0.287 *** <br> (-2.72) | 0.855 *** <br> (3.99) | 0.532 ** <br> (2.21) |
| Instution | 0.698 *** <br> (6.55) | 0.821 *** <br> (7.45) | 0.967 *** <br> (4.35) | 0.896 *** <br> (4.27) |
| Amihud | -0.011 *** <br> (-8.52) | -0.011 *** <br> (-7.23) | -0.015 *** <br> (-5.46) | -0.010 *** <br> (-3.44) |
| Sue | 0.008 <br> (1.43) | 0.017 ** <br> (2.34) | -0.030 ** <br> (-2.04) | -0.013 <br> (-1.10) |
| Soe | -0.037 <br> (-1.56) | -0.066 ** <br> (-2.56) | 0.009 <br> (0.17) | -0.037 <br> (-0.77) |

续表

|  | （1）<br>Analyst1 | （2）<br>Analyst2 | （3）<br>Star-Analyst | （4）<br>Star-Analyst |
|---|---|---|---|---|
| Betaval | 0.060*<br>(1.92) | 0.060*<br>(1.66) | −0.312***<br>(−4.20) | 0.079<br>(1.37) |
| Growth | −0.075***<br>(−4.94) | −0.073***<br>(−4.23) | 0.088***<br>(2.59) | −0.026<br>(−0.85) |
| _cons | −8.242***<br>(−20.48) | −10.244***<br>(−26.25) | 1.387**<br>(1.96) | −10.702***<br>(−11.92) |
| Year | Yes | Yes | Yes | Yes |
| Firm | Yes | Yes | Yes | Yes |
| N | 7689 | 7689 | 7689 | 7689 |
| Wald chi2 (i) | 3067.67 | 2587.57 | 387.48 | 1362.25 |
| Pseudo $R^2$ | 0.000 | 0.000 | 0.000 | 0.000 |

### 4.4.5 进一步分析

#### 4.4.5.1 放松卖空管制与分析师初始跟踪

为了验证放松卖空管制标的公司吸引分析师跟踪的结论，这里进一步检验卖空事件是否有吸引更多以前没有关注标的公司的分析师初始跟踪。将中国放松卖空管制的五次时间①作为时间节点，对五个时间节点之后三个月内与该时点之前六个月内对公司发布盈利预测报告的分析师进行比对，得出事件之后开始对公司进行关注的初始分析师跟踪名单（New）赋值为1。采用分析师—公司—年度样本，保留上述五个扩容时点前后各三个月，共计六个月的分析师盈利预测样本。以分析师初始跟踪名单（New）为因变量，卖空标的公司五次扩容时点之后的卖空（Short）赋值为1，之前为0，以卖空（Short）作为关键观测变量进行回归检验，表4-10报告了回归结果。由于这里的因变量为0,1为虚拟变量，所以分别采用Probit和Logit模型，此时样本结构改变为分析师—公司—年度，所以达到21310个样本。

表4-10列（1）采用Probit模型，卖空（Short）系数显著为正；列（2）

---

① 中国五次卖空标的扩容时间分别为：正式试点（2010.3.31），第一次（2011.12.5），第二次（2013.1.31），第三次（2013.9.16），第四次（2014.9.22）。

采用 Logit 模型，卖空系数也显著为正，证实放松卖空管制标的公司吸引了分析师初始跟踪。为了得到更加稳健的结果，这里还使用倾向得分匹配法（PSM）考察卖空事件对初始分析师跟踪的影响。选择进入卖空标的公司的市值、成长性、年龄和收入波动性变量进行匹配。通过倾向得分匹配后，得到 6800 个控制组样本，加上 6007 个实验组样本，共计 12807 个样本，回归结果如表 4-10 列（3）、列（4）所示，卖空系数显著为正，证实放松卖空管制标的公司吸引分析师初始跟踪。

表 4-10　放松卖空管制与分析师初始跟踪（事件研究+PSM）

|  | （1）<br>New<br>Probit | （2）<br>New<br>Logit | （3）<br>New<br>Probit | （4）<br>New<br>Logit |
| --- | --- | --- | --- | --- |
| Short | 0.981***<br>(43.61) | 1.648***<br>(43.13) | 1.211***<br>(44.10) | 2.090***<br>(41.40) |
| Lnmv | -0.144***<br>(-10.60) | -0.229***<br>(-9.76) | -0.089***<br>(-4.97) | -0.130***<br>(-4.13) |
| Pb | 0.046***<br>(9.45) | 0.077***<br>(9.26) | 0.050***<br>(7.45) | 0.083***<br>(6.99) |
| Epsv | -0.112**<br>(-2.51) | -0.215***<br>(-2.76) | -0.063<br>(-1.13) | -0.134<br>(-1.38) |
| Roa | -1.091***<br>(-4.55) | -1.894***<br>(-4.56) | -0.982***<br>(-3.01) | -1.645***<br>(-2.90) |
| Big | -0.015<br>(-0.21) | -0.053<br>(-0.44) | -0.179**<br>(-1.96) | -0.323**<br>(-2.06) |
| Instution | -0.081<br>(-0.84) | -0.195<br>(-1.15) | -0.186<br>(-1.43) | -0.413*<br>(-1.81) |
| Amihud | 0.004<br>(1.24) | 0.007<br>(1.35) | 0.026***<br>(4.77) | 0.044***<br>(4.55) |
| Sue | 0.070***<br>(6.28) | 0.129***<br>(6.53) | 0.114***<br>(7.22) | 0.206***<br>(7.48) |
| Soe | -0.057**<br>(-2.55) | -0.093**<br>(-2.37) | 0.017<br>(0.55) | 0.025<br>(0.47) |
| Betaval | -0.012<br>(-0.27) | -0.027<br>(-0.35) | 0.103*<br>(1.87) | 0.168*<br>(1.77) |

续表

|  | (1)<br>New<br>Probit | (2)<br>New<br>Logit | (3)<br>New<br>Probit | (4)<br>New<br>Logit |
|---|---|---|---|---|
| Growth | 0.089*** <br>(2.96) | 0.155*** <br>(2.89) | 0.012 <br>(0.24) | 0.023 <br>(0.26) |
| _cons | 2.252*** <br>(6.94) | 3.549*** <br>(6.29) | 0.514 <br>(1.17) | 0.387 <br>(0.50) |
| Year | Yes | Yes | Yes | Yes |
| Ind | Yes | Yes | Yes | Yes |
| N | 21310 | 21310 | 12807 | 12807 |
| $R^2$ | 0.091 | 0.090 | 0.159 | 0.158 |

#### 4.4.5.2 退出卖空管制与分析师跟踪

为了进一步检验卖空机制与分析师跟踪的关系，这里将从2010年7月1日华凌钢铁（股票代码：000932）开始陆续被退出卖空标的股票为样本。以2010~2015年所有已进入卖空标的公司为初始样本，按照上述样本筛选标准，采用双重差分模型进行回归。设置退出卖空虚拟变量（Eliminate），若某公司某年度是被退出卖空标的取值为1，否则为0。因为被退出卖空标的样本较小，为了得到更加稳健的检验结果，沿用上述倾向得分匹配法（PSM），通过倾向得分匹配后得到108个控制组样本，加上111个实验组样本，共计219个样本。沿用模型（4-1），通过配对样本考察收紧卖空管制对分析师跟踪的影响，以分析师跟踪（Coverage1和Coverage2）为因变量，关键观测变量为退出卖空虚拟变量（Eliminate），表4-11报告了回归结果。

表4-11列（1）只控制公司固定效应未控制年度时间效应时，退出卖空（Eliminate）回归系数显著为负；列（2）进一步控制公司固定效应和年度时间效应，虽然退出卖空系数未通过显著性检验，但仍然为负。表4-11列（3）、列（4）以分析师跟踪（Coverage2）为因变量，也得到大体相同的检验结果。表4-11的检验可以得到退出卖空标的公司减少分析师跟踪的结果，从另一角度验证了放松卖空管制标的公司吸引分析跟踪的研究结论。

表4-11 退出卖空管制与分析师跟踪（DID+PSM）

| | (1) Coverage1 | (2) Coverage1 | (3) Coverage2 | (4) Coverage2 |
|---|---|---|---|---|
| Eliminate | -1.270* | -0.403 | -1.939*** | -1.714* |
| | (-1.93) | (-0.59) | (-2.86) | (-1.93) |
| Lnmv | -0.403* | 0.631 | -0.329 | 0.605 |
| | (-1.77) | (1.57) | (-1.12) | (1.44) |
| Pb | 0.332** | 0.162 | 0.403** | 0.301* |
| | (2.47) | (1.16) | (2.32) | (1.89) |
| Epsv | 0.473 | 0.133 | 1.082 | 1.034 |
| | (0.98) | (0.35) | (1.60) | (1.47) |
| Roa | 3.826 | -0.597 | 4.463 | 1.334 |
| | (1.46) | (-0.20) | (1.44) | (0.37) |
| Big | -2.660 | -2.074 | -1.196 | -0.918 |
| | (-1.14) | (-1.56) | (-0.53) | (-0.48) |
| Instution | 1.876 | 2.257** | 1.843 | 1.886* |
| | (1.10) | (2.43) | (1.54) | (1.85) |
| Amihud | 0.042 | -0.040 | 0.037 | -0.074 |
| | (0.56) | (-0.67) | (0.46) | (-1.03) |
| Sue | -0.106 | -0.010 | -0.109 | -0.047 |
| | (-1.28) | (-0.14) | (-1.02) | (-0.45) |
| Soe | -0.265 | 0.256 | -0.518 | -0.140 |
| | (-1.29) | (0.87) | (-1.36) | (-0.29) |
| Betaval | -0.705** | -0.686* | -0.688* | -0.717* |
| | (-2.11) | (-1.82) | (-1.82) | (-1.76) |
| Growth | 0.649*** | 0.317 | 0.862*** | 0.645* |
| | (3.70) | (1.19) | (3.29) | (1.70) |
| _cons | 11.929** | -11.802 | 10.530 | -11.002 |
| | (2.42) | (-1.32) | (1.63) | (-1.15) |
| Year | No | Yes | No | Yes |
| Firm | Yes | Yes | Yes | Yes |
| N | 219 | 219 | 219 | 219 |
| $R^2$ | 0.331 | 0.499 | 0.311 | 0.425 |

## 4.5 卖空机制增加分析师跟踪的作用机制

### 4.5.1 公司治理

Bhushan（1989）研究发现，总体而言，分析师跟踪水平和公司治理水平存在显著关系。由于公司治理水平的高低差异既可能改变分析师公共信息的收集和处理成本，也可能改变分析师私有信息的收集和处理成本，使供给函数平移改变均衡供给量，因此，这里预期如果公司治理作用对分析师跟踪有影响，那么应当观测到放松卖空管制对分析师跟踪的影响在不同公司治理环境下存在显著差异。

为了验证上述猜想，这里以上市公司董事会规模（Board）作为上市公司治理度量变量，董事会规模的中位数为基准，高于中位数的为公司治理好（More）的组，剩余的为差（Less）的组，分别检验卖空对分析师跟踪影响的差异，回归结果如表4-12所示。表4-12列（1）、列（2）以分析师跟踪（Coverage1）为因变量，列（1）公司治理好（More）的样本，卖空（Short）系数未通过显著性检验；列（2）公司治理差（Less）的样本，卖空系数显著为正；列（1）、列（2）的组间系数差异并未通过显著性检验，无法得到它们之间存在显著差异的稳健结果。列（3）、列（4）以分析师跟踪（Coverage2）为因变量，得到与列（1）、列（2）相同的检验结果。表4-12的检验无法稳健地证实放松卖空管制通过公司治理作用吸引分析师跟踪的结论。这里还采用公司独立董事占比、董事会会议次数作为公司治理好坏的度量变量进行分组检验，也得到与表4-12相同的结论（回归结果此处略）。

表4-12 卖空机制与分析师跟踪：公司治理不同

| | （1）<br>Coverage1<br>More | （2）<br>Coverage1<br>Less | （3）<br>Coverage2<br>More | （4）<br>Coverage2<br>Less |
| --- | --- | --- | --- | --- |
| Short | 0.049<br>（1.02） | 0.091**<br>（2.28） | 0.038<br>（0.62） | 0.118**<br>（2.33） |
| Lnmv | 0.571***<br>（12.28） | 0.489***<br>（10.60） | 0.775***<br>（12.64） | 0.589***<br>（10.28） |
| Pb | -0.028***<br>（-3.08） | -0.022**<br>（-2.49） | -0.031***<br>（-2.58） | -0.014<br>（-1.28） |

续表

|  | (1)<br>Coverage1<br>More | (2)<br>Coverage1<br>Less | (3)<br>Coverage2<br>More | (4)<br>Coverage2<br>Less |
|---|---|---|---|---|
| $Epsv$ | -0.133*<br>(-1.80) | 0.109*<br>(1.69) | -0.163*<br>(-1.75) | 0.198**<br>(2.49) |
| $Roa$ | 1.285**<br>(2.54) | 2.952***<br>(7.21) | 1.932***<br>(2.93) | 3.965***<br>(7.99) |
| $Big$ | 0.043<br>(0.15) | -0.196<br>(-0.65) | 0.029<br>(0.08) | -0.129<br>(-0.35) |
| $Instution$ | 1.041***<br>(3.52) | 0.881***<br>(3.56) | 1.269***<br>(3.33) | 1.199***<br>(3.97) |
| $Amihud$ | -0.010***<br>(-3.81) | -0.012***<br>(-4.91) | -0.010***<br>(-3.11) | -0.016***<br>(-5.43) |
| $Sue$ | -0.002<br>(-0.12) | 0.020*<br>(1.91) | 0.010<br>(0.61) | 0.036***<br>(2.77) |
| $Soe$ | -0.025<br>(-0.36) | -0.048<br>(-1.00) | -0.026<br>(-0.30) | -0.093<br>(-1.57) |
| $Betaval$ | 0.088<br>(1.20) | -0.043<br>(-0.70) | 0.035<br>(0.37) | -0.021<br>(-0.28) |
| $Growth$ | -0.048<br>(-1.55) | -0.075**<br>(-2.26) | -0.059<br>(-1.44) | -0.082*<br>(-1.92) |
| $\_cons$ | -11.934***<br>(-11.44) | -9.968***<br>(-9.84) | -16.253***<br>(-11.87) | -12.127***<br>(-9.66) |
| $Year$ | Yes | Yes | Yes | Yes |
| $Firm$ | Yes | Yes | Yes | Yes |
| $N$ | 3811 | 3878 | 3811 | 3878 |
| $R^2$ | 0.247 | 0.307 | 0.222 | 0.274 |
| 组间差异 p 值 | 0.374 | | 0.188 | |

### 4.5.2 信息环境

分析师的收益成本曲线变化影响分析师跟踪决策调整。部分文献证实，公共信息环境越好的公司，越能吸引更多分析师关注（Lehavy et al., 2011；

Dhaliwal et al., 2011)。但 Barth 等（2001a, 2001b）却证实，分析师通过跟踪那些信息不对称程度更高的公司获取私有信息，其具有更大的潜在收益。卖空机制为卖空投资者提供了挖掘公司"坏消息"投资获利的途径，提升了财务信息质量（Massa et al., 2015；张璇等，2016），却降低了管理层业绩预告精度（Li and Zhang, 2015），使卖空标的公司信息环境变得更为复杂。

#### 4.5.2.1 信息透明度

这里预期如果卖空标的公司信息环境优化，导致分析师跟踪增加，那么信息透明度不同的标的公司，放松卖空管制增加分析师跟踪会有显著差异。为了验证上述猜想，这里根据上市公司各年度信息透明度（$Opacity$）的中位数为基准，分为信息透明度高和信息透明度低两组，检验卖空机制对分析师跟踪影响的差异，表4-13报告了回归结果。信息透明度以公司 i 年度 t 之前三年的可操控性应计项目之和来度量，值越大表示信息透明度越低，值越小表示信息透明度越高。虽然公司信息透明度样本缺失了2120个，使总样本减少至5569个，但并不影响总体结论。

由表4-13可知，列（1）、列（2）以分析师跟踪（$Coverage1$）为因变量，信息透明度高（$High$）和信息透明度低（$Low$）的样本，卖空（$Short$）系数均显著为正，但组间差异未通过显著性检验，无法得到具有明显差异的稳健结果。列（3）、列（4）以分析师跟踪（$Coverage2$）为因变量，虽然列（3）信息透明度高（$High$）的样本，卖空系数未通过显著性检验，列（4）信息透明度低（$Low$）的样本，卖空系数在5%的显著性水平上为正，但组间差异也未通过显著性检验。表4-13的检验无法稳健地证实卖空机制通过信息环境改变吸引分析师跟踪的结论。

**表4-13 卖空机制与分析师跟踪：公司信息透明度不同**

|  | （1）<br>$Coverage1$<br>$High$ | （2）<br>$Coverage1$<br>$Low$ | （3）<br>$Coverage2$<br>$High$ | （4）<br>$Coverage2$<br>$Low$ |
|---|---|---|---|---|
| $Short$ | 0.108**<br>(2.16) | 0.127**<br>(2.30) | 0.068<br>(1.06) | 0.186**<br>(2.54) |
| $Lnmv$ | 0.512***<br>(10.50) | 0.565***<br>(9.29) | 0.683***<br>(10.12) | 0.758***<br>(9.38) |
| $Pb$ | -0.022**<br>(-2.53) | -0.008<br>(-0.55) | -0.021*<br>(-1.87) | -0.004<br>(-0.21) |

续表

| | （1）<br>$Coverage1$<br>$High$ | （2）<br>$Coverage1$<br>$Low$ | （3）<br>$Coverage2$<br>$High$ | （4）<br>$Coverage2$<br>$Low$ |
|---|---|---|---|---|
| $Epsv$ | -0.010<br>(-0.14) | 0.074<br>(0.72) | -0.019<br>(-0.20) | 0.086<br>(0.65) |
| $Roa$ | 2.865***<br>(5.49) | 2.170***<br>(3.85) | 3.546***<br>(5.47) | 3.242***<br>(4.33) |
| $Big$ | 0.180<br>(0.51) | -0.255<br>(-0.63) | 0.352<br>(0.80) | -0.169<br>(-0.31) |
| $Instution$ | 0.742**<br>(2.43) | 1.246***<br>(3.49) | 0.788**<br>(2.02) | 1.211***<br>(2.71) |
| $Amihud$ | -0.014***<br>(-5.52) | -0.011***<br>(-3.27) | -0.016***<br>(-4.88) | -0.012***<br>(-2.89) |
| $Sue$ | 0.025**<br>(2.03) | 0.033**<br>(2.31) | 0.048***<br>(3.00) | 0.054***<br>(3.00) |
| $Soe$ | -0.097<br>(-1.58) | 0.007<br>(0.10) | -0.130<br>(-1.64) | -0.005<br>(-0.06) |
| $Betaval$ | 0.113<br>(1.53) | 0.110<br>(1.27) | 0.024<br>(0.25) | 0.138<br>(1.21) |
| $Growth$ | -0.093***<br>(-2.68) | -0.089*<br>(-1.83) | -0.123***<br>(-2.61) | -0.132**<br>(-2.12) |
| $\_cons$ | -10.758***<br>(-10.08) | -11.976***<br>(-8.99) | -14.419***<br>(-9.76) | -16.250***<br>(-9.23) |
| $Year$ | Yes | Yes | Yes | Yes |
| $Firm$ | Yes | Yes | Yes | Yes |
| $N$ | 2781 | 2788 | 2781 | 2788 |
| $R^2$ | 0.293 | 0.290 | 0.273 | 0.257 |
| 组间差异 p 值 | 0.738 | | 0.108 | |

#### 4.5.2.2 投资者需求

由于分析师的激励和股票交易量捆绑，分析师更愿意跟踪那些当他们发布预告时投资者会有更加强烈反应的公司，如分析师选择跟踪那些潜在的能让他们挣得更多经纪佣金的股票（Hayes，1998；Alford and Berger，1999）。这里预期如果卖空标的公司信息环境改变，使投资者对分析师服务需求改变，导致分析师跟踪增加，那么投资者需求不同的标的公司，放松卖空管制增加分析师跟踪会有显著差异。

那么，在中国资本市场，到底是哪些投资者对分析师的需求增加？这里将根据投资者选股标准，分组检验卖空机制对分析师跟踪影响的差异。一种情况是，如果信息需求者是理性的投资者，主要依据企业业绩作为标准进行选股。放松卖空管制后，业绩越差的公司，越容易成为卖空投资者重点关注的投资对象，那么应当观测到，业绩差的公司相对于业绩好的公司，卖空机制吸引分析师跟踪更为显著。另一种情况则是，如果信息需求者是非理性的投机者，主要依据公司股票投资分析指标进行选择。市净率高的公司更容易成为投资者重点关注的投资对象，那么应当观测到，市净率高的公司相对于市净率低的公司，卖空机制吸引分析师跟踪更为显著。为了验证上述猜想，下文将根据公司业绩和市净率指标进行分组检验。

（1）投资者需求：公司业绩好坏分组检验。上文认为，放松卖空管制后，投资者对卖空标的公司信息需求增大，分析师能挣得的经纪佣金增多，分析师跟踪便增加。这里预期业绩差的公司相对于业绩好的公司，更容易成为投资者卖空交易的目标，那么卖空机制增加分析师跟踪更为显著。为了验证上述猜想，这里以总资产收益率（$ROA$）作为公司业绩的度量指标，取上市公司各年度 $ROA$ 中位数为基准分为业绩好（$Good$）和业绩差（$Bad$）两组样本，分别检验放松卖空管制对分析师跟踪的影响，表 4-14 报告了回归结果。由表 4-14 可知，业绩好（$Good$）和业绩差（$Bad$）的两组样本，卖空（$Short$）的系数均不显著，无法证实上述猜想。

表 4-14 卖空机制与分析师跟踪：公司业绩好坏

|  | （1）<br>$Coverage1$<br>$Good$ | （2）<br>$Coverage1$<br>$Bad$ | （3）<br>$Coverage2$<br>$Good$ | （4）<br>$Coverage2$<br>$Bad$ |
| --- | --- | --- | --- | --- |
| $Short$ | 0.043<br>(1.13) | 0.024<br>(0.48) | 0.073<br>(1.46) | 0.006<br>(0.09) |
| $Lnmv$ | 0.564***<br>(9.84) | 0.576***<br>(13.07) | 0.784***<br>(10.46) | 0.716***<br>(12.11) |
| $Pb$ | −0.013<br>(−1.30) | −0.015<br>(−1.51) | −0.010<br>(−0.82) | −0.015<br>(−1.23) |

续表

|  | (1) Coverage1 Good | (2) Coverage1 Bad | (3) Coverage2 Good | (4) Coverage2 Bad |
| --- | --- | --- | --- | --- |
| $Epsv$ | 0.088<br>(1.33) | 0.027<br>(0.37) | 0.130<br>(1.55) | 0.026<br>(0.28) |
| $Big$ | −0.173<br>(−0.57) | 0.016<br>(0.05) | −0.278<br>(−0.73) | 0.196<br>(0.49) |
| $Instution$ | 0.882***<br>(3.14) | 1.096***<br>(3.58) | 1.026***<br>(3.02) | 1.441***<br>(3.72) |
| $Amihud$ | −0.009***<br>(−4.28) | −0.011***<br>(−4.84) | −0.010***<br>(−3.76) | −0.012***<br>(−4.42) |
| $Sue$ | 0.024***<br>(2.61) | 0.026**<br>(2.02) | 0.045***<br>(3.84) | 0.047***<br>(2.93) |
| $Soe$ | −0.018<br>(−0.32) | −0.128**<br>(−2.25) | −0.057<br>(−0.78) | −0.142**<br>(−2.08) |
| $Betaval$ | 0.023<br>(0.37) | 0.043<br>(0.56) | 0.066<br>(0.86) | 0.014<br>(0.14) |
| $Growth$ | −0.113***<br>(−3.73) | −0.014<br>(−0.40) | −0.129***<br>(−3.22) | −0.023<br>(−0.58) |
| _cons | −11.546***<br>(−9.11) | −11.938***<br>(−12.31) | −16.253***<br>(−9.88) | −14.915***<br>(−11.39) |
| Year | Yes | Yes | Yes | Yes |
| Firm | Yes | Yes | Yes | Yes |
| $N$ | 3841 | 3848 | 3841 | 3848 |
| $R^2$ | 0.251 | 0.253 | 0.249 | 0.183 |

（2）投机者需求：公司市净率高低分组检验。中国放松卖空管制后，如果信息需求者是非理性的投机者，主要依据公司股票投资分析指标进行选择，市净率高的公司易成为卖空投资者重点关注的投资对象。根据经典投资理论，市净率较低的股票，投资价值较高；相反，市净率较高的股票，投资价值较低。但基于卖空机制的投资机会衡量来看，投机者的投资机会与传统投资理论恰好相反，市净率较高的股票卖空投资获利更大，因此更容易成为卖空投资者的目标。根据上述分析，这里预期市净率越高的股票，卖空机制增加分

析师跟踪越显著。

这里取上市公司各年度市场指标市净率（PB）中位数为基准分为市净率高和市净率低两组样本。表 4-15 列（1）市净率高（High）的样本，卖空（Short）系数显著为正；列（2）市净率低（Low）的样本，Short 系数未通过显著性检验；列（1）、列（2）组间差异显著。列（3）、列（4）以分析师跟踪报告数（Coverage2）为因变量，得到相同的结论。这些检验结果证实了上述猜想，即市净率高相对于低的公司，放松卖空管制标的公司吸引分析师跟踪更为显著。

接着，研究检验了市净率高低不同时，卖空机制对明星分析师跟踪的影响差异，表 4-15 列（5）、列（6）报告了回归结果。表 4-15 列（5）市净率高（High）的样本，卖空（Short）系数显著为正；列（6）市净率低（Low）的样本，卖空系数未通过显著性检验；列（5）、列（6）组间差异显著。这些检验结果证实，市净率高的公司相对于市净率低的公司，放松卖空管制标的公司吸引明星分析师跟踪更为显著。

表 4-15 卖空机制与（明星）分析师跟踪：公司市净率高低

|  | (1) Coverage1 High | (2) Coverage1 Low | (3) Coverage2 High | (4) Coverage2 Low | (5) Stars High | (6) Stars Low |
|---|---|---|---|---|---|---|
| Short | 0.141*** (3.31) | 0.028 (0.62) | 0.171*** (3.11) | 0.049 (0.85) | 0.485*** (3.93) | 0.184 (1.48) |
| Lnmv | 0.465*** (8.97) | 0.540*** (11.67) | 0.668*** (9.82) | 0.683*** (11.22) | 0.993*** (7.46) | 1.244*** (9.88) |
| Epsv | 0.046 (0.69) | −0.035 (−0.50) | 0.088 (1.06) | −0.028 (−0.31) | 0.040 (0.20) | −0.194 (−0.92) |
| Roa | 2.228*** (4.85) | 2.567*** (5.05) | 3.043*** (5.13) | 3.494*** (5.28) | 3.613*** (3.04) | 3.877*** (2.63) |
| Big | 0.371 (1.30) | −0.027 (−0.08) | 0.374 (0.99) | 0.071 (0.18) | 1.449** (2.09) | 0.309 (0.36) |
| Instution | 1.221*** (3.79) | 0.964*** (4.02) | 1.458*** (3.57) | 1.274*** (4.17) | 1.802** (2.25) | 0.617 (0.93) |
| Amihud | −0.007*** (−3.90) | −0.009*** (−2.95) | −0.010*** (−3.91) | −0.011*** (−2.95) | 0.001 (0.28) | −0.011* (−1.80) |
| Sue | 0.009 (0.81) | 0.029** (2.55) | 0.022 (1.54) | 0.049*** (3.48) | −0.035 (−0.98) | 0.034 (0.95) |

续表

| | (1)<br>Coverage1<br>High | (2)<br>Coverage1<br>Low | (3)<br>Coverage2<br>High | (4)<br>Coverage2<br>Low | (5)<br>Stars<br>High | (6)<br>Stars<br>Low |
|---|---|---|---|---|---|---|
| $Soe$ | -0.138**<br>(-2.05) | -0.019<br>(-0.36) | -0.208**<br>(-2.50) | -0.011<br>(-0.16) | -0.175<br>(-0.99) | -0.063<br>(-0.44) |
| $Betaval$ | -0.012<br>(-0.18) | 0.054<br>(0.77) | -0.019<br>(-0.23) | 0.035<br>(0.40) | -0.061<br>(-0.32) | 0.588***<br>(2.59) |
| $Growth$ | -0.091***<br>(-3.04) | -0.060*<br>(-1.75) | -0.111***<br>(-2.76) | -0.072*<br>(-1.76) | -0.168**<br>(-2.35) | -0.045<br>(-0.53) |
| $\_cons$ | -9.639***<br>(-8.30) | -11.492***<br>(-10.70) | -13.956***<br>(-9.17) | -14.601***<br>(-10.42) | -22.659***<br>(-7.55) | -28.844***<br>(-10.00) |
| $Year$ | Yes | Yes | Yes | Yes | Yes | Yes |
| $Firm$ | Yes | Yes | Yes | Yes | Yes | Yes |
| $N$ | 3841 | 3848 | 3841 | 3848 | 3841 | 3848 |
| $R^2$ | 0.212 | 0.332 | 0.232 | 0.254 | 0.326 | 0.326 |
| 组间差异p值 | 0.000 | | 0.000 | | 0.000 | |

为了进一步验证上述信息环境作用机制下投机者需求的作用，这里还根据收入波动性（$Epsv$）分为收入波动性大和收入波动性小的两组检验卖空机制对（明星）分析师跟踪的影响，得到收入波动性大的公司相对于收入波动性小的公司，放松卖空管制标的公司吸引（明星）分析师跟踪更为显著，再次验证了投机型投资者需求作用机制（回归结果省略）。

### 4.5.3 本节小结

卖空机制影响分析师跟踪行为的作用机制检验得到如下结论：放松卖空管制后，由于公司信息环境改变，投资者对分析师服务的需求增加，使分析师跟踪增加，具体来看主要是投机型投资者的服务需求所致。

## 4.6 本章小结

本章以中国2010年开始试点实施融券交易制度为背景，研究卖空机制对分析师跟踪行为的影响。采用双重差分模型检验发现：放松卖空管制标的公司吸引（明星）分析师跟踪。引入卖空量衡量卖空机制，使用倾向得分匹配法（DID+PSM）及负二项回归法等进行稳健性检验，均能得到上述研究结论。进一步分析得到，放松卖空管制标的公司吸引分析师初始跟踪，而退出卖空管制标的公司的分析师跟踪则减少，从另一方面证实了卖空机制吸引分析师跟踪的主要研究结论。卖空机制影响分析师跟踪行为的作用机制检验结果表明公司治理机制不成立；信息环境机制得以验证，即放松卖空管制后公司信息环境变得更为复杂，投机型投资者对分析师的需求增加，使分析师跟踪增加。总体而言，本章证实与未进入卖空标的的相比，进入卖空标的的公司分析师跟踪增多，作用机制是投机型投资者对分析师服务需求增加。

本章的贡献体现在如下三个方面：一是拓展和丰富了卖空机制影响分析师行为的研究。已有卖空机制对分析师行为影响的研究并未观测对分析师跟踪的影响，本章研究可以弥补这一不足。此外，这里还进一步检测了卖空机制影响分析师跟踪行为的作用机制，丰富了卖空机制影响分析师跟踪行为的理论框架。二是基于中国卖空机制调整的准自然实验过程，构建双重差分模型，检验卖空机制对分析师跟踪的影响，在一定程度上缓解了卖空机制与分析师跟踪之间的内生性问题。关于卖空机制经济后果的研究，现有文献大多只考虑了放松卖空管制的影响，本章不仅考虑中国逐步放松卖空管制的影响，还考虑了退出卖空管制的影响。通过构建双重差分模型，检验卖空机制对分析师跟踪行为的影响。三是丰富了分析师行为研究文献。本章发现，放松卖空管制使卖空标的公司的信息环境更为复杂，使投资者对分析师信息加工、解读和传递的需求增加，证实分析师发挥信息中介作用，而非外部监督作用。

# 5 卖空机制对分析师预测的影响及作用机制

本书第四章的研究发现，中国放松卖空管制标的公司吸引分析师跟踪，作用机制是投机型投资者对分析师服务需求增加，使分析师跟踪增加。分析师作为连接上市公司和资本市场的重要信息中介，决定着证券投资者的信息环境，进而影响整个资本市场效率。已有文献一般认为分析师跟踪增加意味着市场信息环境改善，但前文发现分析师跟踪是投机型投资者的需求所致，因此本章将进一步通过分析师预测行为，观测放松卖空机制引起的分析师预测行为的改变对资本市场到底意味着什么。

## 5.1 提出研究问题

虽然 Ke 等（2015）基于美国放松卖空管制中的报升规则发现卖空投资者发挥了治理作用，卖空机制降低了分析师预测的乐观度，但是由于中国2010年才开始逐步放松卖空管制，因此仍保留报升规则限制。卖空机制治理作用的发挥还和其他市场参与者密切相关，如 De 等（1990）建立的噪声交易者长期生存模型证实的那样，在基本面风险和噪声交易风险的双重作用下，噪声交易者能够长期存在甚至成为市场主导。中国证券市场效率低于美国发达国家，投资者投资理念不够成熟，内幕交易行为严重。所以，这里预期中国卖空机制对分析师预测行为的影响与美国不同，这正是本章研究的问题。

根据有效市场假说，卖空机制发挥治理作用及时释放负面信息，将卖空投资者的看法反映在股价中，应当降低分析师预测乐观偏差。如果标的股公司本身业绩较差、发展前景不好，那么不难预期放松卖空管制对分析师乐观预测的影响甚微，因为分析师本身对这些股票就少有乐观偏差。但从中国证监会和沪深两市交易所颁布的融资融券标的选择标准来看，这些标的股均是规模大、业绩优、流动性强的成分指数股，这些特征使这些股票潜存分析师预测乐观偏差更大。因此，如果中国卖空机制发挥治理作用，我们应当观测到对分析师预测乐观偏差的抑制作用，股市也将更加平稳。但中国放松卖空管制以来，股市经历了大盘股指一路高升到股灾的剧烈波动，促使我们探寻和分析产生这种理论期望和现实观察相背离的原因。

## 5.2 理论分析和研究假设推导

本章主要考察卖空机制对分析师预测行为的影响。放松卖空管制后，卖空者对"坏消息"的挖掘将提高股票价格对负面消息的吸收速度，从而提高资产定价效率（Diether et al.，2009）。卖空机制除了影响市场效率和公司行为外，也会对资本市场和公司间的信息中介产生影响。Ke 等（2015）基于美国证券监督委员会（SEC）2004 年通过《证券卖空法案》（SHO），放松卖空管制中的报升规则发现，由于股价下行风险增大，分析师通过公司股票价格学习、了解公司基本面信息，为了保住个人声誉而选择相信卖空投资者，证实卖空机制发挥了治理作用，降低了分析师预测的乐观度。该文还发现，在公司机构投资者持股比例较高、盈余管理程度较大和信息不透明程度更高的公司，卖空机制降低分析师预测乐观度更为显著。

但中国与美国放松卖空管制的现实制度背景完全不同。第一，美国 19 世纪后半叶建立股票市场，同时启动卖空交易机制，2004 年废除卖空限制中的报升规则放松卖空管制；中国 2010 年启动卖空机制，保留报升规则。第二，美国证券市场已属于半强式有效市场阶段；而中国证券市场尚属于弱有效市场阶段，股价同涨同跌现象严重，股价同步性高，导致分析师难以通过股票价格学习到公司估值的有用信息。第三，中国卖方分析师必须以所在券商研究所的名义出具报告，券商对分析师干预严重，可能促使分析师发布与其利益一致的盈利预测报告。第四，中国证券市场投资者投机行为严重，市场噪声干扰较多，卖空交易者难以被分析师信任而作为盈利预测信息来源。第五，中国分析师薪酬主要取决于其为附属券商收入贡献的多少，券商对分析师干预严重。综上所述，这里认为中国卖空交易机制对分析师预测乐观偏差难以发挥治理作用。那么，其到底有何作用？这一问题值得深入探讨。

卖空机制如果引发股价深度下跌，将可能引起整个证券市场动荡（Aitken et al.，1998；Morris and Shin，1998）。从中国证券市场来看，投资理念很不成熟，短线交易套利者居多[①]，广大散户盲目跟风、追涨杀跌严重。如果行情持续下滑，广大中小投资者可能选择离场，影响市场交易。中国卖空交易细

---

① Wind 资讯. 2016 机构投资者持股大盘点. http://www.v4.cc/News-2211401.html，2016-09-10.

则规定，普通中小投资者普遍不具有参与卖空交易的资格①，面临卖空机制带来的风险，可能选择离场，将大大影响券商机构的收入②。2011年，中概股在美国资本市场集体遭遇做空，使2010~2013年期间共计31家在美国上市的中概股公司私有化，这无疑使中国上市公司对卖空机制这种金融交易制度的"威力"有了较深刻的认识。近期来看，港股辉山乳业被美国浑水公司做空，2017年3月24日仅半小时股价便暴跌85%③。虽然由于政府管制等多种原因，中国卖空交易量一直不大，但卖空机制的作用不容小觑。中国放松卖空管制以来，虽然市场卖空交易量并不太大，但卖空机制发挥威慑作用，影响企业融资行为（顾乃康和周艳利，2017）。

这里认为中国放松卖空管制赋予卖空者挖掘公司"坏消息"投资获利，卖空者将对市场相关参与者如上市公司、券商机构、机构投资者等形成压力。上市公司面临着股票被卖空股价急剧下跌的风险，公司管理层便可能降薪甚至被解聘。因此，公司管理层为了稳定股价，便可能利用与分析师的私人关系甚至采用利益互换手段干预分析师发布乐观预测报告。券商机构作为证券市场的中介组织，其主要的收入来源包括投资者买卖股票的佣金收入。如果卖空机制引起股价大幅下跌，股市行情一路下滑，广大中小投资者缺乏理性的投资分析，便可能选择"用脚投票"抛售股票离场，而这又势必大大影响券商机构的收入。因此，券商为了避免卖空机制引起股票市场行情下滑危及经纪业务收入，会利用自身对分析师的收入考评权利，促使分析师发布乐观预测，以增强证券市场投资者的信心，促进证券交易。

基于上述分析，这里提出第一个假设：

**H5-1：控制其他因素，放松卖空管制标的公司的分析师预测乐观偏差增大。**

放松卖空管制后，赋予投资者挖掘公司"坏消息"投资获利的权利，使公司股价下行风险增大。中国卖空标的大多是上海和深圳证券交易所的大盘成分指数股，如果这些公司的股价大幅下行，将导致整个股市行情下滑。而一旦整个股票市场行情下滑，在投资理念非常不成熟的中国资本市场，大多

---

① 根据中国证监会2011年发布的《证券公司融资融券业务试点管理办法》的规定，在开户券商初开立资金账户18个月以上、资产在50万元以上、信用记录良好的投资者可以开立融资融券。虽然后一度降低条件，由于融资融券业务的爆发式增长，中国证监会2015年又将门槛重新调回50万元。

② 经纪业务是券商最重要的收入来源，以券商公布的2014年中期财务报告为例，券商经纪业务收入占比最高，达到其总收入的42%。

③ 陈秀月. 辉山乳业洗舱式下跌 内地资金仍抄底[N]. 经济观察报，http://www.eeo.com.cn/2017/0324/301039.shtml，2017-03-24.

中小投资者没有参与卖空交易的资质，无法通过卖空看跌投资获利，将会选择抛售手中持有的上市公司股票。广大中小投资者都离场的话，势必将大大减少券商的经纪业务收入。尤其是那些市值规模大的公司，一旦股价大幅下跌，将大幅度拉低整个股票市场的大盘指数。大盘指数持续大幅下滑，众多中小投资者抛售股票离场，券商机构的经纪业务收入将受到很大影响。而市值规模较大的公司对市场行情影响更大，券商机构经纪业务收入对这些公司的股价下跌也更加敏感。因此，对于市值规模较大的公司，券商机构更倾向于干预分析师发布乐观盈利预测。综上，这里提出第二个假设：

**H5-2**：市值规模较大的公司，放松卖空管制提升分析师预测乐观偏差更为显著。

## 5.3 研究设计

### 5.3.1 数据来源与样本选择

本章所有分析师数据以及公司层面的财务数据均来源于国泰安（CSMAR）数据库。初始样本为2007~2015年沪、深两市所有A股上市公司。因中国2007年开始实施新会计准则，所以研究样本从2007年开始。卖空标的各批次名单来源于沪、深交易所网站。进入卖空标的公司各批次名单从沪深交易所网站手工整理得到。标的公司买多、卖空额数据来源于国泰安（CSMAR）数据库。

上市公司初始样本筛选过程如下：①2007~2015年所有沪、深两市A股上市公司；②剔除ST或*ST处理公司；③剔除金融保险行业；④构建双重差分模型进行回归，为了保证2010年放松卖空管制之前和之后样本均有数据，剔除2009年之后上市的公司；⑤剔除当年上市公司；⑥并入卖空数据；⑦剔除变量缺失样本。

分析师预测样本筛选过程如下：①剔除分析师每股盈余预测值缺失样本、分析师公布预测报告日晚于预测终止日样本的异常样本以及分析师预测终止日期的年度大于分析师预测发布日期的年度的长期预测样本；②在保留每个分析师机构当年最后一个每股盈余预测值观测样本的基础上，求出公司一年度样本的分析师每股盈余预测的均值和中位数；③并入公司每股盈余年度实际数；④求出分析师预测偏差，剔除有缺失值样本。

为了消除极端值的影响，对于主要连续变量，按照1%分位数进行了调整（Winsor）处理。为了保证回归结果的稳健，所有回归进行了稳健性（Robust）控制。

### 5.3.2 模型设定

由于标的公司是分批次进入卖空交易的，放松卖空管制是一个多次冲击的准自然实验，因此这里参考 Bertrand 和 Mullainathan（2003）的方法构建多时点双重差分（DID）模型。同时，借鉴李志生等（2015）的研究设置卖空（Short）虚拟变量进行检测。还参照谭松涛等（2015）、王玉涛和王彦超（2012）等在模型中控制其他可能影响分析师预测乐观偏差的因素。本章设置的基本模型如下：

$$Mean(Median)_{i,t} = \partial + \beta Short_{i,t} + \gamma Controls_{i,t} + X_i + Y_t + \varepsilon_{i,t} \quad (5-1)$$

其中，因变量是分析师预测偏差（Mean 和 Median），预测偏差正值越大，分析师预测乐观偏差越高；关键自变量是卖空（Short）虚拟变量；Controls 表示年度 $t$ 公司 $i$ 对应的控制变量；$X_i$ 和 $Y_t$ 分别表示个体效应和时间效应；$\varepsilon_{i,t}$ 为随机误差项。如果卖空机制对分析师预测乐观偏差有影响，那么相对于卖空管制公司而言，模型中的核心解释变量卖空（Short）的估计系数将会发生显著变化。

对 H5-2 的检验，在上述基本模型（5-1）的基础上进一步分组，以公司市值规模（Lnmv）的中位数为标准分组，高于中位数的为市值规模大样本，反之为市值规模小样本。

### 5.3.3 变量定义

本章模型（5-1）的有关变量定义及测度如表 5-1 所示。

**表 5-1 变量定义及测度**

| | 变量名 | 变量符号 | 变量测度 |
|---|---|---|---|
| A：因变量 | 分析师预测偏差（均值） | Mean | 在上述分析师预测样本筛选基础上，求出年度 $t$ 所有分析师对公司 $i$ 进行每股盈余预测的均值 Feps 代入公式（5-2） |
| | 分析师预测偏差（中位数） | Median | 在上述分析师预测样本筛选基础上，取年度 $t$ 所有分析师对公司 $i$ 进行每股盈余预测的中位数 Feps 代入公式（5-2） |
| B：观测变量 | 卖空 | Short | 虚拟变量，年度 $t$ 公司 $i$ 为卖空标的取值为 1，否则为 0 |
| | 公司规模 | Lnmv | 公司年末市值取自然对数 |

续表

| 变量名 | | 变量符号 | 变量测度 |
|---|---|---|---|
| C：控制变量 | 第一大股东持股比例 | Big | 公司第一大股东持有公司股份的比例 |
| | 信息透明度 | Opacity | 以公司 $i$ 年度 $t$ 之前三年的可操控性应计项目之和来度量 |
| | 收入波动性 | Epsv | 以公司 $i$ 年度 $t$ 之前三年实际每股盈余标准差衡量 |
| | 公司年龄 | Age | 公司上市的年龄 |
| | 分析师跟踪公司数 | Track | 年度 $t$ 对公司 $i$ 发布预测报告的分析师机构同时跟踪其他公司数的自然对数 |
| | 分析师关注度 | Coverage | 年度 $t$ 跟踪公司 $i$ 分析师机构数的自然对数 |
| | 分析师预测期限（均值） | Horizon1 | 对上述分析师样本筛选步骤（5）分析师预测均值样本，取发布报告日距离当年末天数均值的自然对数 |
| | 分析师预测期限（中位数） | Horizon2 | 对上述分析师样本筛选步骤（5）分析师预测中位数样本，取发布报告日距离当年末天数的自然对数 |
| | 年度 | Year | 虚拟变量，表示年度 |
| | 公司 | Firm | 虚拟变量，表示公司 |

这里参考白晓宇（2009）、王玉涛和王彦超（2012）及谭松涛等（2015）的做法定义分析师预测偏差（Ferr），具体见公式（5-2）：

$$Ferr_{i,t} = \frac{Feps_{i,t} - Meps_{i,t}}{|Meps_{i,t}|} \quad (5-2)$$

其中，$i$ 为上市公司，$t$ 为分析报告公布年度，Meps 为上市公司公布实际每股盈余，Feps 为分析师预测每股盈余。如果分析师预测每股盈余大于实际每股盈余，则预测偏差为正，表示分析师的预测偏差指标越大，分析师的乐观度越高。

## 5.4 实证分析

### 5.4.1 描述性统计

表 5-2 报告了本章主要变量的描述性统计结果，分析师预测偏差（均值，Mean）均值为 1.001，分析师预测偏差（中位数，Median）均值为 0.931；卖空（Short）均值为 0.245，即卖空样本占总样本比例为 24.50%；卖空额（Shorts）均值为 3.463。

表 5-2 变量描述性统计

| 变量 | 样本量 | 均值 | 中位数 | 标准差 | 最小值 | 最大值 |
| --- | --- | --- | --- | --- | --- | --- |
| $Mean$ | 6110 | 1.001 | 0.226 | 2.612 | -0.848 | 18.270 |
| $Median$ | 6110 | 0.931 | 0.187 | 2.455 | -0.825 | 16.750 |
| $Short$ | 6110 | 0.245 | 0 | 0.430 | 0 | 1 |
| $Event$ | 6110 | 0.080 | 0.049 | 0.103 | 0 | 0.574 |
| $Shorts$ | 6110 | 3.463 | 0 | 6.047 | 0 | 19.990 |
| $Finances$ | 6110 | 4.310 | 0 | 7.432 | 0 | 21.232 |
| $Instution$ | 6110 | 2.756 | 0 | 4.862 | 0 | 18.23 |
| $Big$ | 6110 | 0.175 | 0.159 | 0.096 | 0.026 | 0.442 |
| $Opacity$ | 6110 | 0.234 | 0.155 | 0.236 | 0.009 | 1.292 |
| $Epsv$ | 6110 | 22.560 | 22.490 | 0.933 | 20.700 | 25.110 |
| $Lnmv$ | 6110 | 11.820 | 12 | 4.636 | 4 | 22 |
| $Age$ | 6110 | 5.889 | 5.928 | 0.479 | 4.060 | 7.165 |
| $Track$ | 6110 | 7.472 | 5 | 7.125 | 1 | 31 |
| $Coverage$ | 6110 | 4.915 | 4.973 | 0.519 | 2.803 | 5.779 |
| $Horizon1$ | 6110 | 4.682 | 4.860 | 0.890 | 1.386 | 5.855 |
| $Horizon2$ | 6110 | 1.001 | 0.226 | 2.612 | -0.848 | 18.270 |

本章以 2014 年 9 月 22 日调整之后的 900 家卖空样本公司为实验组，以沪、深两市 A 股上市公司中没有进入融资融券标的非金融类公司为控制组。表 5-3 报告了 2010~2015 年卖空样本的分布情况，可见卖空样本逐年上升，符合客观现实；卖空样本占总体样本比重为 24.52%，说明研究样本量充足。

表 5-3 卖空样本年度分布情况统计

| 年份 | 2010 | 2011 | 2012 | 2013 | 2014 | 2015 | 总计 |
| --- | --- | --- | --- | --- | --- | --- | --- |
| 总样本 | 700 | 801 | 751 | 762 | 813 | 860 | 6110 |
| 卖空样本 | 28 | 131 | 128 | 338 | 445 | 429 | 1499 |
| 卖空占总样本比例（%） | 0.46 | 2.14 | 2.09 | 5.53 | 7.28 | 7.02 | 24.52 |

表 5-4 给出了本章主要变量的一阶段回归相关系数矩阵，卖空（$Short$）与分析师预测偏差（均值，$Mean$）及分析师预测偏差（中位数，$Median$）并不存在显著的相关性，其具体关系还需进一步通过回归检验加以证实。

表 5-4 相关性分析

| | Mean | Median | Short | Instution | Big | Opacity | Epsv | Lnmv | Age | Track | Coverage | Horizon1 | Horizon2 |
|---|---|---|---|---|---|---|---|---|---|---|---|---|---|
| Mean | 1 | 0.982* | -0.034* | -0.047* | -0.037* | 0.009 | 0.037* | -0.121* | -0.016 | -0.011 | -0.115* | 0.152* | 0.138* |
| Median | 0.972* | 1 | -0.038* | -0.052* | -0.043* | 0.007 | 0.032* | -0.133* | -0.012 | -0.012 | -0.131* | 0.160* | 0.153* |
| Short | -0.006 | -0.012 | 1 | -0.017 | 0.052* | 0.011 | 0.085* | 0.513* | 0.219* | 0.060* | 0.205* | -0.029* | -0.054* |
| Instution | -0.118* | -0.128* | 0.035* | 1 | -0.026* | -0.004 | 0.043* | 0.106* | 0.013 | -0.064* | 0.216* | -0.031* | -0.040* |
| Big | -0.043* | -0.045* | 0.054* | -0.093* | 1 | 0.034* | 0.066* | 0.219* | -0.037* | -0.005 | 0.075* | 0.010 | -0.006 |
| Opacity | 0.012 | 0.005 | 0.005 | 0.031* | 0.019 | 1 | 0.164* | 0.045* | 0.031* | 0.026* | 0.038* | -0.010 | -0.032* |
| Epsv | 0.031* | 0.020 | 0.085* | 0.092* | 0.066* | 0.177* | 1 | 0.188* | 0.013 | -0.045* | 0.152* | 0.008 | -0.020 |
| Lnmv | -0.153* | -0.167* | 0.510* | 0.253* | 0.206* | 0.031* | 0.183* | 1 | 0.197* | -0.031* | 0.474* | -0.118* | -0.155* |
| Age | -0.078* | -0.017 | 0.215* | 0.006 | -0.045* | 0.027* | 0.004 | 0.202* | 1 | 0.115* | -0.110* | -0.040* | -0.019 |
| Track | 0.004 | 0.007 | 0.046* | -0.122* | -0.005 | 0.009 | -0.056* | -0.051* | 0.144* | 1 | -0.094* | -0.004 | 0.009 |
| Coverage | -0.115* | -0.148* | 0.215* | 0.424* | 0.098* | 0.020 | 0.192* | 0.483* | -0.124* | -0.184* | 1 | 0.010 | -0.101* |
| Horizon1 | 0.296* | 0.300* | -0.065* | -0.127* | -0.007 | -0.010 | 0.000 | -0.184* | -0.011 | 0.020 | -0.088* | 1 | 0.680* |
| Horizon2 | 0.239* | 0.261* | -0.070* | -0.105* | -0.013 | -0.031* | -0.027* | -0.178* | -0.003 | 0.017 | -0.134* | 0.720* | 1 |

注：系数 1 的左下部分为 Pearson 检验结果，右上部分为 Spearman 检验结果；* 表示在 5% 的显著性水平上显著（双尾检验）。

## 5.4.2 卖空机制与分析师预测偏差

表 5-5 报告了利用模型（5-1）检测放松卖空管制对分析师预测乐观偏差的影响。表 5-5 列（1）未控制年度和公司固定效应时，卖空（Short）系数显著为正，意味着放松卖空管制标的公司的分析师预测偏差增大；列（2）控制年度和公司固定效应，卖空系数也显著为正。列（3）、列（4）以分析师预测偏差中位数（Median）为因变量，卖空（Short）系数也显著为正。这些回归结果中关键观测变量——卖空的回归系数未发生实质性改变，表明本书设计的放松卖空管制准自然实验是随机可靠的。以上回归结果表明，与未进入卖空标的股相比，进入卖空标的公司的分析师盈利预测偏差增加了约25%。表 5-5 所有回归结果验证了 H5-1 成立，即放松卖空管制标的公司的分析师预测乐观偏差增大。

从表 5-5 控制变量的回归结果可以看出，第一大股东持股比例（Big）、公司市值规模（Lnmv）和分析师关注度（Coverage）与分析师预测偏差显著负相关，而分析师预测期限（Horizon）与分析师预测偏差显著正相关。与现有文献中关于分析师预测偏差的研究结果基本一致。

表 5-5 卖空机制与分析师预测偏差

|  | （1）Mean | （2）Mean | （3）Median | （4）Median |
| --- | --- | --- | --- | --- |
| Short | 0.244*** | 0.279** | 0.241*** | 0.254** |
|  | (2.60) | (2.16) | (2.82) | (2.16) |
| Instution | −0.400 | −0.090 | −0.451 | −0.171 |
|  | (−1.10) | (−0.12) | (−1.33) | (−0.25) |
| Big | −0.671** | −2.776*** | −0.695** | −2.726*** |
|  | (−2.28) | (−2.68) | (−2.53) | (−2.87) |
| Opacity | −0.012 | −0.275 | −0.032 | −0.316 |
|  | (−0.03) | (−0.52) | (−0.09) | (−0.64) |
| Epsv | 0.368** | −0.144 | 0.345** | −0.090 |
|  | (2.32) | (−0.54) | (2.28) | (−0.35) |
| Lnmv | −0.347*** | −0.697*** | −0.362*** | −0.681*** |
|  | (−6.24) | (−5.56) | (−6.89) | (−5.87) |
| Age | −0.001 | 0.707 | 0.000 | 0.715 |
|  | (−0.14) | (0.96) | (0.05) | (1.08) |

续表

|  | (1) Mean | (2) Mean | (3) Median | (4) Median |
|---|---|---|---|---|
| Track | -0.102<br>(-1.39) | -0.144<br>(-1.36) | -0.108<br>(-1.52) | -0.170*<br>(-1.68) |
| Coverage | -0.029***<br>(-5.18) | -0.018*<br>(-1.96) | -0.024***<br>(-4.83) | -0.016*<br>(-1.84) |
| Horizon1 | 0.709***<br>(11.13) | 0.651***<br>(9.02) |  |  |
| Horizon2 |  |  | 0.363***<br>(10.67) | 0.337***<br>(8.83) |
| _cons | 6.341***<br>(4.52) | 10.161*<br>(1.69) | 8.384***<br>(6.43) | 11.308**<br>(2.06) |
| Year | No | Yes | No | Yes |
| Firm | No | Yes | No | Yes |
| N | 6110 | 6110 | 6110 | 6110 |
| $R^2$ | 0.043 | 0.057 | 0.044 | 0.058 |

注：括号内为t值，*、**、***分别代表在10%、5%、1%的水平上显著，下同。

### 5.4.3 卖空机制、公司市值规模与分析师预测偏差

表5-6报告了根据公司市值规模大小分组检验卖空机制对分析师预测的影响差异。表5-6列（1）市值规模大（Big）的样本，卖空（Short）系数显著为正；列（2）市值规模小（Small）的样本，卖空系数未通过显著性检验；列（1）、列（2）组间差异显著。列（3）、列（4）将分析师预测偏差中位数（Median）作为因变量，也得到与列（1）、列（2）相同的结论。表5-6总体证实了H5-2，即市值规模较大的公司，放松卖空管制增加分析师预测乐观偏差更为显著。

表5-6 卖空机制与分析师预测偏差：公司市值规模大小不同

|  | (1) Mean Big | (2) Mean Small | (3) Median Big | (4) Median Small |
|---|---|---|---|---|
| Short | 0.277**<br>(2.10) | 0.017<br>(0.06) | 0.256**<br>(2.19) | 0.016<br>(0.06) |

续表

|  | (1)<br>Mean<br>Big | (2)<br>Mean<br>Small | (3)<br>Median<br>Big | (4)<br>Median<br>Small |
| --- | --- | --- | --- | --- |
| Instution | -2.309*** | -0.618 | -1.914*** | -0.779 |
|  | (-3.02) | (-0.54) | (-2.62) | (-0.70) |
| Big | -3.310*** | -3.002* | -2.981*** | -3.198* |
|  | (-3.69) | (-1.70) | (-3.67) | (-1.90) |
| Opacity | -0.658 | -0.592 | -0.567 | -0.664 |
|  | (-1.14) | (-0.64) | (-1.06) | (-0.75) |
| Epsv | 0.261 | -0.185 | 0.191 | 0.036 |
|  | (0.87) | (-0.38) | (0.65) | (0.08) |
| Age | -0.352*** | -0.335 | -0.132 | -0.397 |
|  | (-3.06) | (-0.62) | (-1.31) | (-0.79) |
| Track | 0.192 | -0.183 | 0.170 | -0.204 |
|  | (1.24) | (-1.31) | (1.15) | (-1.51) |
| Coverage | -0.033*** | -0.023 | -0.030*** | -0.016 |
|  | (-2.86) | (-1.26) | (-2.85) | (-0.87) |
| Horizon1 | 0.688*** | 0.693*** |  |  |
|  | (6.95) | (7.58) |  |  |
| Horizon2 |  |  | 0.241*** | 0.429*** |
|  |  |  | (4.76) | (7.51) |
| _cons | 0.814 | 1.903 | 1.134 | 3.670 |
|  | (0.62) | (0.48) | (0.96) | (1.01) |
| Year | Yes | Yes | Yes | Yes |
| Firm | Yes | Yes | Yes | Yes |
| N | 3053 | 3057 | 3053 | 3057 |
| $R^2$ | 0.052 | 0.047 | 0.049 | 0.049 |
| 组间差异 p 值 | 0.000 | | 0.000 | |

### 5.4.4 稳健性检验

本章进行了以下几个方面的稳健性测试，大体支持主要研究结论。

#### 5.4.4.1 事件研究法

参考李志生等（2015）采用事件研究方法，设置放松卖空管制事件（Event）虚拟变量，公司进入卖空标的取值为1，否则为0，对公司加入卖空标的前后的分析师预测乐观偏差进行检验,表5-7报告了回归结果。此时的总体样本为卖空名单,所以总体样本减少至3166个。表5-7列(1)~列(4)放松卖空管制事件系数均显著为正,验证了H5-1。

表5-7 卖空机制与分析师预测偏差(事件研究法)

|  | (1) Mean | (2) Mean | (3) Median | (4) Median |
| --- | --- | --- | --- | --- |
| Event | 0.392** (2.55) | 0.307* (1.88) | 0.355*** (2.60) | 0.269* (1.79) |
| Instution | -0.970*** (-2.66) | -0.459 (-0.54) | -1.037*** (-3.15) | -0.532 (-0.74) |
| Big | -0.472 (-1.41) | -5.002*** (-3.68) | -0.524* (-1.73) | -4.750*** (-3.86) |
| Opacity | -0.302 (-0.70) | -0.523 (-0.85) | -0.269 (-0.66) | -0.490 (-0.84) |
| Epsv | 0.649*** (3.40) | 0.050 (0.15) | 0.580*** (3.31) | 0.044 (0.14) |
| Lnmv | -0.126* (-1.76) | -0.544*** (-3.29) | -0.136** (-2.04) | -0.550*** (-3.55) |
| Age | -0.007 (-0.70) | 0.790 (0.87) | -0.003 (-0.29) | 0.802 (1.00) |
| Track | 0.053 (0.43) | 0.093 (0.63) | 0.003 (0.03) | 0.035 (0.24) |
| Coverage | -0.036*** (-5.39) | -0.020* (-1.71) | -0.034*** (-5.56) | -0.018* (-1.66) |
| Horizon1 | 0.757*** (8.55) | 0.749*** (6.85) |  |  |
| Horizon2 |  |  | 0.345*** (7.64) | 0.319*** (5.96) |
| _cons | -0.016 (-0.01) | 5.304 (0.65) | 2.387 (1.43) | 7.535 (1.02) |
| Year | Yes | Yes | Yes | Yes |
| Firm | No | Yes | No | Yes |
| N | 3166 | 3166 | 3166 | 3166 |
| $R^2$ | 0.048 | 0.067 | 0.048 | 0.067 |

### 5.4.4.2 卖空额

参考褚剑和方军雄（2016）以卖空标的股卖空额（$Shorts$）作为观测变量，同时考虑融资交易制度的影响，加入买多额（$Finances$）作为控制变量，检测卖空额对分析师预测乐观偏差的影响，回归结果如表5-8所示。卖空额以年度 $t$ 卖空标的公司 $i$ 的平均融券卖出金额取自然对数，买多额以年度 $t$ 卖空标的公司 $i$ 平均融资买入金额取自然对数。表5-8列（1）、列（2）检验了H5-1的结论，得到卖空额（$Shorts$）系数均显著为正，证实H5-1可靠。进一步检验H5-2，表5-8列（3）、列（4）报告了结果，列（3）市值规模大（$Big$）的样本，卖空额系数显著为正；列（4）市值规模小（$Small$）的样本，卖空额系数未通过显著性检验；列（3）、列（4）组间差异显著，证实了H5-2。

表5-8 卖空额与分析师预测偏差

|   | (1) $Mean$ | (2) $Median$ | (3) $Mean$ $Big$ | (4) $Mean$ $Small$ |
| --- | --- | --- | --- | --- |
| $Shorts$ | 0.061* | 0.047* | 0.105*** | 0.002 |
|  | (1.96) | (1.74) | (2.69) | (0.05) |
| $Finances$ | -0.029 | -0.020 | -0.054* | -0.010 |
|  | (-1.12) | (-0.88) | (-1.66) | (-0.26) |
| $Instution$ | -0.056 | -0.145 | -2.160*** | -0.659 |
|  | (-0.08) | (-0.21) | (-2.83) | (-0.58) |
| $Big$ | -2.721*** | -2.682*** | -3.099*** | -3.021* |
|  | (-2.63) | (-2.83) | (-3.56) | (-1.70) |
| $Opacity$ | -0.270 | -0.313 | -0.702 | -0.581 |
|  | (-0.51) | (-0.63) | (-1.24) | (-0.62) |
| $Epsv$ | -0.143 | -0.089 | 0.272 | -0.182 |
|  | (-0.54) | (-0.35) | (0.91) | (-0.38) |
| $Lnmv$ | -0.698*** | -0.681*** |  |  |
|  | (-5.57) | (-5.88) |  |  |
| $Age$ | 0.702 | 0.712 | -0.375*** | -0.361 |
|  | (0.95) | (1.08) | (-3.02) | (-0.71) |
| $Track$ | -0.145 | -0.171* | 0.205 | -0.182 |
|  | (-1.38) | (-1.69) | (1.33) | (-1.30) |

续表

|  | （1）Mean | （2）Median | （3）Mean Big | （4）Mean Small |
|---|---|---|---|---|
| Coverage | -0.017* | -0.015* | -0.032*** | -0.023 |
|  | (-1.85) | (-1.74) | (-2.78) | (-1.24) |
| Horizon1 | 0.649*** |  | 0.680*** | 0.696*** |
|  | (9.02) |  | (6.88) | (7.63) |
| Horizon2 |  | 0.335*** |  |  |
|  |  | (8.82) |  |  |
| _cons | 10.222* | 11.352** | 0.919 | 2.065 |
|  | (1.71) | (2.07) | (0.68) | (0.56) |
| Year | Yes | Yes | Yes | Yes |
| Firm | Yes | Yes | Yes | Yes |
| N | 6110 | 6110 | 3053 | 3057 |
| $R^2$ | 0.058 | 0.059 | 0.058 | 0.047 |
| 组间差异 p 值 | 0.060 | | | |

#### 5.4.4.3 倾向得分匹配法

为了进一步探讨卖空机制与分析师预测之间的因果关系，这里使用倾向得分匹配法（PSM）考察进入卖空标的公司与未进入卖空标的公司分析师预测乐观偏差的差异。倾向得分匹配具体步骤如下：首先，通过 Logit 模型对样本企业是否由进入卖空标的做倾向打分；其次，采用最近邻匹配法进行样本匹配。选择进入卖空标的公司的市值、成长性、上市年限和收入波动性指标进行匹配。通过倾向得分匹配后，得到 1190 个控制组样本，加上 1172 个实验组样本，共计 2362 个样本。回归结果如表 5-9 列（1）、列（2）所示，卖空（Short）系数均显著为正，支持前述 H5-1 的检验结果。

#### 5.4.4.4 关键变量替换

本部分参照 Ke 等（2015）和许年行等（2012）的做法，分析师预测偏差计算公式用分析师预测每股盈余均值（中位数）减去公司实际每股盈余除以该公司上年末收盘价，得到分析师预测偏差均值（Mean1）和分析师预测偏差中位数（Median1）作为因变量进行回归检验，表 5-9 列（3）、列（4）报告了结果，卖空（Short）系数均显著为正，H5-1 的结论保持不变。

表 5-9 卖空机制与分析师预测偏差（DID+PSM 与关键变量替换）

|  | （1）Mean | （2）Median | （3）Mean1 | （4）Median1 |
| --- | --- | --- | --- | --- |
| Short | 0.391* | 0.381** | 0.005*** | 0.005*** |
|  | (1.87) | (2.04) | (3.99) | (3.86) |
| Instution | -1.372 | -0.958 | 0.008 | 0.009 |
|  | (-1.28) | (-0.97) | (0.88) | (1.00) |
| Big | -2.722** | -2.712** | -0.026*** | -0.025*** |
|  | (-2.10) | (-2.40) | (-2.76) | (-2.59) |
| Opacity | -1.470* | -1.233* | -0.003 | -0.004 |
|  | (-1.87) | (-1.66) | (-0.55) | (-0.81) |
| Epsv | -0.182 | -0.140 | 0.024*** | 0.025*** |
|  | (-0.46) | (-0.36) | (6.57) | (6.56) |
| Lnmv | -0.486*** | -0.559*** | -0.012*** | -0.013*** |
|  | (-2.59) | (-3.12) | (-9.53) | (-9.66) |
| Age | -0.031 | 0.180 | 0.012** | 0.013** |
|  | (-0.06) | (0.37) | (2.00) | (2.08) |
| Track | 0.387* | 0.311 | -0.004*** | -0.004*** |
|  | (1.78) | (1.55) | (-3.61) | (-3.83) |
| Coverage | -0.026* | -0.023* | -0.001** | -0.001* |
|  | (-1.85) | (-1.81) | (-2.22) | (-1.86) |
| Horizon1 | 0.726*** |  | 0.008*** |  |
|  | (5.88) |  | (8.32) |  |
| Horizon2 |  | 0.249*** |  | 0.004*** |
|  |  | (3.53) |  | (10.33) |
| _cons | 8.219 | 10.902** | 0.183*** | 0.208*** |
|  | (1.45) | (2.02) | (3.41) | (3.84) |
| Year | Yes | Yes | Yes | Yes |
| Firm | Yes | Yes | Yes | Yes |
| N | 2362 | 2362 | 6110 | 6110 |
| $R^2$ | 0.059 | 0.056 | 0.121 | 0.118 |

#### 5.4.4.5 样本数据结构

上述回归的数据是公司—年度样本，这里将数据处理为分析师—公司—年度样本，所以样本总数增大至40182个，表5-10列（1）、列（2）报告了对上述研究假设进行检验回归的结果，仍可得到卖空（Short）系数显著为正，支持上述主要研究结论。

#### 5.4.4.6 剔除卖空当年数据样本

放松卖空管制之前，市场可能会由于预期提前做出反应；在放松卖空管制后，市场可能由于信息不对称等出现过度反应。这里参考褚剑和方军雄（2016）的做法，剔除进入卖空标的公司当年数据，总样本减少5695个，回归结果如表5-10列（3）、列（4）所示，卖空（Short）系数显著为正，与前文主要结论一致。

表5-10 卖空机制与分析师预测偏差（变化样本结构及剔除卖空当年样本）

|  | (1) Mean | (2) Median | (3) Mean | (4) Median |
| --- | --- | --- | --- | --- |
| Short | 0.178* | 0.176* | 0.262* | 0.241* |
|  | (1.74) | (1.91) | (1.80) | (1.79) |
| Instution | −0.856 | −0.917* | −0.121 | −0.185 |
|  | (−1.35) | (−1.85) | (−0.15) | (−0.25) |
| Big | −1.937*** | −1.967*** | −2.710** | −2.659*** |
|  | (−2.98) | (−3.50) | (−2.52) | (−2.70) |
| Opacity | −0.511 | −0.436 | −0.459 | −0.526 |
|  | (−1.43) | (−1.32) | (−0.82) | (−0.99) |
| Epsv | 0.321 | 0.271 | −0.164 | −0.125 |
|  | (1.60) | (1.58) | (−0.61) | (−0.48) |
| Lnmv | −0.513*** | −0.506*** | −0.685*** | −0.664*** |
|  | (−5.81) | (−6.39) | (−5.24) | (−5.50) |
| Age | 0.485 | 0.431 | 0.788 | 0.775 |
|  | (1.26) | (1.35) | (0.91) | (0.99) |
| Track | −0.036 | −0.130 | −0.162 | −0.185* |
|  | (−0.28) | (−1.12) | (−1.50) | (−1.77) |
| Coverage | −0.031*** | −0.027*** | −0.023** | −0.020** |
|  | (−3.91) | (−3.86) | (−2.47) | (−2.34) |

续表

|  | (1)<br>Mean | (2)<br>Median | (3)<br>Mean | (4)<br>Median |
|---|---|---|---|---|
| Horizon1 | 0.890*** <br> (11.44) |  | 0.662*** <br> (8.95) |  |
| Horizon2 |  | 0.278*** <br> (9.85) |  | 0.364*** <br> (10.04) |
| _cons | 5.910* <br> (1.78) | 9.423*** <br> (3.37) | 9.355 <br> (1.38) | 10.453* <br> (1.70) |
| Year | Yes | Yes | Yes | Yes |
| Firm | Yes | Yes | Yes | Yes |
| N | 40182 | 40182 | 5695 | 5695 |
| $R^2$ | 0.084 | 0.084 | 0.060 | 0.063 |

## 5.5 进一步分析

### 5.5.1 明星分析师

本书第四章发现放松卖空管制将吸引更多明星分析师跟踪，本章考察卖空机制对分析师预测偏差的作用，得到放松卖空管制将提升分析师预测乐观偏差。因此，这里随之产生的问题是放松卖空管制是否对明星分析师预测乐观偏差作用更为显著。为了解答上述问题，这里在前文分析师预测样本筛选过程第四步保留所有明星分析师当年最后一个每股盈余预测观测值样本，然后求出公司—年度的明星分析师每股盈余预测的均值和中位数，再采用公式（5-2）——分析师预测偏差计算公式，求出明星分析师的预测偏差的均值和中位数。这里采用本章主要模型（5-1），以明星分析师预测偏差均值（Star_Mean）和明星分析师预测偏差中位数（Star_Median）为因变量进行回归，表5-11报告了结果。

表5-11列（1）、列（2）明星分析师预测偏差均值（Star_Mean）为因变量，卖空（Short）系数均未通过显著性检验，无法得到卖空机制对明星分析师预测乐观偏差具有显著作用的结果；列（3）、列（4）将明星分析师预测偏差中位数（Star_Median）作为因变量，得到与列（1）、列（2）相同的结论。表5-11的检验结果证实，卖空机制对明星分析师的预测乐观偏差并不具有显著作用。

表 5-11 卖空机制与明星分析师预测偏差

| | (1)<br>Star_Mean | (2)<br>Star_Mean | (3)<br>Star_Median | (4)<br>Star_Median |
|---|---|---|---|---|
| Short | 2.019 | 4.191 | 1.899 | 5.171 |
| | (1.20) | (1.13) | (1.16) | (1.13) |
| Instution | 0.393 | 5.314 | -1.149 | -3.381 |
| | (0.14) | (0.64) | (-0.57) | (-0.59) |
| Big | -6.789 | -19.365 | -5.567 | -22.620 |
| | (-0.98) | (-1.15) | (-0.97) | (-1.11) |
| Opacity | -10.322 | -22.272 | -12.022 | -27.055 |
| | (-0.95) | (-1.03) | (-0.94) | (-1.04) |
| Epsv | -3.119 | 1.854 | -2.317 | 4.052 |
| | (-0.75) | (1.10) | (-0.69) | (1.18) |
| Lnmv | 1.429 | 0.005 | 0.211 | -3.351 |
| | (0.74) | (0.01) | (0.25) | (-1.15) |
| Age | 0.189 | -2.682 | 0.151 | 2.951 |
| | (1.04) | (-1.00) | (1.00) | (0.85) |
| Track | 1.125 | -1.785 | 2.818 | -3.183 |
| | (0.47) | (-0.81) | (0.72) | (-0.87) |
| Coverage | 0.107 | 0.701 | 0.079 | 0.761 |
| | (0.68) | (0.98) | (0.61) | (0.99) |
| Horizon1 | 4.659 | 3.040 | | |
| | (1.50) | (1.43) | | |
| Horizon2 | | | -5.919 | -7.495 |
| | | | (-0.94) | (-0.99) |
| _cons | -59.286 | 9.809 | 9.519 | 102.666 |
| | (-0.84) | (0.51) | (0.68) | (1.13) |
| Year | No | Yes | No | Yes |
| Firm | Yes | Yes | Yes | Yes |
| N | 6110 | 6110 | 6110 | 6110 |
| $R^2$ | 0.011 | 0.016 | 0.023 | 0.029 |

### 5.5.2 公司业绩差异

根据中国证监会和沪深两市交易所颁布的融资融券标的选择标准,卖空标的股均是业绩较好的成分指数股。因此,卖空机制增加分析师预测乐观偏差存在一个潜在替代性解释,即由于公司本身业绩较好,分析师预测乐观偏差增加。为了验证上述猜想,这里根据公司业绩好坏分组,以样本公司业绩(ROA)中位数为基准,高于中位数的为业绩好的样本,反之则为业绩差的样本。

表5-12报告了根据公司业绩好坏分组检验卖空机制对分析师预测的影响差异。表5-12列(1)、列(2)分析师预测偏差均值(Mean)为因变量,列(1)公司业绩好(Good)的样本,卖空(Short)的系数显著为正;列(2)公司业绩差(Bad)的样本,卖空的系数未通过显著性检验;列(1)、列(2)组间差异不显著,无法得到公司业绩好坏不同时,卖空机制对分析师预测乐观偏差作用存在显著不同的稳健结果。列(3)、列(4)将分析师预测偏差中位数(Median),得到与列(1)、列(2)相同的结论。表5-12的检验结果证实,公司业绩好坏并不是导致卖空机制增加分析师预测乐观偏差的主要原因,排除了卖空机制增加分析师预测乐观偏差的正向影响是由于公司本身业绩好带来的替代性解释。

**表5-12 卖空机制与分析师预测偏差:公司业绩好坏**

| | (1)<br>Mean<br>Good | (2)<br>Mean<br>Bad | (3)<br>Median<br>Good | (4)<br>Median<br>Bad |
| --- | --- | --- | --- | --- |
| Short | 0.075* | 0.326 | 0.074* | 0.256 |
| | (1.72) | (0.96) | (1.70) | (0.80) |
| Instution | −0.294 | 0.364 | −0.249 | 0.183 |
| | (−0.97) | (0.25) | (−0.76) | (0.13) |
| Big | −0.044 | −3.026 | 0.093 | −3.219* |
| | (−0.21) | (−1.60) | (0.40) | (−1.82) |
| Opacity | 0.403** | −0.743 | 0.453** | −1.132 |
| | (2.25) | (−0.63) | (2.56) | (−1.01) |
| Epsv | −0.063 | −0.171 | −0.102 | −0.080 |
| | (−0.64) | (−0.34) | (−0.93) | (−0.17) |
| Lnmv | −0.044 | −0.218 | −0.069* | −0.288 |
| | (−1.15) | (−0.85) | (−1.72) | (−1.15) |

续表

|  | (1)<br>Mean<br>Good | (2)<br>Mean<br>Bad | (3)<br>Median<br>Good | (4)<br>Median<br>Bad |
|---|---|---|---|---|
| *Age* | 0.085* | −1.360*** | 0.140*** | −1.611*** |
|  | (1.72) | (−3.38) | (2.70) | (−3.93) |
| *Track* | −0.087 | −0.051 | −0.085 | −0.083 |
|  | (−1.49) | (−0.29) | (−1.53) | (−0.50) |
| *Coverage* | −0.000 | −0.008 | 0.001 | −0.007 |
|  | (−0.05) | (−0.31) | (0.35) | (−0.31) |
| *Horizon*1 | 0.254*** | 0.887*** |  |  |
|  | (6.64) | (7.30) |  |  |
| *Horizon*2 |  |  | 0.099*** | 0.559*** |
|  |  |  | (6.27) | (7.93) |
| _cons | −0.315 | 13.716** | 0.525 | 19.033*** |
|  | (−0.32) | (2.03) | (0.52) | (2.90) |
| *Year* | Yes | Yes | Yes | Yes |
| *Firm* | Yes | Yes | Yes | Yes |
| *N* | 3053 | 3057 | 3053 | 3057 |
| $R^2$ | 0.101 | 0.067 | 0.078 | 0.071 |
| 组间差异P值 | 0.361 | | 0.481 | |

### 5.5.3 股票市场行情差异

前文认为放松卖空管制后，券商为了维持股票市场行情，促使分析师发布乐观盈利预测。那么，在不同的股票市场行情中，券商促使分析师发布乐观预测应当存在显著差异。根据预期理论，当股票市场处于"牛市"时，普通投资者具有"自负"心理，此时分析师的乐观预测能够较好地发挥"煽动"作用，提升投资者情绪，促进投资者交易，提升券商经纪业务收入。当股票市场处于"熊市"时，投资者多半守住自己的股票不用承担所犯错误，倾向于停止交易，此时即使分析师发布乐观预测，也难以提升投资者的交易情绪。因此这里预期，面对卖空机制带来的股市行情下行风险，当股市行情处于"牛市"时，券商的经济收入对股市行情的敏感程度更大，券商机构更倾向于促使附属分析师发布乐观预测抬升股市行情。

对于中国股票市场行情的时段划分，这里参考肖峻（2013）的方法设置 0 为阈值，如果上证综指平均增长率大于 0，则定义市场处于上升周期，即为"牛市"；相反，如果增长率小于 0，则定义市场处于下降周期，即为"熊市"[①]。表 5-13 报告了实证检验结果，此时样本以证券交易的天数进行统计，处理后的总样本变为 36812 个。

表 5-13 列（1）、列（2）以分析师预测偏差均值（Mean）为因变量，列（1）股市行情牛市（Bull）时，卖空（Short）的系数显著为正；列（2）股市行情熊市（Bear）时，卖空的系数未通过显著性检验；列（1）、列（2）组间差异显著。列（3）、列（4）以分析师预测偏差中位数（Median）为因变量，得到与列（1）、列（2）相同的结论。表 5-13 的检验结果总体证实了上述猜想，股市行情为"牛市"相对于"熊市"时，放松卖空管制提升分析师预测乐观偏差更为显著。

**表 5-13 卖空机制与分析师预测偏差：股市行情差别**

|  | (1) Mean Bull | (2) Mean Bear | (3) Median Bull | (4) Median Bear |
| --- | --- | --- | --- | --- |
| Short | 0.277** | 0.218 | 0.257** | 0.172 |
|  | (2.08) | (1.49) | (2.19) | (1.34) |
| Instution | -0.263 | -1.402** | 0.077 | -1.723*** |
|  | (-0.31) | (-2.18) | (0.12) | (-3.08) |
| Big | -2.205*** | -2.562*** | -2.397*** | -2.238*** |
|  | (-2.68) | (-3.43) | (-3.46) | (-3.20) |
| Opacity | 0.381 | -0.673 | -0.007 | -0.648 |
|  | (0.68) | (-1.47) | (-0.01) | (-1.50) |
| Epsv | 0.443* | 0.484* | 0.398** | 0.439* |
|  | (1.78) | (1.72) | (1.99) | (1.84) |

---

① 根据本书的时段，具体牛熊市划分如下：2007-01-01~10-16（牛市），2007-10-17~2008-10-28（熊市），2008-10-29~2009-08-04（牛市），2009-08-05~2012-12-04（熊市），2012-12-05~2013-02-18（牛市），2013-02-19~06-25（熊市），2013-06-26~09-12（牛市），2013-09-13~2014-03-12（熊市），2014-03-13~2015-06-12（牛市）。因中国股票市场 2015 年 6 月 12 日开始股灾，之后多只股票停牌交易，股票市场噪声太大，难以客观划分出牛、熊市，故 2015-06-13~12-31 期间样本予以剔除。

续表

|  | (1) Mean Bull | (2) Mean Bear | (3) Median Bull | (4) Median Bear |
|---|---|---|---|---|
| $Lnmv$ | -0.550*** | -0.493*** | -0.488*** | -0.520*** |
|  | (-4.92) | (-5.05) | (-4.78) | (-5.88) |
| $Age$ | 0.470** | 0.020 | 0.356 | 0.095*** |
|  | (2.02) | (0.49) | (1.54) | (2.62) |
| $Track$ | 0.270 | -0.164 | 0.102 | -0.233* |
|  | (1.44) | (-1.08) | (0.60) | (-1.65) |
| $Coverage$ | -0.022** | -0.024*** | -0.022** | -0.020** |
|  | (-2.05) | (-2.66) | (-2.32) | (-2.47) |
| $Horizon1$ | 0.717*** | 0.949*** |  |  |
|  | (5.16) | (9.13) |  |  |
| $Horizon2$ |  |  | 0.220*** | 0.282*** |
|  |  |  | (5.94) | (7.70) |
| _cons | 6.055* | 9.354*** | 8.732*** | 12.685*** |
|  | (1.87) | (4.01) | (3.08) | (6.15) |
| $Year$ | Yes | Yes | Yes | Yes |
| $Firm$ | Yes | Yes | Yes | Yes |
| $N$ | 10446 | 26366 | 10446 | 26366 |
| $R^2$ | 0.102 | 0.103 | 0.106 | 0.100 |
| 组间差异 p 值 | 0.052 | | 0.043 | |

### 5.5.4 收紧卖空管制

2015 年 6~7 月，中国发生了非常严重的股灾，2015 年 6 月 12 日，沪指高达 5178.19 点，仅 14 个交易日后，到 2015 年 7 月 3 日，沪指暴跌至 3629.56 点，跌幅达 29.90%。大量外资融入做空，股价暴跌风险增大。在此背景下，2015 年 8 月 3 日，沪深交易所均发布修改融资融券交易细则的公告。8 月 4 日，多家证券公司纷纷发布了暂停融券卖出交易的公告。这意味着中国证监会自 2010 年放松卖空管制以来，经过四次扩容后，面对证券市场股价暴

## 5·卖空机制对分析师预测的影响及作用机制

跌形势时,再次收紧卖空管制。这为我们观察放松卖空管制再收紧卖空管制的影响提供了天然的准自然实验场景。这里参考前文观察卖空机制对分析师预测行为影响的模型设置思想,以分析师—公司—年度数据为样本,所以总样本变为10329个。保留所有已进入卖空标的样本为总样本,对2015年8月3日后分析师发布盈利预测的样本设置收紧卖空管制的拟变量,卖空标的2015年8月3日后发布报告设置为1,否则为0。检验收紧卖空管制对分析师预测的影响,表5-14报告了结果。

表5-14列(1)以分析师预测偏差均值(Mean)为因变量,收紧卖空(Tighten)的系数为负,虽未通过显著性检验,但p值接近于显著性水平临界值;列(2)以分析师预测偏差中位数(Median)为因变量,收紧卖空的系数显著为负,证实收紧卖空管制标的公司的分析师预测乐观偏差降低。

为了确保结果稳健,使用倾向得分匹配法(PSM)进行检验。选择进入卖空标的公司的市值、成长性、上市年限和收入波动性指标进行匹配。通过倾向得分匹配后,得到2080个控制组样本,加上1945个实验组样本,共计4025个样本。回归结果如表5-14列(3)、列(4)所示,收紧卖空(Tighten)的系数显著为负,仍然支持收紧卖空管制标的公司的分析师预测乐观偏差降低的结论。

**表5-14 收紧卖空管制与分析师预测偏差(DID+PSM)**

| | (1) Mean | (2) Median | (3) Mean | (4) Median |
|---|---|---|---|---|
| Tighten | -0.095 (-1.58) | -0.195*** (-3.02) | -0.030* (-1.74) | -0.051*** (-2.59) |
| Instution | 0.347 (0.27) | 0.824 (0.64) | 2.872 (0.74) | 2.657 (0.59) |
| Big | 0.350 (0.26) | -1.381* (-1.74) | -2.186 (-0.73) | -3.255 (-1.05) |
| Opacity | -1.631* (-1.73) | -1.306 (-1.41) | -2.574 (-1.62) | -2.599 (-1.57) |
| Epsv | -0.641 (-1.57) | -0.535 (-1.38) | -0.199 (-0.18) | -0.350 (-0.34) |
| Lnmv | -0.437* (-1.89) | -0.568** (-2.35) | -0.633 (-1.30) | -0.953* (-1.83) |
| Age | 0.371 (1.16) | 0.136 (0.42) | 0.394 (1.00) | 0.287 (0.79) |

续表

|  | (1)<br>Mean | (2)<br>Median | (3)<br>Mean | (4)<br>Median |
|---|---|---|---|---|
| Track | 0.357<br>(0.75) | 0.288<br>(0.62) | 0.160<br>(0.24) | -0.131<br>(-0.19) |
| Coverage | -0.030*<br>(-1.74) | -0.025<br>(-1.47) | -0.079<br>(-1.46) | -0.083<br>(-1.46) |
| Horizon1 | 0.915***<br>(5.25) |  | 0.696***<br>(3.25) |  |
| Horizon2 |  | 0.260***<br>(4.20) |  | 0.245**<br>(2.02) |
| _cons | 0.777<br>(0.11) | 10.575<br>(1.47) | 8.339<br>(0.59) | 21.377<br>(1.47) |
| Year | Yes | Yes | Yes | Yes |
| Firm | Yes | Yes | Yes | Yes |
| N | 10329 | 10329 | 4025 | 4025 |
| $R^2$ | 0.106 | 0.103 | 0.191 | 0.225 |

## 5.6 卖空机制提升分析师预测乐观偏差的作用机制

分析师乐观盈利预测主要有两种根源：一种是分析师只是简单地没有充分的信息来源做出更精确的预测，或者他们本身对公司未来业绩固有地持过度乐观态度（Easterwood and Nutt，1999）；另一种潜在的原因是不恰当的激励，分析师即使掌握了公司的负面信息，但为了从公司管理层处获取私有信息，也会选择保留（Lim，2001；赵良玉等，2013），或者他们以促进交易为原则发布乐观倾向的盈利预测偏差以获得交易佣金带来的报酬（Cowen et al.，2006）。卖空机制可能从上述两种起源方面增加分析师盈利预测乐观偏差，因此，本部分从这两方面检测卖空机制提升分析师预测乐观偏差的作用机制。

### 5.6.1 信息环境

卖空机制虽然激励卖空者挖掘企业"坏消息"，但发挥治理作用提升了企业强制披露财务报告质量（Massa et al.，2015；陈晖丽和刘峰，2014），也可能引起公司管理层信息披露策略的改变，如降低自愿信息披露质量（Li and

Zhang，2015），最终导致企业信息不确定性增加。面对企业正、负面消息的同时增加，信息环境更为复杂，分析师没有充分的信息来源做出更精确的预测时，分析师职业无法承诺完全保持客观中立，那么出于职业生涯的考虑，可能更偏向于发布具有乐观倾向的盈利预测偏差。

为了观测上市公司信息环境对卖空机制影响分析师预测乐观偏差的作用，在模型（5-1）的基础上以公司信息透明度（Opacity）的中位数为基准，分为信息透明度高和信息透明度低两组，检验卖空对分析师预测乐观偏差影响的差异，表5-15报告了回归结果。信息透明度以公司 $i$ 年度 $t$ 之前三年的可操控性应计项目之和来度量，值越大表示信息透明度越低，值越小表示信息透明度越高。根据上述理论分析，这里预期信息环境不同，卖空机制提升分析师预测乐观偏差存在显著差异。由于公司信息透明度样本缺失405个，总样本减少至5705个，但并不影响总体检验结论。由表5-15可知，信息透明度高（High）和信息透明度低（Low）的样本，卖空（Short）的系数均未通过显著性检验，组间差异不显著，即无法得到卖空机制通过信息环境的改变提升分析师预测乐观偏差的结论。

表5-15 卖空机制与分析师预测偏差：公司信息透明度差异

|  | （1）Mean High | （2）Mean Low | （3）Median High | （4）Median Low |
|---|---|---|---|---|
| Short | 0.202<br>(1.03) | 0.222<br>(1.09) | 0.160<br>(0.91) | 0.270<br>(1.48) |
| Instution | −0.659<br>(−0.56) | −0.399<br>(−0.35) | −0.672<br>(−0.66) | −0.192<br>(−0.18) |
| Big | −4.270***<br>(−3.04) | −1.567<br>(−0.93) | −4.396***<br>(−3.19) | −1.355<br>(−0.90) |
| Epsv | −0.635<br>(−1.46) | −0.100<br>(−0.25) | −0.455<br>(−1.11) | −0.031<br>(−0.08) |
| Lnmv | −0.379*<br>(−1.91) | −1.072***<br>(−4.97) | −0.401**<br>(−2.24) | −1.040***<br>(−5.30) |
| Age | 0.650<br>(0.55) | 0.113<br>(0.23) | 0.621<br>(0.58) | 0.175<br>(0.35) |
| Track | −0.107<br>(−0.68) | −0.346*<br>(−1.94) | −0.145<br>(−0.93) | −0.327*<br>(−1.96) |

续表

|  | (1)<br>Mean<br>High | (2)<br>Mean<br>Low | (3)<br>Median<br>High | (4)<br>Median<br>Low |
| --- | --- | --- | --- | --- |
| Coverage | −0.013<br>(−0.91) | −0.028*<br>(−1.74) | −0.014<br>(−1.02) | −0.024*<br>(−1.73) |
| Horizon1 | 0.615***<br>(6.20) | 0.651***<br>(5.57) |  |  |
| Horizon2 |  |  | 0.348***<br>(5.62) | 0.336***<br>(6.73) |
| _cons | 3.946<br>(0.42) | 23.841***<br>(3.72) | 6.105<br>(0.70) | 23.988***<br>(4.02) |
| Year | Yes | Yes | Yes | Yes |
| Firm | Yes | Yes | Yes | Yes |
| N | 2850 | 2855 | 2850 | 2855 |
| $R^2$ | 0.056 | 0.069 | 0.059 | 0.073 |
| 组间差异 p 值 | 0.932 | | 0.607 | |

### 5.6.2 市场压力

根据市场压力假说，卖空机制引起公司股价下行风险增大，低的股票价格可能增加公司经理人被接替或解雇的可能性（Stein，1988；Morck et al.，1990）。公司经理人面对卖空机制带来的股票下行压力时，可能采取一些行为稳定甚至提升股价，以防他们暴露在下行风险之中。已有文献发现，管理层利用自身掌握的公司私有信息作为交换，影响分析师行为（Lim，2001；赵良玉等，2013），促使其发布乐观报告。

#### 5.6.2.1 公司管理层干预分析师：管理者市场压力

根据市场压力假说，卖空机制增加公司管理层股价下行压力，促使分析师发布乐观报告。如果卖空机制通过给企业管理层增加短期压力，使管理层促使分析师提升盈利预测乐观偏差成立，那么应当观测到管理层的市场压力越大，卖空机制提升分析师预测乐观偏差越显著。西方发达国家上市公司管理层薪酬结构中股权激励较多，会对股价保持高度关注，很难干净地衡量出管理层是由于制度的原因，还是自身薪酬结构的原因关注股价。而中国上市公司管理层股权激励较少，对股价关注较少或基于某些特殊的时点（如增发、配股）才会对公司股价给予关注（赵良玉等，2013）。放松卖空管制可以大大提升公司管理层对股价的关注度，从而为从管理层的角度提供分析师取悦管理层的实证检验提供了可能。已有文献证实，管理者的预期任期可以在一定程度上反映出管理者的风险倾向（Miller and Shamsie，2001；李培功和肖珉，2012）。显然，CEO的任期将至这种特殊时期，CEO的风险规避欲望更强，那么对股价的敏感性将更强。因此，这里基于管理者任期将至时观测卖空机制对分析师预测乐观偏差的影响，从管理层的角度验证分析师是否为了取悦管理层而发布乐观盈利预测。这里设置某公司当年CEO任期将至（Term）为虚拟变量，若公司当年CEO任期将至时取值为1，否则为0。

在模型（5-1）的基础上根据是否有CEO任期将至分组，观测卖空机制对分析师预测乐观偏差作用的影响差异，表5-16报告了回归结果。表5-16列（1）为管理者任期将至（Term=1）的样本，卖空（Short）的系数显著为正，列（2）为管理者任期将至（Term=0）的样本，卖空的系数未通过显著性检验，列（1）、列（2）组间差异显著。列（3）、列（4）将分析师预测偏差中位数（Median）作为因变量，得到与列（1）、列（2）相同的结论。表5-16总体证实了上述猜想，公司管理层面临股价下行风险较大时，放松卖空管制标的公司的分析师预测乐观偏差增大更为显著。

**表5-16　卖空机制与分析师预测偏差：管理者是否任期将至**

| | (1) Mean Term=1 | (2) Mean Term=0 | (3) Median Term=1 | (4) Median Term=0 |
| --- | --- | --- | --- | --- |
| Short | 0.878*** (2.82) | 0.114 (0.77) | 0.778*** (2.67) | 0.101 (0.75) |
| Instution | 1.158 (0.67) | −0.069 (−0.07) | 1.846 (1.10) | −0.530 (−0.57) |
| Big | −5.461** (−2.07) | −2.086 (−1.62) | −5.264** (−2.19) | −1.948 (−1.61) |
| Opacity | −4.430*** (−2.90) | −0.394 (−0.61) | −4.470*** (−3.05) | −0.444 (−0.74) |
| Epsv | 0.336 (0.47) | −0.021 (−0.07) | 0.236 (0.34) | 0.014 (0.05) |

续表

|  | (1)<br>Mean<br>Term=1 | (2)<br>Mean<br>Term=0 | (3)<br>Median<br>Term=1 | (4)<br>Median<br>Term=0 |
|---|---|---|---|---|
| $Lnmv$ | -0.795**<br>(-2.39) | -0.573***<br>(-3.72) | -0.730**<br>(-2.39) | -0.576***<br>(-4.05) |
| $Age$ | -0.283<br>(-1.17) | 0.916<br>(0.56) | -0.218<br>(-0.93) | 0.906<br>(0.62) |
| $Track$ | -0.303<br>(-1.11) | -0.159<br>(-1.22) | -0.253<br>(-0.98) | -0.221*<br>(-1.77) |
| $Coverage$ | -0.025<br>(-1.16) | -0.022**<br>(-1.99) | -0.032<br>(-1.53) | -0.018*<br>(-1.74) |
| $Horizon1$ | 0.602**<br>(2.56) | 0.726***<br>(8.20) |  |  |
| $Horizon2$ |  |  | 0.308***<br>(3.21) | 0.368***<br>(7.52) |
| $\_cons$ | 22.551***<br>(2.73) | 5.157<br>(0.42) | 21.668***<br>(2.87) | 7.245<br>(0.66) |
| $Year$ | Yes | Yes | Yes | Yes |
| $Firm$ | Yes | Yes | Yes | Yes |
| $N$ | 1715 | 4395 | 1715 | 4395 |
| $R^2$ | 0.117 | 0.056 | 0.120 | 0.059 |
| 组间差异 p 值 | 0.005 | | 0.009 | |

#### 5.6.2.2 分析师取悦公司管理层：基于分析师预测精度观测

从分析师的角度看，由于激励原因发布乐观预测的第一种代表性观点是，分析师为了取悦上市公司高管以获取私有信息（Lim，2001；赵良玉等，2013）。Gu 等（2012）认为，分析师想要获取私有信息的原因，是因为来自基金经理对更高质量信息的需求，使分析师为了提高盈余预测质量而需要更多信息来源。囿于对管理层给分析师提供私有信息动机的界定，早期研究并没有提供分析师因此获利的直接证据（Ke and Yu，2006）。Ke 和 Yu（2006）、赵良玉等（2013）均以分析师盈利预测准确性来具体衡量分析师从管理层获取私有信息的多少，提供了分析师取悦公司管理层发布乐观预测的证据。综上，卖空机制通过给企业管理层增加短期压力，使公司管理层促使分析师提升盈利预测乐观偏差，公司管理层会以私有信息作为交换，那么我们应该能够观测到，卖空机制将能提升分析师预测精度。

如果分析师发布乐观盈利预测取悦管理层，从公司管理层处获得私有信息，将能提高其盈利预测精度。这里将模型（5-1）的因变量替换为分析师盈利预测精度，参考谭松涛和崔小勇（2015）的做法，采用分析师相对盈利预测精度进行衡量，具体计算见式（5-3）。

$$Precision_{i,j,t} = \text{mean}(\frac{\text{Afe}_{i,j,t} - \overline{\text{Afe}_{i,j,t}}}{\text{Afe}_{i,j,t}}) \quad (5-3)$$

其中，$\text{Afe}_{i,j,t} = |\text{Feps}_{i,j,t} - \text{Meps}_{i,j,t}|$ 表示 $i$ 分析师对 $j$ 公司预测的偏差值，而 $\overline{\text{Afe}_{i,j,t}} = \frac{1}{n}\sum_n \text{Afe}_{k,j,t}$ 表示 $i$ 分析师之外的其他分析师对 $j$ 公司预测的偏差的均值。式（5-3）整体结果表示相对于其他分析师预测精度水平，$i$ 分析师对某公司的预测精度。

表5-17报告了卖空机制与分析师预测精度的回归结果，列（1）、列（2）以公司—年度为样本，在前文总体样本的基础上，由于分析师预测精度样本损失1210个，此时的总体变为4900个。列（1）、列（2）中卖空（*Short*）的系数未通过显著性检验，即无法得到卖空机制提升分析师预测精度的结论。列（3）、列（4）样本结构改变为公司—分析师—年度，样本总数变为39018个，重复上述列（1）、列（2）的回归，卖空系数仍未通过显著性检验。表5-17的回归结果表明，无法得到卖空机制提升分析师预测精度的证据。

表5-17 卖空机制与分析师预测精度

|  | (1) *Precision* | (2) *Precision* | (3) *Precision* | (4) *Precision* |
| --- | --- | --- | --- | --- |
| *Short* | -0.037 (-0.91) | -0.051 (-1.20) | -0.004 (-0.36) | -0.002 (-0.16) |
| *Instution* | 1.254*** (4.07) | 1.283*** (4.12) | 0.283*** (3.54) | 0.298*** (3.64) |
| *Big* | -0.648** (-2.27) | -0.633** (-2.18) | -0.112 (-1.52) | -0.106 (-1.42) |

续表

|  | (1) Precision | (2) Precision | (3) Precision | (4) Precision |
|---|---|---|---|---|
| Opacity | 0.413** (2.42) | 0.458*** (2.63) | 0.046 (1.05) | 0.056 (1.26) |
| Epsv | −0.041 (−0.67) | −0.042 (−0.68) | 0.014 (0.94) | 0.014 (0.88) |
| Lnmv | 0.013 (0.47) | −0.034 (−0.83) | 0.000 (0.00) | −0.017* (−1.66) |
| Age | 0.020* (1.96) | 0.118 (0.17) | 0.006** (2.10) | 0.033 (0.27) |
| Track | 0.013 (0.22) | 0.043 (0.57) | 0.003 (0.16) | 0.005 (0.18) |
| Coverage | 0.021*** (10.39) | 0.024*** (9.05) | 0.009*** (12.61) | 0.009*** (11.24) |
| Horizon1 | 0.063 (1.58) | 0.064 (1.51) | 0.055*** (4.72) | 0.053*** (4.21) |
| _cons | −1.320* (−1.77) | −1.035 (−0.20) | −0.596*** (−3.13) | −0.388 (−0.42) |
| Year | No | Yes | No | Yes |
| Firm | Yes | Yes | Yes | Yes |
| N | 4900 | 4900 | 39018 | 39018 |
| $R^2$ | 0.035 | 0.039 | 0.002 | 0.002 |

### 5.6.2.3 分析师取悦券商：券商市场压力

分析师由于激励原因而发布乐观预测的第二种代表性观点是，分析师为了维护机构投资者的利益，包括分析师所在券商获得更多交易佣金（Gu et al.，2012）、获得或促进开展的投行业务（O'Brien et al.，2005；潘越等，2011）、重仓股票的自营业务获利（Mola and Guidolin，2009；曹胜和朱红军，2011）。分析师通过以促进交易为原则发布乐观倾向的盈利预测偏差来获得交易佣金带来的报酬（Cowen et al.，2006）。

中国的卖空交易细则规定，普通中小投资者普遍不具有参与卖空交易的资格[①]，很多中小投资者面临卖空机制带来的风险选择离场必将大大影响券商机构的收入[②]。券商为了提升中小投资者的信心，维持股票市场行情获得高额佣金收入，促使分析师发布乐观盈利预测报告。由于券商机构对分析师的薪酬考评制度，券商经纪收入的多寡决定着分析师的佣金收入。但券商机构对股市行情波动的敏感程度不同，导致附属分析师的行为决策也会有所差异，例如，Prendergast和Stole（1996）研究表明，小机构的分析师更倾向于采取吸引投资者关注的行为策略。大型券商机构业务相对多元化，附属分析师的收入相对较高，分析师的声誉机制起到较大的监管作用。而小型券商机构收入更加依赖于传统的经纪业务，附属分析师薪酬相对更低，受股市行情波动影响较大。卖空导致股市行情下滑，小型券商附属分析师对股市行情变化引起的佣金收入变化更加敏感，导致他们对卖空标的公司出具乐观预测的概率更高。为了验证上述猜想，这里参考蔡庆丰等（2011）将分析师所属券商分为大券商机构和小券商机构[③]，进行卖空机制对分析师预测偏差的检验。根据上述理论分析，这里预期小券商机构相对于大券商机构分析师，卖空机制增加分析师预测乐观偏差更为显著。

表5-18报告了根据分析师所在券商规模分组，检验卖空机制对分析师预测影响的差异，此时样本结构改变为分析师—公司—年度，样本总数变为40182个。表5-18列（1）为大券商（$Big10$）样本，卖空（$Short$）系数未通过显著性检验，列（2）为小券商（$Small$）样本，卖空系数显著为正，列（1）、列（2）组间差异显著。列（3）、列（4）将分析师预测偏差中位数（$Median$）作为因变量重复上述列（1）、列（2）的检验，卖空系数均显著为正。列（3）、列（4）的组间差异虽未通过显著性检验，但列（4）小券商样本比列（3）大券商样本的卖空系数在更高显著性水平下更大。表5-18的检验结果大体上证实了上述猜想，即小券商机构相对于大券商机构，放松卖空管制标的公司的分析师预测乐观偏差增大更为显著。

---

[①] 根据中国证监会2011年发布的《证券公司融资融券业务试点管理办法》的规定，在开户券商初开立资金账户18个月以上、资产在50万元以上、信用记录良好的投资者可以开立融资融券。虽然之后一度降低条件，但由于融资融券业务的爆发式增长，中国证监会2015年又将门槛重新调回50万元。

[②] 经纪业务是券商最重要的收入来源，以券商公布的2014年中期财务报告为例，券商经纪业务收入占比最高，达到其总收入的42%。

[③] 参考蔡庆丰等（2011）的划分，前十大券商分别为银河、国信、海通、国泰、招商、广发、申万、中信、华泰、光大证券为大机构，其余均划分为小机构。

表 5-18 卖空机制与分析师预测偏差：分析师附属券商机构规模大小

|  | （1）<br>Mean<br>Big10 | （2）<br>Mean<br>Small | （3）<br>Median<br>Big10 | （4）<br>Median<br>Small |
|---|---|---|---|---|
| Short | 0.130<br>(1.26) | 0.175*<br>(1.84) | 0.150*<br>(1.78) | 0.178**<br>(2.21) |
| Instution | 0.067<br>(0.09) | -1.188**<br>(-2.04) | -0.051<br>(-0.08) | -1.280***<br>(-2.65) |
| Big | -1.068*<br>(-1.71) | -1.466***<br>(-2.61) | -1.291**<br>(-2.45) | -1.510***<br>(-3.06) |
| Opacity | -0.356<br>(-1.01) | -0.358<br>(-1.23) | -0.261<br>(-0.78) | -0.376<br>(-1.37) |
| Epsv | 0.305*<br>(1.67) | 0.393**<br>(2.35) | 0.225<br>(1.45) | 0.337**<br>(2.37) |
| Lnmv | -0.439***<br>(-5.53) | -0.379***<br>(-5.24) | -0.431***<br>(-6.14) | -0.392***<br>(-5.92) |
| Age | 0.398*<br>(1.96) | 0.530**<br>(1.97) | 0.278<br>(1.62) | 0.346<br>(1.29) |
| Track | 0.198<br>(1.06) | 0.008<br>(0.06) | 0.003<br>(0.02) | -0.108<br>(-0.87) |
| Coverage | -0.028***<br>(-3.60) | -0.026***<br>(-3.92) | -0.024***<br>(-3.75) | -0.021***<br>(-3.58) |
| Horizon1 | 0.784***<br>(7.71) | 0.925***<br>(11.45) |  |  |
| Horizon2 |  |  | 0.200***<br>(7.48) | 0.231***<br>(8.73) |
| _cons | 3.491<br>(1.43) | 1.947<br>(0.78) | 7.875***<br>(3.87) | 7.263***<br>(3.10) |
| Year | Yes | Yes | Yes | Yes |
| Firm | Yes | Yes | Yes | Yes |
| N | 13408 | 26774 | 13408 | 26774 |
| $R^2$ | 0.098 | 0.101 | 0.092 | 0.090 |
| 组间差异 p 值 | 0.083 | | 0.137 | |

### 5.6.3 本节小结

卖空机制可能引发股价深度下跌，甚至引起整个证券市场动荡（Aitken et al., 1998；Morris and Shin, 1998）。面临股价下行风险，在市场压力机制下，公司管理层为了规避降薪甚至被离职，可能干预分析师发布乐观盈利预测；券商机构为了避免股票市场行情下滑影响经纪收入，利用自身对分析师的收入考评体系，促使分析师发布乐观预测，增强证券市场投资者信心，促进市场交易。

## 5.7 本章小结

本章以中国2010年开始试点融券交易制度为背景，研究卖空机制对分析师预测行为的影响及作用机制。采用双重差分模型检验发现：放松卖空管制标的公司的分析师预测乐观偏差增大；市场规模较大的公司，上述作用更为显著。稳健性检验采用卖空事件法、引入卖空额、采用倾向得分匹配法（DID+PSM）、替换分析师预测乐观偏差变量测度方式、变换数据为分析师—公司—年度样本、剔除进入卖空标的公司当年数据，均证实本章主要结论稳健。进一步分析发现，卖空机制对明星分析师预测乐观偏差并无显著作用；公司本身业绩较好导致分析师预测乐观偏差增加的替代性解释并不成立；股市行情处于"牛市"相较于"熊市"时，放松卖空管制提升分析师预测乐观偏差更为显著；收紧卖空管制标的公司分析师预测乐观偏差降低。卖空机制提升分析师预测乐观偏差的作用机制检验发现，信息环境机制并不成立；市场压力机制得以证实，即放松卖空管制后，公司管理层和券商机构面临的股价下行压力增大，干预分析师发布乐观预测。总体而言，本章证实与未进入卖空标的相比，进入卖空标的公司的分析师盈利预测乐观偏差增大，表明目前在噪声交易者充斥的中国资本市场中，卖空机制对分析师尚不满足发挥治理作用的条件。

相较于现有文献，本章的贡献体现在如下三个方面：一是拓展了卖空机制经济后果相关领域的文献。与Ke等（2015）和李丹等（2016）观测发现卖空机制发挥治理作用不同，本章发现在市场压力机制下，卖空机制提升分析师预测乐观偏差，丰富了卖空机制经济后果领域研究。二是丰富了分析师行为影响因素的研究。本章证实，公司管理层为了维护自身利益，干预分析师发布乐观预测，丰富了Lim（2001）和赵良玉等（2013）等文献；还证实券商为了维护自身经纪业务收入的稳定、持续增长，干预分析师发布乐观盈利预测，补充完善了 Gu 等（2012）和 Firth 等（2013）等文献。三是研究结论对政策制定者具有一定参考价值。政府对卖空交易制度实行严格管制，中小投资者难以参与其中，使卖空机制未能达到预期的平稳市场的效果，这也是未来政府监管部门需要着力改革的地方。

# 卖空机制影响分析师行为的经济后果：股价崩盘风险角度的观测

CHAPTER 6

前文第五章基于中国逐步放松卖空管制的准自然实验，检验证实放松卖空管制标的公司的分析师预测乐观偏差增大，得到其作用机制为市场压力机制，即公司管理层和券商机构面临股价下行风险增大，促使分析发布乐观预测的结论。分析师作为市场信息中介，其行为能够显著影响投资者股票交易投资决策（Barber and Loffler, 1993），进而影响公司股票价格（Graham et al., 2005）。尤其是中国作为新兴市场国家，中小投资者投资理念不够成熟，投资者对分析师等信息中介作用的依赖程度较大。如果卖空机制真正发挥治理作用，资本市场过分做多的问题便能得到及时解决，从而减少公司股价崩盘风险。但第五章得到卖空机制没有有效地发挥信息挖掘的增量作用，反而加剧分析师乐观偏差的绪论，即卖空机制通过分析师转换为了另外类型的过度投资，那么这种影响到底对资本市场资源配置效率产生什么作用，是值得进一步深入探究的话题。因此，本章将研究视角从卖空机制对分析师预测行为的影响拓展到经济后果，从股价崩盘风险的角度进一步观测卖空机制影响分析师预测行为的经济后果，以拓展和丰富卖空机制影响分析师行为的研究内容。

## 6.1 提出研究问题

理论上分析师发布研究报告，外部投资者能够了解更多市场和公司信息，信息不对称程度降低，将降低股价崩盘风险。然而，人们关注到分析师存在系统性的乐观偏差（Ali et al., 1992; Dugar and Nathan, 1995; Hong and Kubik, 2003; Ashton and Cianci, 2007），分析师出于职业生涯考虑忽略或打折扣地报告他们的私有信息（Trueman, 1994; Graham, 1999），为了讨好公司管理层（Lim, 2001），为所在券商重仓股票的自营业务获利（Mola and Guidolin, 2009），增加来自其雇主投资银行的业务和交易量的经纪佣金（O'Brien et al., 2005; Beyer and Guttman, 2011），获得基金公司的佣金收入和明星分析师选票支持（Gu et al., 2012; Gu et al., 2014）。综上可见，学者对分析师乐观偏差的形成原因进行了广泛研究，得到了很多有益的结论，但对于分析师乐观偏差的经济后果的相关研究还极为少见。曹胜和朱红军（2011）通过市场反应观测分析师的乐观偏差发现，投资者在短期内未能识别分析师的乐观偏差，说明分析师缺乏独立性的偏差行为误导了市场定价。许年行等（2012）证实分析师的乐观偏差加剧了股价崩盘风险，在机构投资者持股比例较高、机构投资者数量较多、公司存在再融资行为和来自前五大佣金收入券商的分析师比例较高时，分析师乐观偏差加剧股价崩盘风险更为显著，说明分析师的"利益冲突"会加剧上述负面作用。

前文第五章证实，中国放松卖空管制增加分析师乐观偏差，在市场压力机制下，公司管理层和券商机构均可能为了自身利益干预分析师发布有偏的报告，从而提高了分析师预测乐观偏差，显然这不足以全面理解卖空机制的经济后果。尤其是中国证监会于2010年启动卖空机制，结束长期"单边市"，以期提高股票市场定价效率。但中国放松卖空管制以来，并没有达到政策制定者预期的那样平稳证券市场，相反中国沪市大盘指数从不到2000点一路飙升至5000多点，投资者的投资热情高涨，直至2015年6月发生股灾使A股市值迅速蒸发了20多万亿元，为证券市场带来了前所未有的灾难。因此，卖空机制对分析师预测乐观偏差行为影响的经济后果需进一步拓展至资本市场进行观测。

许年行等（2012）研究发现，分析师乐观偏差加剧股价崩盘风险。那么，卖空机制提升分析师预测乐观偏差是否加剧了股价崩盘风险导致股灾，成为本章着重探讨的问题。此外，由于分析师的乐观偏差源于其利益冲突，因此，本章还将考虑分析师在不同的利益冲突下对股价崩盘风险的影响有何差异。

针对上述争议，围绕卖空机制对分析师行为的改变，产生了两个新的研究问题：一是放松卖空管制提升分析师预测乐观偏差是否加剧了公司股价崩盘风险？二是公司层面的股价崩盘风险是否具有传染效应，从而造成市场层面的股价崩盘风险？本章试图针对这两个问题开展实证研究。

## 6.2 理论分析与研究假设推导

中国证券市场效率较低，股价同涨同跌现象严重，股价同步性高，分析师难以通过股票价格学习到公司估值的有用信息。中国卖方分析师报告必须以所在券商研究所的名义出具，券商会促使分析师发布与其利益一致的盈利预测报告，分析师的个人声誉激励作用远小于券商对分析师的业绩考评机制压力。此外，中国证券市场投机行为严重，投资者投资理念不成熟，卖空交易制度可能沦为某些具有市场势力参与者的投机工具，难以被分析师所信任而作为盈利预测信息来源。上述原因导致中国卖空交易制度难以发挥治理作用，提升分析师盈利预测质量。

从券商的角度来看，由于卖空机制使股价下跌的风险增大，股市行情下滑促使中小投资者离场，这样会大大减少券商的经纪收入。为了避免上述情况，放松卖空管制后，券商有动机促使分析师发布乐观盈利预测，以防股市行情大幅下滑。卖空机制提升分析师预测乐观偏差会对资本市场产生什么负面影响？

股价崩盘风险是指股价急剧下跌的概率，危害资本市场的健康运行和发展，是会计和信息披露对资本市场影响的重要方面。关于股价崩盘形成的原因，早期人们主要关注了市场层面的股价崩盘风险，在没有明显重大消息发生的情况下，股价崩盘的幅度大于暴涨的幅度，一个市场或区域发生股价崩盘现象波及世界范围其他市场或区域。Jin 和 Meyers（2006）将股价崩盘风险拓展到公司层面。学者们发现，除了公司代理问题、公司和投资者之间的信息不对称外，公司外部如机构投资者、分析师等也会影响公司股价崩盘风险。根据公司股价崩盘风险的生成机理，公司管理层隐藏公司负面消息或"坏消息"，但随着时间推移，负面消息积累到一定程度，待公司对坏消息的隐瞒达到上限而集中释放出来时，就会对股价造成极大的负面冲击，导致公司股价短时间内大幅下跌。如果多数公司出现崩盘现象，就会引起市场恐慌，传染给其他公司股票甚至其他市场，市场行情大幅震荡，出现市场层面的股价崩盘风险。

在卖空交易情境中，分析师因为利益冲突发布乐观预测，公司的许多负面消息并未通过分析师报告及时传递给外界投资者。分析师行为能够影响投资者的股票交易行为（Barber and Loffler, 1993），进而影响股票价格（Graham et al., 2005）。例如，张宗新和杨万成（2016）发现，分析师能通过信息模式影响市场。李志生等（2017）也证实分析师在媒体的荐股信息对个人投资者产生强烈影响，个人投资者依赖分析师的信息买入行为给他们带来了显著损失。正是由于分析师对投资者的巨大影响力，分析师发布公司"好消息"将吸引投资者跟随购买公司股票，即分析师盈利预测越乐观，公司股价被抬升得可能越高（Womack, 1996；潘越等，2011）。卖空机制将促进投资者情绪对市场流动性的影响（刘晓星等，2016）。许年行等（2012）发现，分析师乐观偏差将加剧股价崩盘风险，因为分析师盈利预测乐观偏差越大，关于公司的负面消息却未能及时地被反映到股价中，公司股价被高估得就越多。当累计的负面消息最终被市场识破时，将导致股价泡沫破灭，使股价大幅下跌，出现股价崩盘风险。

综上，这里提出如下研究假设：

**H6-1：放松卖空管制标的公司分析师预测乐观偏差增大，将加剧公司股价崩盘风险。**

本书认为股票市场行情不同时，卖空机制与分析师乐观偏差加剧公司股价崩盘风险的作用存在显著差异。根据卡尼曼和特维斯基1979年提出的预期理论，人们对相同大小的得失，更看重所得。由此推断，当股票市场处于"牛市"时，投资者更加看重股票投资的收益，普遍具有自负心理，此时分析师发布乐观倾向预测报告，能较好地"煽动"投资者的情绪，使投资者积极跟踪分析师的预测报告建议买卖股票，这样券商机构的经纪业务收入将能大幅增长；当股票市场处于"熊市"时，在中国资本市场追涨止跌的投资环境中，即使分析师发布乐观预测报告，投资者也倾向于持币观望。面对放松卖空管制引起的股价下行风险，当股票市场行情处于"牛市"时，券商机构更倾向于促使分析师发布乐观倾向预测报告干扰投资者，而此时公司的负面消息更容易被隐藏而难以反映到股价中，导致公司股价被高估更为严重，待到公司股价泡沫破灭时，股价下跌幅度表现得更为明显，即公司股价崩盘风险更大；与之相反，当股票市场行情处于"熊市"时，即使券商机构促使分析师发布乐观倾向预测报告，也难以提升投资者的投资热情拉升公司股价，自然对公司股价崩盘风险的影响也将更为微弱。根据上述分析，这里提出如下研究假设：

**H6-2："牛市"相对于"熊市"时，放松卖空管制标的公司分析师预测乐观偏差增大，加剧公司股价崩盘风险更为显著。**

本书还认为分析师附属券商规模大小不同时，卖空机制与分析师乐观偏差加剧公司股价崩盘风险的作用也将存在显著差异。根据前文的研究发现，放松卖空管制后，券商机构为了维持其高额佣金收入、提升中小投资者的投资热情，会促使分析师发布乐观偏差盈余预测报告。但券商机构对股价下行的敏感程度不同。例如，Prendergast和Stole（1996）研究发现，小机构的分析师更倾向于采取吸引投资者关注的行为策略；大型券商机构业务更加多元化，对经纪收入的依赖程度相对更低；而小型券商机构业务单一，更加依赖于传统的经纪业务收入，更有可能促使分析师发布乐观偏差盈利预测报告，并且也会采取隐瞒公司"坏消息"的政策。由此可见，不同规模的券商机构对分析师的干预程度存在显著差异，相对于大券商机构而言，小券商机构更可能干预分析师发布乐观预测报告。来自附属于小券商机构分析师跟踪越多的公司，待到股价泡沫破灭时，股价下跌幅度便会越大，公司股价崩盘风险更大。综上，这里提出如下研究假设：

**H6-3**：来自附属于小券商机构分析师的比例越高，放松卖空管制标的公司分析师预测乐观偏差增大，加剧公司股价崩盘风险更为显著。

## 6.3 研究设计

### 6.3.1 数据来源与样本选择

本章主要在第五章实证检验结果的基础上检验卖空机制与分析师预测乐观偏差对股价崩盘风险的影响，除了采用前文所用数据外，根据这里的研究需要还补充了沪、深两市 A 股股票交易和公司层面数据，均来源于国泰安（CSMAR）数据库。

对上市公司初始样本筛选过程如下：①所有沪、深两市 A 股上市公司；②剔除金融保险行业；③剔除 ST 或 *ST 处理样本；④剔除当年上市公司样本；⑤同样剔除 2009 年之后上市公司所有样本；⑥关于股价崩盘风险样本，参照 Jin 和 Myers（2006）的做法剔除每年交易周数小于 30 周的样本；⑦剔除变量缺失样本。

对于主要连续变量，为了消除极端值的影响，按照 1% 分位数进行了调整（Winsor）处理。为了保证回归结果的稳健，所有回归进行了稳健性（Robust）控制。

### 6.3.2 模型设定

参考许年行等（2012）的方法观测股价崩盘风险，构建基本模型（6-1）：

$$NCSKEW_{i,t+1}(DUVOL_{i,t+1}) = \partial + \beta_1 Mean_{i,t} + \beta_2 Mean_{i,t} \times Short_{i,t} + \beta_3 Short_{i,t} + \beta_4 NCSKEW_{i,t}(DUVOL_{i,t}) + \gamma Controls_{i,t} + \chi_i + \delta_t + \varepsilon_{i,t} \quad (6-1)$$

其中，因变量是股价崩盘风险（$NCSKEW$ 和 $DUVOL$），其值越大表示公司股票的股价崩盘风险越大；关键自变量是分析师乐观偏差与卖空的交乘项（$Mean \times Short$），$Controls$ 表示年度 $t$ 公司 $i$ 对应的控制变量；$\chi_i$ 和 $\delta_t$ 分别表示个体效应和时间效应；$\varepsilon_{i,t}$ 为随机误差项。如果卖空增加分析师乐观偏差对股价崩盘风险有影响，$Mean \times Short$ 的系数将会发生显著变化。

对于 H6-2 和 H6-3，在上述基本模型（6-1）的基础上，根据股市行情（$Bull$）牛市和熊市的时段划分和券商规模（$Big10$）大小进行分组检验。

### 6.3.3 变量定义

本章上述模型有关变量定义及测度如表 6-1 所示。

表 6-1 变量定义及测度

| | 变量名 | 变量符号 | 变量测度 |
|---|---|---|---|
| A：因变量 | 股价崩盘风险 | NCSKEW | 见后文式（6-4） |
| | | DUVOL | 见后文式（6-5） |
| B：自变量 | 分析师预测乐观偏差（均值） | Mean | 根据分析师预测样本筛选，求出年度 $t$ 所有分析师对公司 $i$ 进行每股盈余预测的均值 Feps 代入公式计算 |
| | 卖空 | Short | 虚拟变量，公司为卖空标的取值为1，否则为0 |
| C：控制变量 | 分析师跟踪 | Coverage | 年度 $t$ 所有跟踪公司 $i$ 的分析师所在机构数目取自然对数 |
| | 公司规模 | Lnmv | 公司年末市值取自然对数 |
| | 资产负债率 | Lev | 公司年末总负债比上总资产 |
| | 资产收益率 | Roa | 公司净利润比上总资产 |
| | 账面市值比 | Mb | 年末股票市场价值/年末股东权益价值 |
| | 月均换手率 | Turnover | 年度 $t$ 股票 $i$ 的月平均换手率减去 $t-1$ 年度股票 $i$ 的月平均换手率的差额 |
| | 收益波动 | Sigma | 年度 $t$ 股票 $i$ 的周收益率的标准差 |
| | 收益率 | Ret | 年度 $t$ 股票 $i$ 的周收益率的均值 |
| | 信息透明度 | Opacity | 以年度 $t$ 公司 $i$ 之前三年的可操控性应计项目之和来度量 |
| | 股市行情 | Bull | 股市行情①为牛市年份取值为1，否则为0 |
| | 券商规模 | Big10 | 参考蔡庆丰等（2011），将分析师所属券商分为十大券商机构赋值为1，小券商机构赋值为0② |
| | 年度 | Year | 虚拟变量，表示年度 |
| | 公司 | Firm | 虚拟变量，表示公司 |

关于股价崩盘风险，参考 Hutton 等（2009）和 Kim 等（2011）的做法，采用股票周收益负偏态系数（NCSKEW）和股票收益上下波动比率（DUVOL）进行度量，具体计算过程如下：

首先，对式（6-2）进行回归，估计残差 $\varepsilon_{i,\tau}$。

---

① 参考肖峻（2013）的方法，设置0为阈值，如果上证综指平均增长率大于0定义为"牛市"；相反，增长率小于0时定义为"熊市"。本章具体划分如下：2007年、2009年、2010年、2011年、2012年、2014年为牛市，2008年、2013年为熊市。2015年6月发生股灾，期间的股票市场噪声太大，所以2015年样本予以剔除。

② 参考蔡庆丰等（2011）的划分，前十大券商银河、国信、海通、国泰、招商、广发、申万、中信、华泰、光大证券为大机构，其余均划分为小机构。

$$R_{i,t}=\alpha_i+\beta_{1,i}R_{m,t-2}+\beta_{2,i}R_{m,t-1}+\beta_{3,i}R_{m,t}+\beta_{4,i}R_{m,t+1}+\beta_{5,i}R_{m,t+2}+\varepsilon_{i,t} \quad (6-2)$$

其中，$R_{i,t}$ 是公司 $i$ 在第 $t$ 周的股票收益率，$R_{m,t}$ 是 A 股所有股票市值加权市场指数在第 $t$ 周的收益率。根据上述公式（6-2）估计得出的残差 $\varepsilon_{i,t}$，采用式（6-3）计算公司各年度的周特有收益（$W_{i,t}$）。

$$W_{i,t}=Ln(1+\varepsilon_{i,t}) \quad (6-3)$$

其次，根据估计出来的周特有收益（$W_{i,t}$）计算第一个表征股价崩盘风险的指标股票周收益负偏度（NCSKEW），计算方法如式（6-4）所示。

$$NCSKEW_{i,t}=-[n(n-1)^{3/2}\sum W_{i,t}^3]/[(n-1)(n-2)(\sum W_{i,t}^2)^{3/2}] \quad (6-4)$$

公式（6-4）中 $i$ 表示某公司，$t$ 表示年度，$n$ 表示 $i$ 公司股票每年交易的总周数，如果得到的 NCSKEW 值越大，表示偏态负程度越大，即股价崩盘风险越大。

第二个表征股价崩盘风险指标为收益上下波动比率（DUVOL），具体计算方法如式（6-5）所示。

$$DUVOL_{i,t}=Ln[(n_u-1)\sum_{down} W_{i,t}^2/((n_d-1)\sum_{up} W_{i,t}^2)] \quad (6-5)$$

其中，$n_u$ 代表周收益观测值高于年平均收益率值的周数；反之，$n_d$ 代表周收益观测值低于年平均收益率值的周数。得到的 DUVOL 值越大，代表收益率的分布倾向是左偏，股价崩盘风险越大。

## 6.4 实证分析

### 6.4.1 描述性统计分析

表 6-2 报告了本章主要变量的描述性统计，股票周收益负偏度（NCSKEW）的均值为 -0.364，收益上下波动比率（DUVOL）的均值为 -0.197；分析师预测乐观偏差均值（Mean）的均值为 0.938；卖空（Short）的均值为 0.339，即卖空样本占总样本比例为 33.90%。

表 6-2 变量描述性统计

| 变量 | N | 均值 | 中位数 | 标准差 | 最小值 | 最大值 |
| --- | --- | --- | --- | --- | --- | --- |
| NCSKEW | 3436 | -0.364 | -0.324 | 0.663 | -2.423 | 1.310 |
| DUVOL | 3436 | -0.197 | -0.194 | 0.324 | -0.996 | 0.618 |

续表

| 变量 | N | 均值 | 中位数 | 标准差 | 最小值 | 最大值 |
| --- | --- | --- | --- | --- | --- | --- |
| *Mean* | 3436 | 0.938 | 0.220 | 2.397 | −0.848 | 17.670 |
| *Short* | 3436 | 0.339 | 0 | 0.474 | 0 | 1 |
| *Coverage* | 3436 | 1.854 | 2.079 | 1.137 | 0 | 3.689 |
| *Lnmv* | 3436 | 22.710 | 22.630 | 0.896 | 20.700 | 25.110 |
| *Lev* | 3436 | 0.510 | 0.519 | 0.191 | 0.087 | 0.896 |
| *Roa* | 3436 | 0.043 | 0.035 | 0.051 | −0.147 | 0.205 |
| *Mb* | 3436 | 0.449 | 0.383 | 0.276 | 0.053 | 1.379 |
| *Turnover* | 3436 | 0.033 | 0.025 | 0.279 | −1.059 | 1.119 |
| *Sigma* | 3436 | 0.051 | 0.047 | 0.020 | 0.021 | 0.129 |
| *Ret* | 3436 | 0.006 | 0.005 | 0.011 | −0.022 | 0.038 |
| *Opacity* | 3436 | 0.174 | 0.157 | 0.095 | 0.026 | 0.440 |
| *Bull* | 3436 | 0.177 | 0 | 0.382 | 0 | 1 |
| *Big*10 | 3436 | 0.531 | 1 | 0.499 | 0 | 1 |

表6-3给出了本章主要变量的一阶段回归相关系数矩阵。由表6-3可知，分析师预测乐观偏差（均值，*Mean*）与股价崩盘风险（*NCSKEW*和*DUVOL*）均存在正相关关系，但未通过显著性检验；卖空（*Short*）与股价崩盘风险（*NCSKEW*和*DUVOL*）均存在负相关关系，但未通过显著性检验。卖空和分析师乐观偏差的交乘项与股价崩盘风险的关系还需进一步通过回归检验加以证实。

### 6.4.2 实证检验与分析

#### 6.4.2.1 卖空机制、分析师乐观偏差与公司股价崩盘风险

表6-4给出了利用模型（6-1）检测放松卖空管制与分析师预测乐观偏差对公司未来股价崩盘风险的影响检验结果。表6-4列（1）、列（2）分别以公司未来股价崩盘风险（$NCSKEW_{t+1}$和$DUVOL_{t+1}$）为因变量，得到分析师预测乐观偏差（*Mean*）系数在5%的显著性水平上为正，表明分析师乐观偏差增加公司未来股价崩盘风险；列（3）、列（4）加入卖空（*Short*）变量，得到分析师预测乐观偏差与卖空交乘项（*Mean*×*Short*）系数在10%的显著性水平上为正，表明增加公司未来股价崩盘风险。表6-4所有回归结果验证了H6-1成立，即放松卖空管制标的公司分析师预测乐观偏差增大，将加剧公司股价崩盘风险。

## 6·卖空机制影响分析师行为的经济后果：股价崩盘风险角度的观测

表6-3 相关性分析

| | NCSKEW | DUVOL | Mean | Short | Coverage | Lnmv | Lev | Roa | Mb | Turnover | Sigma | Ret | Opacity |
|---|---|---|---|---|---|---|---|---|---|---|---|---|---|
| NCSKEW | 1 | 0.957* | -0.007 | -0.019 | 0.110* | -0.032 | -0.067 | 0.073* | -0.101* | 0.123* | -0.142* | -0.173* | 0.041* |
| DUVOL | 0.975* | 1 | -0.002 | -0.018 | 0.104* | -0.044* | -0.077 | 0.069* | -0.067 | -0.143* | -0.151* | -0.205* | 0.034* |
| Mean | 0.009 | 0.014 | 1 | -0.027 | -0.109* | -0.098* | 0.082* | -0.279* | 0.040* | 0.002 | 0.026 | -0.098* | 0.018 |
| Short | -0.018 | -0.019 | -0.020 | 1 | 0.232* | 0.564* | -0.041* | 0.103* | 0.037* | 0.181* | 0.050* | 0.016 | -0.002 |
| Coverage | 0.113* | 0.108* | -0.145* | 0.239* | 1 | 0.457* | -0.065* | 0.364* | -0.039* | -0.021 | -0.076* | -0.021 | 0.007 |
| Lnmv | -0.033 | -0.042* | -0.143* | 0.566* | 0.468* | 1 | -0.010 | 0.280* | -0.114* | 0.220* | 0.192* | 0.255* | 0.038* |
| Lev | -0.072* | -0.076* | 0.129* | -0.037* | -0.077* | -0.004 | 1 | -0.497* | 0.239* | -0.048* | -0.012 | -0.060* | 0.048* |
| Roa | 0.073* | 0.067* | -0.533* | 0.071* | 0.391* | 0.235* | -0.507* | 1 | -0.260* | -0.064* | -0.063* | 0.059* | 0.098* |
| Mb | -0.076* | -0.058* | 0.059* | 0.030 | -0.067* | -0.158* | 0.232* | -0.300* | 1 | -0.141* | -0.446* | -0.436* | -0.097* |
| Turnover | -0.154* | -0.166* | -0.020 | 0.206* | -0.026 | 0.257* | -0.054* | -0.057* | -0.146* | 1 | 0.443* | 0.565* | -0.048* |
| Sigma | -0.124* | -0.138* | 0.038* | 0.039* | -0.070* | 0.196* | -0.013 | -0.027 | -0.487* | 0.459* | 1 | 0.604* | -0.006 |
| Ret | -0.178* | -0.199* | -0.180* | 0.041* | -0.014 | 0.285* | -0.063* | 0.082* | -0.464* | 0.589* | 0.578* | 1 | -0.050* |
| Opacity | 0.037* | 0.032 | -0.006 | -0.007 | 0.015 | 0.019 | 0.054* | 0.081* | -0.103* | -0.060* | 0.002 | -0.058* | 1 |

注：系数1的左下部分为Pearson检验结果，右上部分为Spearman检验结果；*表示在5%的显著性水平上显著（双尾检验）。

表6-4 卖空机制、分析师预测乐观偏差与股价崩盘风险

| | (1) $NCSKEW_{t+1}$ | (2) $DUVOL_{t+1}$ | (3) $NCSKEW_{t+1}$ | (4) $DUVOL_{t+1}$ |
|---|---|---|---|---|
| Mean | 0.001** | 0.002** | 0.001* | 0.001* |
| | (2.01) | (2.03) | (1.75) | (1.84) |
| Mean×Short | | | 0.001* | 0.003* |
| | | | (1.78) | (1.90) |
| Short | | | −0.011 | −0.004 |
| | | | (−0.22) | (−0.14) |
| NCSKEW | 0.227*** | | 0.227*** | |
| | (11.31) | | (11.30) | |
| DUVOL | | 0.218*** | | 0.218*** |
| | | (10.85) | | (10.83) |
| Coverage | 0.002 | 0.001 | 0.002 | 0.001 |
| | (0.09) | (0.10) | (0.10) | (0.12) |
| Lnmv | 0.156*** | 0.072*** | 0.157*** | 0.072*** |
| | (2.61) | (2.44) | (2.64) | (2.45) |
| Lev | −0.161 | −0.097 | −0.162 | −0.096 |
| | (−0.76) | (−0.93) | (−0.77) | (−0.92) |
| Roa | −0.418 | −0.104 | −0.421 | −0.104 |
| | (−0.92) | (−0.47) | (−0.92) | (−0.47) |
| Mb | 0.836*** | 0.403*** | 0.837*** | 0.404*** |
| | (6.68) | (6.60) | (6.67) | (6.62) |
| Turnover | 0.174*** | 0.072** | 0.174*** | 0.072** |
| | (−2.33) | (−2.01) | (−2.34) | (−2.01) |
| Sigma | 0.691 | 0.337 | 0.696 | 0.341 |
| | (0.52) | (0.53) | (0.52) | (0.53) |
| Ret | 0.146** | 0.077* | 0.190** | 0.067* |
| | (1.99) | (1.76) | (2.03) | (1.86) |
| Opacity | 0.189 | 0.099 | 0.190 | 0.095 |
| | (0.87) | (0.98) | (0.88) | (0.53) |
| _cons | −3.459*** | −1.654*** | −3.492*** | −1.653*** |
| | (−2.71) | (−2.62) | (−2.74) | (−2.62) |
| Year | Yes | Yes | Yes | Yes |
| Firm | Yes | Yes | Yes | Yes |
| N | 3436 | 3436 | 3436 | 3436 |
| $R^2$ | 0.122 | 0.124 | 0.122 | 0.124 |

注：括号内为 t 值，*、**、*** 分别代表在10%、5%、1%的水平上显著，下同。

### 6.4.2.2 股市行情不同时，卖空机制与分析师乐观偏差对公司股价崩盘风险的影响

为了检验不同股市行情中卖空机制与分析师乐观偏差对公司股价崩盘风险的影响差异，表6-5给出了利用模型（6-1）根据股市行情进行分组检验的结果。列（1）、列（2）以公司未来股价崩盘风险（$NCSKEW_{t+1}$）为因变量，得到如下结果：列（1）股市行情为牛市（$Bull=1$）时，分析师预测乐观偏差与卖空交乘项（$Mean \times Short$）系数在5%的显著性水平上为正；列（2）股市行情为熊市（$Bull=0$）时，$Mean \times Short$ 系数未通过显著性检验，组间差异显著。列（3）、列（4）以公司未来股价崩盘风险（$DUVOL_{t+1}$）为因变量，得到如下结果：列（3）股市行情为牛市（$Bull=1$）时，$Mean \times Short$ 系数在5%的显著性水平上为正；列（4）股市行情为熊市（$Bull=0$）时，$Mean \times Short$ 系数未通过显著性检验，组间差异显著。表6-5的所有回归结果验证了H6-2成立，即"牛市"相对于"熊市"时，放松卖空管制标的公司分析师预测乐观偏差增大，加剧公司股价崩盘风险更为显著。

**表6-5 卖空机制、分析师预测乐观偏差与股价崩盘风险：牛市和熊市**

| | （1）<br>$NCSKEW_{t+1}$<br>$Bull=1$ | （2）<br>$NCSKEW_{t+1}$<br>$Bull=0$ | （3）<br>$DUVOL_{t+1}$<br>$Bull=1$ | （4）<br>$DUVOL_{t+1}$<br>$Bull=0$ |
|---|---|---|---|---|
| $Mean$ | 0.001*<br>(1.81) | 0.000*<br>(1.69) | 0.001*<br>(1.92) | 0.000*<br>(1.71) |
| $Mean \times Short$ | 0.001*<br>(1.69) | 0.000<br>(1.47) | 0.000*<br>(1.72) | 0.000<br>(1.52) |
| $Short$ | -0.018<br>(-1.23) | -0.011<br>(-1.12) | -0.009<br>(-1.42) | -0.013<br>(-1.37) |
| $NCSKEW$ | 0.223***<br>(3.21) | 0.128***<br>(2.01) | | |
| $DUVOL$ | | | 0.221***<br>(2.76) | 0.176***<br>(2.07) |
| $Coverage$ | 0.012<br>(0.56) | 0.007<br>(0.22) | 0.057<br>(0.74) | 0.029<br>(0.31) |
| $Lnmv$ | 0.114*<br>(1.70) | 0.097<br>(1.52) | 0.057*<br>(1.83) | 0.022<br>(1.43) |

续表

| | (1) $NCSKEW_{t+1}$ $Bull=1$ | (2) $NCSKEW_{t+1}$ $Bull=0$ | (3) $DUVOL_{t+1}$ $Bull=1$ | (4) $DUVOL_{t+1}$ $Bull=0$ |
|---|---|---|---|---|
| $Lev$ | -0.204 | -0.173 | -0.052 | -0.061 |
| | (-0.98) | (-0.77) | (-1.22) | (-1.47) |
| $Roa$ | -0.200 | -0.149 | -0.020 | -0.031 |
| | (-0.38) | (-0.21) | (-0.42) | (-0.76) |
| $Mb$ | 0.643*** | 0.437*** | 0.286*** | 0.321*** |
| | (4.29) | (4.21) | (3.13) | (2.76) |
| $Turnover$ | 0.140* | 0.171*** | 0.064** | 0.079*** |
| | (1.90) | (2.32) | (1.98) | (2.38) |
| $Sigma$ | 0.088 | 0.097 | 0.374 | 0.127 |
| | (0.67) | (0.95) | (1.12) | (0.97) |
| $Ret$ | 0.177** | 0.153** | 0.121** | 0.092 |
| | (2.01) | (1.86) | (1.99) | (1.55) |
| $Opacity$ | 0.163 | 0.132 | 0.198 | 0.167 |
| | (1.02) | (1.55) | (0.76) | (1.17) |
| _cons | -2.765*** | -3.132*** | -1.438*** | -2.439*** |
| | (-2.97) | (-3.76) | (-3.27) | (-2.56) |
| Year | Yes | Yes | Yes | Yes |
| Firm | Yes | Yes | Yes | Yes |
| $N$ | 2827 | 609 | 2827 | 609 |
| $R^2$ | 0.123 | 0.236 | 0.127 | 0.257 |
| 组间差异p值 | 0.083 | | 0.091 | |

#### 6.4.2.3 券商规模不同时，卖空机制与分析师乐观偏差对公司股价崩盘风险的影响

为了检验跟踪公司分析师附属券商规模大小不同的占比时，卖空机制与分析师乐观偏差对公司股价崩盘风险的影响有何不同，表6-6给出了利用模型（6-1）根据股市行情进行分组检验的结果。列（1）、列（2）以公司未来股价崩盘风险（NCSKEW）为因变量，列（1）小券商机构分析师占比较高（Small）的样本，分析师预测乐观偏差与卖空交乘项（Mean×Short）系数在5%显著性水平上为正；列（2）小券商机构分析师占比较低（Small）的样

本，Mean×Short 系数未通过显著性检验，组间差异显著。列（3）、列（4）以公司未来股价崩盘风险（$DUVOL_{t+1}$）为因变量，列（3）小券商机构分析师占比较高（Small）的样本，Mean×Short 系数在 10% 的显著性水平上为正；列（4）小券商机构分析师占比较低（Small）的样本，Mean×Short 系数未通过显著性检验，组间差异显著。表 6-6 的所有回归结果验证了 H6-3 成立，即来自附属于小券商机构分析师比例越高，放松卖空管制标的公司分析师预测乐观偏差增大，加剧公司股价崩盘风险更为显著。

表 6-6 卖空机制、分析师预测乐观偏差与股价崩盘风险：券商规模大小

|  | （1）<br>$NCSKEW_{t+1}$<br>Small | （2）<br>$NCSKEW_{t+1}$<br>Big | （3）<br>$DUVOL_{t+1}$<br>Small | （4）<br>$DUVOL_{t+1}$<br>Big |
| --- | --- | --- | --- | --- |
| Mean | 0.010* | 0.016 | 0.005* | 0.011 |
|  | (1.69) | (1.45) | (1.90) | (1.13) |
| Mean×Short | 0.019** | 0.012 | 0.014* | 0.021 |
|  | (2.02) | (1.47) | (1.75) | (1.32) |
| Short | 0.027 | 0.036 | 0.006 | 0.014 |
|  | (1.16) | (1.32) | (1.02) | (1.22) |
| NCSKEW | 0.271*** | 0.143*** |  |  |
|  | (2.76) | (2.54) |  |  |
| DUVOL |  |  | 0.250** | 0.324** |
|  |  |  | (2.01) | (2.03) |
| Coverage | 0.534* | 0.437** | 0.023* | 0.054* |
|  | (1.68) | (1.98) | (1.77) | (1.84) |
| Lnmv | 0.081 | 0.072 | 0.044 | 0.032 |
|  | (1.32) | (1.19) | (1.07) | (1.23) |
| Lev | −0.121 | −0.138 | −0.054 | −0.071 |
|  | (−0.54) | (−0.77) | (−0.76) | (−1.02) |
| Roa | −1.233 | −1.651 | −0.893 | −1.024 |
|  | (−0.86) | (−0.23) | (−1.01) | (−0.93) |
| Mb | 0.515*** | 0.737* | 0.270** | 0.322* |
|  | (2.50) | (1.77) | (2.04) | (1.85) |
| Turnover | 0.200* | 0.303* | 0.103* | 0.152 |
|  | (1.79) | (1.68) | (1.72) | (1.44) |

续表

|  | (1) $NCSKEW_{t+1}$ Small | (2) $NCSKEW_{t+1}$ Big | (3) $DUVOL_{t+1}$ Small | (4) $DUVOL_{t+1}$ Big |
|---|---|---|---|---|
| $Sigma$ | -0.049 | -0.054 | 0.031 | 0.022 |
|  | (-0.12) | (-0.37) | (0.54) | (0.37) |
| $Ret$ | 2.660 | 3.232 | 1.256 | 1.765 |
|  | (0.64) | (0.85) | (0.85) | (1.03) |
| $Opacity$ | 0.431 | 0.326 | 0.213 | 0.145 |
|  | (0.76) | (0.82) | (1.02) | (0.78) |
| _cons | -1.230** | -1.454* | -1.659** | -1.238** |
|  | (-1.98) | (-1.85) | (-2.01) | (-2.04) |
| Year | Yes | Yes | Yes | Yes |
| Firm | Yes | Yes | Yes | Yes |
| N | 1826 | 1610 | 1826 | 1610 |
| $R^2$ | 0.158 | 0.124 | 0.162 | 0.127 |
| 组间差异 p 值 | 0.065 | | 0.073 | |

### 6.4.3 稳健性检验

这里根据分析师预测样本筛选，取年度 t 所有分析师对公司 i 进行每股盈余预测的中位数 $Feps$ 带入公式计算以分析师预测乐观偏差（中位数）（$Median$），替换分析师预测乐观偏差（均值，$Mean$）进行回归，结果如表 6-7 所示。列（1）、列（2）$Median$ 系数显著为正，列（3）分析师预测乐观偏差与卖空交乘项（$Median×Short$）系数显著为正，大体证实了上文主要结论。

表 6-7 卖空机制、分析师预测乐观偏差（中位数）与股价崩盘风险

|  | (1) $NCSKEW_{t+1}$ | (2) $DUVOL_{t+1}$ | (3) $NCSKEW_{t+1}$ | (4) $DUVOL_{t+1}$ |
|---|---|---|---|---|
| $Median$ | 0.000** | 0.000** | 0.002* | 0.001* |
|  | (1.92) | (1.98) | (1.81) | (1.87) |
| $Median×Short$ |  |  | 0.008* | 0.007 |
|  |  |  | (1.74) | (1.46) |

续表

| | (1)<br>$NCSKEW_{t+1}$ | (2)<br>$DUVOL_{t+1}$ | (3)<br>$NCSKEW_{t+1}$ | (4)<br>$DUVOL_{t+1}$ |
|---|---|---|---|---|
| Short | | | -0.015<br>(-0.29) | -0.006<br>(-0.23) |
| NCSKEW | 0.229***<br>(11.34) | | 0.229***<br>(11.34) | |
| DUVOL | | 0.220***<br>(10.88) | | 0.220***<br>(10.88) |
| Coverage | 0.004<br>(0.18) | 0.002<br>(0.16) | 0.004<br>(0.19) | 0.002<br>(0.19) |
| Lnmv | 0.092<br>(1.45) | 0.045<br>(1.44) | 0.094<br>(1.48) | 0.045<br>(1.44) |
| Lev | -0.072<br>(-0.34) | -0.012<br>(-0.11) | -0.075<br>(-0.36) | -0.013<br>(-0.17) |
| Roa | -0.404<br>(-0.85) | -0.106<br>(-0.46) | -0.408<br>(-0.86) | -0.106<br>(-0.46) |
| Mb | 0.680***<br>(5.12) | 0.329***<br>(5.19) | 0.680***<br>(5.14) | 0.330***<br>(5.22) |
| Turnover | 0.165**<br>(2.21) | 0.068**<br>(1.97) | 0.166**<br>(2.22) | 0.068**<br>(1.98) |
| Sigma | 0.507<br>(0.38) | 0.254<br>(0.40) | 0.521<br>(0.39) | 0.265<br>(0.41) |
| Ret | -1.205<br>(-0.45) | -0.608<br>(-0.47) | -1.234<br>(-0.46) | -0.583<br>(-0.45) |
| Opacity | 0.169<br>(0.78) | 0.090<br>(0.84) | 0.162<br>(0.75) | 0.083<br>(1.02) |
| _cons | -2.270<br>(-1.57) | -1.157*<br>(-1.82) | -2.310*<br>(-1.90) | -1.159<br>(-1.63) |
| Year | Yes | Yes | Yes | Yes |
| Firm | Yes | Yes | Yes | Yes |
| N | 3436 | 3436 | 3436 | 3436 |
| $R^2$ | 0.120 | 0.123 | 0.120 | 0.123 |

### 6.4.4 本节小结

本节检验发现放松卖空管制标的公司分析师预测乐观偏差增大,将加剧公司股价崩盘风险;尤其是在股市行情为"牛市"和来自附属于小券商机构的分析师比例更高时,放松卖空管制标的公司分析师预测乐观偏差增大,加剧公司股价崩盘风险更为显著。

## 6.5 公司股价崩盘风险的传染:股灾的诱因及其治理机制

随着中国放松卖空管制,A 股市场并没有变得更加理性和平稳。本书实证检验发现,卖空机制提升分析师预测乐观偏差会加剧公司未来股价崩盘风险,且在股市行情为"牛市"和来自附属于小券商机构分析师比例更高时,上述作用更加显著。那么,公司层面的股价崩盘风险是否会传染到市场?

### 6.5.1 公司股价崩盘风险到市场股价崩盘风险的传染

虽然中国加入卖空标的股票自 2010 年的 90 只开始,至 2015 年年底也只有 900 只,只占市场总股票数的约 1/3,似乎公司层面的股价崩盘风险不足以导致市场层面的股价崩盘风险。但根据前文分析发现,中国卖空标的均是规模较大的成分指数股,在市场中具有举足轻重的地位。当这些股票的股价崩盘风险积累到一定程度,股价泡沫真的破灭时,这些大盘股发生股价崩盘。此时,将引起投资者普遍的心理恐慌,他们大量抛售持有股票,退出市场交易,群众心理学成为股价的重要决定因素,导致公司层面的股价崩盘风险传染到市场,增大市场层面的股价崩盘风险,直至市场无法及时消化这些风险,最终可能发生整个市场层面的股价崩盘。

### 6.5.2 股价崩盘风险引发 2015 年 6 月股灾

2011 年 11 月 15 日,国际货币基金组织和世界银行公布的中国"金融部门评估规划"成果报告——《中国金融体系稳定评估报告》和《中国金融部门评估报告》指出,中国经济虽保持较快增长,但金融风险和脆弱性逐渐累积。自 2014 年 11 月起,中国股票市场开启了新一轮"牛市",被普遍认为是"改革牛",投资者对市场繁荣普遍充满非理性的预期,如人民网发表评论,认为 4000 点是 A 股牛市的开始。然而,2015 年 6 月 12 日起,中国股票市场发生了多轮巨大的异常波动,短时间内股市呈断崖式暴跌,上证综指从 2015 年 6 月 12 日的 5178 点,到 2016 年 1 月 27 日(n)暴跌至 2638 点,期间经历了三轮股灾。在此期间还多次出现千股跌停现象，如2015年6月15日至8月25日发生千股跌停的天数达11天，甚至部分股票直接以跌停价开盘。政府也先后采取各种应急管理措施介入救市，然而均收效甚微，甚至在2016年1月熔断机制推出之后，直接引发了市场熔断。

股灾发生之后，学术界和业界对股灾背后的成因进行了各种解读和分析。中国股票市场信息环境形成的过程：上市公司进行信息披露，证监会履行监管职责，分析师和媒体等信息中介进行解读和传播，投资者通过接收信息进行投资。以往研究较多关注公司层面的信息披露，而对市场交易规则改变和信息中介的行为调整关注不够。

本书发现，由于中小投资者无法参与卖空交易投资获利，在股市大起大落过程中，只能采取追涨止跌的投资策略。这样的投资环境，既增加了券商等金融中介机构的风险，也增加了分析师等信息中介的利益冲突，造成较多市场噪声，从而加剧了股价崩盘风险。当公司层面的股价崩盘风险过高时，一旦破灭便会传染至市场，引起市场层面的股价崩盘风险，继而造成严重的股灾，这可能是2015年6月中国发生严重股灾的重要原因和路径。

### 6.5.3　防范股灾再次发生的对策建议

股灾发生的原因可能是多维的，股灾背后的成因需要系统性的研究。本书主要基于行为金融理论框架，尝试着基于理性预期理论，通过对投资者、信息中介甚至监管层的非理性行为研究，结合中国放松卖空管制的制度背景，发现放松卖空管制提升了分析师乐观偏差，加剧了公司未来股价崩盘风险，这可能是导致股灾发生的诱因。

结合中国证券市场2015年6月发生股灾的现实观察，本书认为信息环境至关重要，信息披露和信息传播的中间机制需要改善。如何防范股灾再次发生？形成适当的"防火墙"成为当务之急。

根据上文研究结论，这里提出如下几点参考建议：一是改善市场信息环境，让投资者对股票市场树立信心，降低心理层面对股票市场的负面影响。二是完善卖空机制，降低卖空交易的进入门槛，让更多普通中小投资者能够参与卖空交易，以真正发挥卖空机制的价格发现作用，改善市场信息环境，进而提高市场定价效率。三是加强证监会等监管部门对市场交易的监管，对于卖空金融交易制度，证监会等监管部门应及时跟进了解市场运作情况，监控市场交易量、参与主体等信息，适时引导调整。四是加强对券商等机构投资者的监管，严厉打击券商等机构投资者操纵市场等舞弊行为。五是加强分析师行业监管，随着分析师行业的发展和在资本市场发挥的作用日益增大，除了增强来自国家监管层面、分析师行业层面的监管外,还需关注分析师的利益冲突等客观现实,加以引导和规范。

## 6.6 本章小结

本章研究卖空机制影响分析师行为的经济后果,结果发现,放松卖空管制标的公司分析师预测乐观偏差增大,将加剧公司股价崩盘风险;在股市行情为"牛市"和来自附属于小券商机构的分析师比例更高时,放松卖空管制标的公司分析师预测乐观偏差增大,加剧公司股价崩盘风险更为显著。对分析师预测乐观偏差采用中位数指标,上述研究结论仍然稳健。总体而言,本章证实进入卖空标的公司的分析师预测乐观偏差增大,将加剧公司未来股价崩盘风险。此外,由于中国卖空标的均是市值规模大的成分指数股,对整个股票市场起到举足轻重的作用,当卖空标的股价发生崩盘时,通过传染效应引起整个股票市场的股价崩盘,这可能是诱发2015年6月发生严重股灾的重要原因。

相较于已有研究,本章的贡献体现在如下两个方面:一是拓展了卖空机制影响分析师行为的经济后果领域的研究。虽然现有少量研究(Ke et al.,2015;李丹等,2016)关注到了卖空机制对分析师行为的影响,但分析师作为市场信息中介,卖空机制引起分析师行为的改变对资本市场到底会产生什么影响尚未有所研究。本章发现,放松卖空管制后,在市场压力机制下,公司管理层和券商机构干预分析师发布乐观偏差盈余预测,将加剧公司未来股价崩盘风险。二是寻找到中国股灾发生缘由的一条解释路径,即卖空机制增加分析师预测乐观偏差。自2015年6月中国严重股灾发生以来,股灾的成因和发生机理研究成为中国学术界的热点话题。本章发现,放松卖空管制提升了分析师预测乐观偏差,将加剧公司未来股价崩盘风险,这可能是造成严重股灾的重要原因。据此,这里为政策制定和监管者提出一些对策建议,包括调整卖空机制的具体交易规则、加强对券商等机构投资者和分析师行业的监管等。

# 卖空机制对分析师评级的影响

## 7.1 提出研究问题

证券市场中长期投资者的购买行为往往较容易把正面消息反映在股价中，但负面消息却未得到充分反映，导致公司股价高于真实价值，偏离投资者预期价值。如果这种现象得不到有效缓解，将使投资者对资本市场运行机制失去信任而不愿意购买股票。卖空机制赋予投资者在股价高位判断市场将会有下跌行情时，预先借入别人的股票卖出，待股价下跌至预期的低位时买回还给借方平仓，赚取中间的买卖价差获利。与现行的待股价上涨获利是反方向操作，所以在熊市行情中仍能吸引大量资金入场投资，刺激金融市场发展。近年来，为了促进金融市场发展，各个国家不同程度地放松对卖空交易的管制，中国证监会也于2010年启动卖空机制，但卖空机制是否发挥了预期作用，是理论界和实务界都非常关心的问题。

关于放松卖空管制的研究，一部分文献证实卖空机制作为一种金融交易制度提高了市场定价效率（Boehmer et al.，2008；Diether et al.，2009；李志生等，2015），另一部分文献却发现其在市场下跌时可能加剧市场的负面情绪导致恐慌而增大股价崩盘风险（Aitken et al.，1998），增加股市的波动率（陈海强和范云菲，2015）。关于卖空机制对公司行为的影响，部分文献证实卖空机制发挥外部治理作用，提高企业资源配置效率，如抑制盈余管理（陈晖丽和刘峰，2014；Massa et al.，2015）、提高财务信息质量（张璇等，2016）、提高企业现金价值（侯青川等，2016）。但也不乏卖空机制降低管理层业绩预告精度（Li and Zhang，2015）和企业风险承担（Ni，2015）的证据。随着研究的深入，学者们关注到卖空机制对市场中介的影响，如 Ke 等（2015）和李丹等（2016）证实卖空机制降低了分析师预测乐观偏差。

随着行为金融理论的发展，学者开始关注到分析师"羊群行为"等资本市场异象（Scharfstein and Stein，1990）。"羊群行为"是一种分析师偏差行为，指分析师模仿或追随自己前期或其他有经验的分析师。Crawford 等

(2012)证实,分析师的"羊群行为"会降低资本市场效率。近年来,国内研究开始关注到机构投资者的"羊群行为"(许年行等,2013)等,但对分析师的"羊群行为"的关注并不多见,仅见蔡庆丰等(2011)证实中国证券分析师存在明显的"羊群行为",分析师的"羊群行为"进一步加剧机构投资者的"羊群行为",最终导致市场波动加剧,甚至引起市场流动性枯竭。

这里关注卖空机制能否减少分析师"羊群行为"。基于中国2010年启动卖空机制的制度背景,以2007~2014年对上市公司发布评级报告的分析师为样本进行检验,结果发现:分析师存在"羊群行为",卖空机制可减少分析师"羊群行为";股票市场行情为"熊市"时,卖空机制减少分析师"羊群行为"尤为显著。采用普通最小二乘法(OLS)回归、替换关键变量分析师评级调整指标、卖空事件研究法、卖空量衡量和去掉进入卖空标的当年数据的稳健性测试,均证实上述结论稳健,证实卖空机制发挥治理作用,减少分析师"羊群行为"这种资本市场异象。

本章的主要贡献体现在以下三个方面:首先,检验卖空机制对分析师"羊群行为"的影响尚无经验证据,本章可以弥补这一研究的不足。其次,丰富了卖空机制治理作用领域的文献。基于中国放松卖空管制的现实制度背景,已有部分文献开始注意到卖空机制的治理作用(陈晖丽和刘峰,2014;侯青川等,2016),本章发现,卖空机制发挥治理作用,减少了分析师"羊群行为"。最后,丰富了中国为数不多的分析师"羊群行为"研究。现有文献中,仅见蔡庆丰等(2011)证实中国证券市场存在分析"师羊群行为",并提出了治理对策建议。本章的研究发现,放松卖空管制减少分析师"羊群行为",为治理中国资本市场异象提供参考。

## 7.2 文献回顾与研究假设

分析师作为市场信息中介,主要的工作是收集、整理信息,通过对上市公司的盈利预测和股票评级,为投资者提供投资建议。但分析师并非总是理性的,由于自身利益冲突和能力限制,分析师也会产生一些偏差行为。分析师为了维护自身声誉,避免犯错或增加其他额外信息收集成本,在信息处理过程中会选择模仿或追随经验丰富的分析师等自利行为,尤其是那些缺乏经验的年轻分析师更偏好采取这种跟随的"羊群行为"(Graham,1999;Hong et al.,2000)。Scharfstein和Stein(1990)通过建立"羊群效应"模型检验影响分析师"羊群行为"的驱动因素发现,在特定情况下,分析师会忽略自身拥有的私有信息,而只是简单模仿其他分析师的投资决策,原因是分析师出于自身声誉考虑，以及避免犯错或增加其他额外的信息收集成本。Trueman（1994）进一步拓展发现，分析师的"羊群效应"还表现为其预测与之前其他分析师的预测很接近。Graham（1999）、Hong 等（2000）均指出，证券分析师在信息生产过程中存在明显的"羊群行为"，当分析师声誉较高、能力较低或信号相关程度较高时，更容易进行"羊群行为"；尤其是那些缺乏经验的年轻分析师，往往放弃自身拥有的私有信息，选择模仿或追随经验丰富的分析师。蔡庆丰等（2011）发现，中国证券分析师的评级调整也存在明显的"羊群行为"。

另外，分析师一旦上榜成为明星分析师，往往能身价倍增，获得比普通分析师丰厚得多的报酬[①]，因此，明星分析师成为分析师竞相追逐的目标。根据重复博弈理论，分析师面临着长期声誉损失和短期获利的权衡，虽然长期来看可能因为报告偏差而失信于投资者，但这并不影响分析师被评选为"最佳分析师"。为了在短期内规避风险和减少信息收集成本，分析师倾向于采用跟随甚至抄袭的"羊群行为"（蔡庆丰和陈娇，2011）。根据上述分析，这里提出如下假设：

**H7-1**：控制其他因素，分析师的信息处理存在"羊群行为"。

分析师"羊群行为"是一种典型的资本市场异象，Crawford 等（2012）通过分析师发起跟踪和公司股价同步性关系的检验证实，分析师发起跟踪时制造的信息主要依靠于其他分析师提供的信息，分析师的"羊群行为"降低了资本市场效率。如何缓解分析师"羊群行为"成为资本市场治理研究领域的新课题。Ke 等（2015）发现，卖空机制发挥治理作用降低了分析师预测乐观偏差行为，原因是股价下行风险增大，分析师通过公司股票价格学习、了解公司基本面信息，为了保住个人声誉而选择相信卖空投资者。这里预期卖空机制作为一种金融交易制度，激励投资者挖掘公司"坏消息"并在证券市场传播，股价将融入更多公司负面信息。卖空投资者获悉公司即将到来的差业绩信息和分析师预测下调信息更为灵通（Boehmer et al., 2008）。卖空投资者的私有信息通过买卖交易反映到股价中，Lys 和 Sohn（1990）、Abarbanell（1991）均证实分析师具有学习或部分股价学习的能力。放松卖空管制后，卖空投资者通过掌握的公司"坏消息"投资获利，增大了分析师通过股价学习公司负面信息的可能性。分析师在信息处理过程中，根据股价实时学习、了解公司信息，这些信息融入到盈利预测和荐股评级工作中，减少"羊群行

---

[①] 据《第一财经日报》报道，"新财富"行业分析师前三名，市场要价在 300 万~500 万元。http://kb.dsqq.cn/html/2015-01/14/content_380305.htm。

为"。

此外，个人声誉对分析师职业生涯至关重要，为了规避风险，分析师会选择相信卖空投资者，减少"羊群行为"。当分析师进行荐股时，他们面临着权衡，跟随自己前期或其他分析师的推荐的"羊群行为"是比较保守的策略，在短期内不至于犯太大过错。但在卖空机制交易情境中，如果公司更多"坏消息"通过卖空者传播到股票价格中时，大大增加了分析师声誉损失的概率和成本。分析师意识到这种威胁力量，会调整其荐股评级行为而减少"羊群行为"。根据上述分析，这里提出如下假设：

**H7-2：控制其他因素，卖空机制减少分析师"羊群行为"。**

分析师作为市场信息中介，其行为受到股票市场行情的影响较大。在不同股票市场行情中，卖空机制减少分析师"羊群行为"作用是否存在差异？当股票市场处于"牛市"时，投资者普遍具有从众心理，且更加"自负"。虽然卖空机制减少了分析师的信息收集成本，但 Olsen（1996）证实投资者对分析师有一致预测需求，导致分析师"羊群行为"。分析师为了迎合投资者，会放弃选择卖空投资者的股价学习，而选择跟随其他分析师。当股票市场处于"熊市"时，投资者为了规避投资风险，更愿意倾听分析师等专业人士的投资建议。在卖空交易情境中，分析师为了吸引投资者关注，会选择紧跟卖空投资者，实时跟进股价学习，以提高投资建议质量，减少"羊群行为"。根据上述分析，这里提出如下假设：

**H7-3：股票市场行情为"熊市"相对于"牛市"时，卖空机制减少分析师"羊群行为"更为显著。**

## 7.3 研究设计

### 7.3.1 数据来源与样本选择

所有股票交易数据、分析师评级调整数据和融资融券量数据均来源于国泰安（CSMAR）数据库。融资融券标的各批次名单来源于沪深交易所网站。因中国 2010 年启动卖空机制，为了进行卖空前后的对比，初始样本为 2007～2014 年沪、深两市所有 A 股上市公司。对上市公司初始样本筛选过程如下：①所有沪、深两市 A 股上市公司；②剔除金融保险行业；③剔除 ST 及 ×ST 处理样本；④剔除当年上市公司样本；⑤剔除 2009 年之后的上市公司；⑥剔除变量缺失样本。

对于分析师评级调整样本筛选过程如下：①初始样本为 2007 年 1 月至

2014年12月沪、深两市所有A股上市公司的分析师评级调整数据；②由于本书考察的是分析师的"羊群行为"，剔除连续180天内公司追踪分析师少于两个或没有做出评级调整的样本。

为了消除极端值的影响，按照1%分位数对主要连续变量进行了调整（Winsor）处理。为了保证回归结果的稳健，所有回归进行了稳健性（Robust）控制。

### 7.3.2 模型设定

对于H7-1分析师"羊群行为"的观测，借鉴Jegadeesh和Kim（2010）、蔡庆丰等（2011）的研究思路，构造实证模型（7-1）。

$$ABR_{i(t,t+h)} = \partial + \beta_1 Deviation_{i,j,t} + \gamma Controls_{j,t} + \chi_j + \delta_t + \varepsilon_{j,t} \tag{7-1}$$

其中，$\chi$代表控制公司个体固定效应，$\delta$代表控制时间效应，$\varepsilon$为随机误差项。

通过判断模型中分析师评级偏离度（$Deviation_{i,j,t}$）系数的显著性，验证分析师"羊群行为"的存在。

观测H7-2卖空机制对分析师"羊群行为"的影响，参考李志生等（2015）设置卖空（Short）虚拟变量进行检测，构建基本模型（7-2）。如果卖空机制对分析师"羊群行为"有影响，那么相对于卖空管制公司而言，模型中的核心解释变量——分析师评级偏离度与卖空交乘项（$Deviation_{i,j,t} \times Short_{j,t}$）估计系数将会显著变化。

$$ABR_{i(t,t+h)} = \partial + \beta_1 Deviation_{i,jt} + \beta_2 Deviation_{i,j,t} \times Short_{j,t} + \\ \beta_3 Short_{j,t} + \gamma Controls_{j,t} + \chi_j + \delta_t + \varepsilon_{j,t} \tag{7-2}$$

H7-3的检验中关于中国股票市场行情时段划分，参考肖峻（2013）设置0为阈值，如上证综指平均增长率大于0时认为是市场处于上升周期，定义为"牛市"；反之，如果增长率小于0时认为市场处于下降周期，定义为"熊市"①。根据股市行情对全样本进行分组检验，Bear=0表示牛市，Bear=1表示熊市。

### 7.3.3 变量定义

上述模型有关变量定义如表7-1所示。

---

① 根据本书的时段，具体牛熊市划分如下：2007-01-01~10-16（牛市），2007-10-17~2008-10-28（熊市），2008-10-29~2009-08-04（牛市），2009-08-05~2012-12-04（熊市），2012-12-05~2013-02-18（牛市），2013-02-19~06-25（熊市），2013-06-26~09-12（牛市），2013-09-13~2014-03-12（熊市），2014-03-13~12-31（牛市）。

表7-1 变量定义

| 变量 | | 变量符号 | 变量测度 |
|---|---|---|---|
| A:观测变量 | 股票累积超额收益率 | $ABR_{i(t,t+h)}$ | 分析师 $i$ 评级调整当日后第 $t$ 天到 $t+h$ 天的股票累计超额收益率,等于区间内股票累计收益率减去同期大盘累计指数收益率 |
| | 分析师评级偏离度 | Deviation | 分析师 $i$ 在年度 $t$ 对公司 $j$ 的评级调整,具体计算公式见后文(2) |
| | 卖空 | Short | 虚拟变量,年度 $t$ 公司 $j$ 为融资融券标的取值为1;否则为0 |
| B:控制变量 | 分析师评级调整方向① | Direction | 虚拟变量,当调整方向向上时为1;反之为-1 |
| | 分析师评级调整幅度(大) | Multi | 若分析师评级调整向上(下),且幅度大于1,则值为1(-1),否则为0 |
| | 分析师评级调整幅度(小) | Single | 若分析师评级调整向上(下),且幅度等于1,则值为1(-1),否则为0 |
| | 明星分析师 | Star | 虚拟变量,分析师 $i$ 在年度 $t-1$ 被《新财富》评选为明星分析师取值为1,否则为0 |
| | 分析师评级的分歧度 | Dmy | 以 $t$ 时刻前180天内其他分析师对公司 $j$ 发布的所有评级的标准差为标准,设定虚拟变量,当标准差大于其中位数时取值为1,否则为0 |
| | 分析师附属机构 | Instute | 虚拟变量,如果分析师属于前十大券商②取值为1,否则为0 |
| | 年度 | Year | 年度虚拟变量 |
| | 行业 | Ind | 行业虚拟变量 |
| | 公司 | Firm | 公司虚拟变量 |

关于分析师评级偏离度的计算,采用 Jegadeesh 和 Kim(2010)定义的方法,具体如式(7-3)所示:

$$Deviation_{i,j,t} = REC_{i,j,t} - Conrec_{i,j,t-1} \qquad (7-3)$$

其中,$REC_{i,j,t}$ 表示分析师 $i$ 对公司股票 $j$ 在 $t$ 时刻发布的最新评级,$Conrec_{i,j,t-1}$ 表示 $t-1$ 时刻分析师的一致预期,它被定义为 $t$ 时刻之前的180天内分析师对公司股票 $j$ 发布的所有评级的平均值。

---

① 为了研究方便,参考万德数据的处理,假定卖出=1、减持=2、持有=3、增持=4、买入=5。
② Prendergast 和 Stole(1996)的研究表明,小机构的分析师更倾向于采取"逆'羊群行为'"策略,以吸引更多投资者注意。参考蔡庆丰等(2011),甄选出前十大券商:银河、国信、海通、国泰、招商、广发、申万、中信、华泰、光大证券。

## 7.4 实证检验与分析

### 7.4.1 描述性统计

表7-2报告了主要变量的描述性统计结果，分析师评级偏离度（Deviation）均值为0.002，该值略大于0说明分析师的一致预期略高于之前所有分析师对其评级的均值；卖空（Short）均值为0.316，即卖空样本占总样本的比例为31.60%；分析师评级调整方向（Direction）均值为-0.934，说明分析师向上调整评级的概率较小，大多会选择维持评级；分析师评级调整幅度大（Multi）均值为-0.001，分析师评级调整幅度小（Single）均值为0.008。明星分析师（Star）均值为0.074，即明星分析师跟踪样本比例为7.40%；分析师评级分歧度（Dmy）均值为0.516，即$t$时刻前180天内其他分析师对公司发布的所有评级的标准差大于中位数的样本比例为51.60%；分析师附属机构（Institute）均值为0.315，即附属于十大券商机构的分析师占总样本的比例为31.50%。

表7-2 变量描述性统计

| 变量 | $N$ | 均值 | 中位数 | 标准差 | 最小值 | 最大值 |
| --- | --- | --- | --- | --- | --- | --- |
| $ABR$01 | 201753 | 0.006 | 0.002 | 0.043 | -0.106 | 0.175 |
| $ABR$03 | 201753 | 0.007 | 0.002 | 0.055 | -0.135 | 0.225 |
| $ABR$05 | 201753 | 0.007 | 0.002 | 0.063 | -0.159 | 0.255 |
| $ABR$10 | 201753 | 0.009 | 0.002 | 0.080 | -0.196 | 0.317 |
| $ABR$30 | 201753 | 0.013 | 0.001 | 0.130 | -0.301 | 0.466 |
| $ABR$45 | 201753 | 0.017 | 0.003 | 0.159 | -0.368 | 0.556 |
| $ABR$90 | 201753 | 0.036 | 0.012 | 0.215 | -0.428 | 0.739 |
| Deviation | 201753 | 0.002 | 0 | 0.568 | -1.462 | 1.222 |
| Short | 201753 | 0.316 | 0 | 0.465 | 0 | 1 |
| Direction | 201753 | -0.934 | -1 | 0.357 | -1 | 1 |
| Multi | 201753 | -0.001 | 0 | 0.075 | -1 | 1 |
| Single | 201753 | 0.008 | 0 | 0.199 | -1 | 1 |
| Star | 201753 | 0.074 | 0 | 0.263 | 0 | 1 |
| Institute | 201753 | 0.315 | 0 | 0.465 | 0 | 1 |
| Dmy | 201753 | 0.516 | 1 | 0.500 | 0 | 1 |

## 7.4.2 实证结果分析

### 7.4.2.1 分析师"羊群行为"检验

采用分析师评级调整后公司股票累积超额收益率作为因变量，选取（0,1）、（0,3）、（0,5）、（0,10）、（0,30）、（0,45）、（0,90）七个时间区间，表7-3报告了利用模型（7-1）观测分析师"羊群行为"的回归结果。表7-3 Panel A 考虑分析师个人声誉与所附属券商时，由列（1）~列（4）可知，短期的分析师评级偏离度（Deviation）的系数均显著为正，说明股票的累计超额收益率与分析师评级偏离度间存在显著的正相关关系，证实中国证券分析师在信息处理（评级调整）过程中存在"羊群行为"，与已有学者们的研究发现一致（Welch, 2000; Jegadeesh and Kim, 2010）。但由列（5）~列（7）可知，中长期的Deviation 系数均显著为负，说明股票的累计超额收益率与分析师评级偏离度间存在显著的负相关关系，可能的原因包括两方面：一方面，相对于西方成熟、发达的资本市场，中国分析师对市场的影响力相对更弱；另一方面，随着时间的延续，市场逐步认识到分析师的评级调整并未包含新信息时，投资者给出了负面反应，调整之前虚增的股票累计超额收益率。

控制变量中，分析师评级偏离度与明星分析师交乘项（Deviation×Star）的系数大致均不显著，说明明星分析师作用有限。明星分析师（Star）的系数均显著为正，表明明星分析师跟踪能提高公司股票累积超额收益率。分析师评级调整方向（Direction）的系数显著为正，表明分析师的正向评级调整能提高公司股票累积超额收益率。分析师评级调整方向和明星分析师交乘项（Direction×Star）的系数大致显著为正，说明有明星分析师跟踪时，分析师的评级调整方向更能显著提高公司股票累积超额收益率。

表7-3 PanelB 考虑其他分析师评级分歧度时，列（1）~列（4）短期的分析师评级偏离度（Deviation）的系数均显著为正，说明股票的累计超额收益率与分析师评级偏离度间存在显著的正相关关系。列（5）、列（6）中长期Deviation 系数不显著，列（7）长期Deviation 系数显著为负。表7-3 PanelB 得到与表7-3 PanelA 相似的结论。

表7-3的检验证实H7-1成立，即分析师的信息处理存在"羊群行为"。

### 表 7-3 分析师"羊群行为"

| PanelA：考虑分析师个人声誉与所附属券商 | | | | | | | |
|---|---|---|---|---|---|---|---|
| | (1)<br>(0, 1) | (2)<br>(0, 3) | (3)<br>(0, 5) | (4)<br>(0, 10) | (5)<br>(0, 30) | (6)<br>(0, 45) | (7)<br>(0, 90) |
| Deviation | 0.003***<br>(12.91) | 0.003***<br>(11.70) | 0.003***<br>(10.03) | 0.003***<br>(5.97) | -0.002**<br>(-2.53) | -0.005***<br>(-5.09) | -0.015***<br>(-11.05) |
| Deviation×Star | -0.001<br>(-0.67) | -0.001<br>(-0.84) | -0.001<br>(-1.01) | -0.002<br>(-1.03) | -0.003<br>(-1.00) | -0.006*<br>(-1.86) | -0.002<br>(-0.35) |
| Star | 0.004**<br>(2.51) | 0.007***<br>(3.74) | 0.009***<br>(3.78) | 0.007**<br>(2.39) | 0.009**<br>(1.98) | 0.009*<br>(1.76) | 0.014**<br>(2.15) |
| Deviation×Instute | 0.000<br>(0.09) | 0.000<br>(0.14) | -0.000<br>(-0.39) | -0.000<br>(-0.43) | 0.001<br>(0.55) | 0.000<br>(0.25) | -0.000<br>(-0.23) |
| Instute | 0.001<br>(1.55) | 0.001<br>(1.58) | 0.001<br>(0.90) | 0.001<br>(0.99) | 0.003*<br>(1.74) | 0.004<br>(1.62) | 0.004<br>(1.34) |
| Direction | 0.006***<br>(15.87) | 0.008***<br>(15.72) | 0.008***<br>(14.31) | 0.010***<br>(14.16) | 0.014***<br>(12.34) | 0.018***<br>(12.94) | 0.020***<br>(11.05) |
| Direction×Star | 0.003*<br>(1.94) | 0.006***<br>(2.98) | 0.008***<br>(3.27) | 0.005*<br>(1.75) | 0.006<br>(1.41) | 0.007<br>(1.22) | 0.011*<br>(1.73) |
| Direction×Instute | 0.000<br>(0.47) | 0.001<br>(1.06) | 0.001<br>(0.59) | 0.000<br>(0.39) | 0.003<br>(1.44) | 0.002<br>(0.97) | 0.002<br>(0.64) |
| Multi | 0.007***<br>(4.99) | 0.011***<br>(6.11) | 0.011***<br>(5.60) | 0.013***<br>(5.14) | 0.017***<br>(4.30) | 0.019***<br>(4.19) | 0.031***<br>(5.29) |
| Single | 0.000<br>(1.25) | -0.000<br>(-0.77) | -0.000**<br>(-2.26) | 0.000<br>(1.21) | 0.000*<br>(1.67) | 0.000<br>(1.34) | 0.000**<br>(2.51) |
| _cons | 0.017***<br>(13.25) | 0.022***<br>(12.32) | 0.021***<br>(10.45) | 0.025***<br>(9.63) | 0.046***<br>(11.09) | 0.071***<br>(12.28) | 0.118***<br>(13.01) |
| Year | Yes | Yes | Yes | Yes | Yes | Yes | Yes |
| Firm | Yes | Yes | Yes | Yes | Yes | Yes | Yes |
| N | 201753 | 201753 | 201753 | 201753 | 201753 | 201753 | 201753 |
| $R^2$ | 0.010 | 0.010 | 0.009 | 0.009 | 0.023 | 0.030 | 0.041 |

续表

| | PanelB：考虑其他分析师评级分歧度 | | | | | | |
|---|---|---|---|---|---|---|---|
| | （1） | （2） | （3） | （4） | （5） | （6） | （7） |
| | （0，1） | （0，3） | （0，5） | （0，10） | （0，30） | （0，45） | （0，90） |
| Deviation | 0.003*** | 0.004*** | 0.004*** | 0.003*** | 0.001 | -0.001 | -0.009*** |
| | （10.10） | （10.03） | （8.74） | （5.30） | （1.13） | （-0.93） | （-5.72） |
| Deviation× Dmy | 0.000 | -0.000 | -0.000 | -0.000 | -0.004*** | -0.006*** | -0.010*** |
| | （0.33） | （-0.17） | （-0.76） | （-0.23） | （-3.37） | （-3.84） | （-4.53） |
| Dmy | -0.002*** | -0.002** | -0.003*** | -0.004*** | -0.010*** | -0.013*** | -0.017*** |
| | （-3.12） | （-2.53） | （-2.61） | （-2.68） | （-3.95） | （-4.32） | （-3.50） |
| Direction× Dmy | -0.000 | 0.000 | 0.000 | 0.000 | 0.000 | 0.000 | 0.001 |
| | （-0.02） | （0.60） | （0.50） | （0.22） | （0.09） | （0.16） | （0.22） |
| Direction | 0.007*** | 0.009*** | 0.009*** | 0.011*** | 0.016*** | 0.019*** | 0.022*** |
| | （15.89） | （15.91） | （14.07） | （14.07） | （12.76） | （12.90） | （10.74） |
| _cons | 0.019*** | 0.025*** | 0.025*** | 0.029*** | 0.055*** | 0.082*** | 0.132*** |
| | （14.45） | （13.37） | （11.63） | （10.58） | （12.61） | （13.81） | （14.02） |
| Year | Yes | Yes | Yes | Yes | Yes | Yes | Yes |
| Firm | Yes | Yes | Yes | Yes | Yes | Yes | Yes |
| N | 201753 | 201753 | 201753 | 201753 | 201753 | 201753 | 201753 |
| $R^2$ | 0.010 | 0.010 | 0.009 | 0.009 | 0.024 | 0.031 | 0.043 |

注：\*、\*\*、\*\*\*分别表示在10%、5%、1%的显著性水平上显著（双尾检验）。

#### 7.4.2.2 卖空机制对分析师"羊群行为"的影响

为了检验H7-2卖空机制对分析师"羊群行为"的影响，这里采用模型（7-2）进行回归检验，表7-4报告了结果。PanelA考虑分析师个人声誉与所附属券商时，PanelB考虑其他分析师评级分歧度时，列（1）~列（7）短期和中长期，分析师评级偏离度与卖空交乘项（Deviation×Short）的系数均显著为负，证实卖空机制减少分析师"羊群行为"。表7-4的检验证实了H7-2，即卖空机制减少分析师"羊群行为"成立。

### 表7-4 卖空与分析师"羊群行为"

| PanelA：考虑分析师个人声誉与所附属券商 | | | | | | | |
|---|---|---|---|---|---|---|---|
| | (1) | (2) | (3) | (4) | (5) | (6) | (7) |
| | (0, 1) | (0, 3) | (0, 5) | (0, 10) | (0, 15) | (0, 45) | (0, 90) |
| Deviation | 0.003*** | 0.004*** | 0.004*** | 0.004*** | −0.000 | −0.002** | −0.013*** |
| | (12.59) | (12.45) | (10.73) | (7.25) | (−0.18) | (−2.15) | (−8.56) |
| Deviation× Short | −0.002*** | −0.003*** | −0.003*** | −0.003*** | −0.006*** | −0.008*** | −0.007*** |
| | (−4.55) | (−5.84) | (−5.23) | (−4.93) | (−4.54) | (−4.74) | (−2.83) |
| Short | −0.001 | −0.000 | −0.001 | −0.004** | −0.008** | −0.011** | −0.029*** |
| | (−1.50) | (−0.20) | (−0.51) | (−2.23) | (−2.35) | (−2.50) | (−3.88) |
| Deviation× Star | −0.000 | −0.000 | −0.001 | −0.001 | −0.001 | −0.005 | 0.000 |
| | (−0.26) | (−0.36) | (−0.56) | (−0.53) | (−0.52) | (−1.36) | (0.04) |
| Star | 0.004** | 0.007*** | 0.009*** | 0.007** | 0.009** | 0.009* | 0.014** |
| | (2.51) | (3.74) | (3.78) | (2.38) | (1.97) | (1.76) | (2.15) |
| Deviation× Instute | 0.000 | 0.000 | −0.000 | −0.000 | 0.001 | 0.000 | −0.000 |
| | (0.11) | (0.17) | (−0.36) | (−0.41) | (0.57) | (0.27) | (−0.22) |
| Instute | 0.001 | 0.001 | 0.001 | 0.001 | 0.003* | 0.004 | 0.004 |
| | (1.53) | (1.54) | (0.87) | (0.97) | (1.72) | (1.59) | (1.33) |
| Direction | 0.006*** | 0.008*** | 0.008*** | 0.010*** | 0.014*** | 0.017*** | 0.020*** |
| | (15.83) | (15.66) | (14.26) | (14.10) | (12.28) | (12.87) | (10.97) |
| Direction× Star | 0.003* | 0.006*** | 0.008*** | 0.005* | 0.006 | 0.006 | 0.011* |
| | (1.92) | (2.95) | (3.24) | (1.72) | (1.38) | (1.18) | (1.69) |
| Direction× Instute | 0.000 | 0.001 | 0.001 | 0.000 | 0.003 | 0.002 | 0.002 |
| | (0.46) | (1.04) | (0.58) | (0.38) | (1.43) | (0.97) | (0.65) |
| Multi | 0.007*** | 0.011*** | 0.011*** | 0.013*** | 0.017*** | 0.019*** | 0.031*** |
| | (5.05) | (6.19) | (5.67) | (5.20) | (4.35) | (4.24) | (5.31) |
| Single | 0.000 | −0.000 | −0.000** | 0.000 | 0.000 | 0.000 | 0.000** |
| | (1.22) | (−0.90) | (−2.41) | (1.16) | (1.58) | (1.31) | (2.30) |
| _cons | 0.017*** | 0.022*** | 0.021*** | 0.025*** | 0.045*** | 0.069*** | 0.113*** |
| | (13.08) | (12.29) | (10.34) | (9.37) | (10.74) | (11.97) | (12.50) |
| Year | Yes | Yes | Yes | Yes | Yes | Yes | Yes |
| Firm | Yes | Yes | Yes | Yes | Yes | Yes | Yes |
| N | 201753 | 201753 | 201753 | 201753 | 201753 | 201753 | 201753 |
| $R^2$ | 0.010 | 0.010 | 0.009 | 0.009 | 0.023 | 0.030 | 0.043 |

| PanelB：考虑其他分析师评级分歧度 | | | | | | | |
|---|---|---|---|---|---|---|---|
| | （1） | （2） | （3） | （4） | （5） | （6） | （7） |
| | （0，1） | （0，3） | （0，5） | （0，10） | （0，15） | （0，45） | （0，90） |
| Deviation | 0.003*** | 0.004*** | 0.004*** | 0.004*** | 0.003*** | 0.002 | -0.006*** |
| | (10.50) | (11.01) | (9.65) | (6.68) | (2.87) | (1.29) | (-3.73) |
| Deviation× Short | -0.001*** | -0.002*** | -0.003*** | -0.003*** | -0.005*** | -0.008*** | -0.007*** |
| | (-4.35) | (-5.66) | (-5.16) | (-4.82) | (-4.46) | (-4.77) | (-2.77) |
| Short | -0.001 | -0.000 | -0.001 | -0.004** | -0.008*** | -0.011** | -0.029*** |
| | (-1.55) | (-0.24) | (-0.55) | (-2.27) | (-2.40) | (-2.55) | (-3.92) |
| Deviation× Dmy | 0.000 | -0.000 | -0.000 | -0.000 | -0.004*** | -0.006*** | -0.010*** |
| | (0.25) | (-0.28) | (-0.86) | (-0.32) | (-3.47) | (-3.95) | (-4.57) |
| Dmy | -0.002*** | -0.002** | -0.003*** | -0.004*** | -0.010*** | -0.013*** | -0.016*** |
| | (-3.07) | (-2.50) | (-2.58) | (-2.62) | (-3.90) | (-4.26) | (-3.43) |
| Direction× Dmy | 0.000 | 0.001 | 0.001 | 0.000 | 0.000 | 0.001 | 0.001 |
| | (0.03) | (0.64) | (0.54) | (0.30) | (0.18) | (0.27) | (0.38) |
| Direction | 0.007*** | 0.009*** | 0.009*** | 0.011*** | 0.016*** | 0.019*** | 0.021*** |
| | (15.81) | (15.85) | (14.00) | (13.97) | (12.66) | (12.78) | (10.58) |
| _cons | 0.019*** | 0.025*** | 0.024*** | 0.029*** | 0.053*** | 0.080*** | 0.127*** |
| | (14.29) | (13.35) | (11.53) | (10.34) | (12.28) | (13.53) | (13.51) |
| Year | Yes | Yes | Yes | Yes | Yes | Yes | Yes |
| Firm | Yes | Yes | Yes | Yes | Yes | Yes | Yes |
| N | 201753 | 201753 | 201753 | 201753 | 201753 | 201753 | 201753 |
| $R^2$ | 0.010 | 0.010 | 0.009 | 0.010 | 0.024 | 0.032 | 0.044 |

注：*、**、***分别表示在10％、5％、1％的显著性水平上显著（双尾检验）。

### 7.4.2.3 不同股票市场行情时卖空机制对分析师"羊群行为"影响的差异

为了检验H7-3不同股票市场行情中，卖空机制对分析师"羊群行为"影响的差异，这里将股票市场行情分为"牛市"（Bear＝0）和"熊市"（Bear＝1），对模型（7-2）进行分组检验，表7-5报告了结果，此时样本为182722个，有一定损失，但并不影响整体结论。PanelA考虑分析师个人声誉与所附属券商，列（1）、列（2）以（0，1）为因变量，列（1）股票市场行情处于"牛市"时，分析师评级偏离度与卖空交乘项（Deviation×Short）的系数未通过显著性检验,表示卖空对分析师"羊群行为"的影响不显著;列(2)股票市场行情处于"熊市"时,Deviation×Short 的系数显著为负,表示卖空显著减少分析师"羊群行为";列(1)、列(2)组间差异检验显著。列(3)、列(4)以(0,3)为因变量,Deviation×Short 的系数均显著为负,列(3)、列(4)组间差异不显著。其余长期公司股票累积超额收益率均不存在显著差异,检验结果略。PanelB 考虑其他分析师评级分歧度时,得到与PanelA 大致相同的研究结论。需要特别说明的一点是,由于中国股市行情以每天的上证综合指数衡量,所以股市行情的影响只观测短期一天。表 7-5 的检验证实,股票市场行情影响卖空机制减少分析师"羊群行为"。具体来看,股票市场处于"熊市"时,卖空机制在短期内减少分析师"羊群行为"更为显著。

表 7-5 股市行情、卖空与分析师"羊群行为"

|  | (1)<br>(0, 1)<br>Bear = 0 | (2)<br>(0, 1)<br>Bear = 1 | (3)<br>(0, 3)<br>Bear = 0 | (4)<br>(0, 3)<br>Bear = 1 |
| --- | --- | --- | --- | --- |
| Deviation | 0.003***<br>(4.24) | 0.003***<br>(11.21) | 0.003***<br>(4.32) | 0.004***<br>(10.20) |
| Deviation×Short | -0.000<br>(-0.62) | -0.002***<br>(-5.53) | -0.002*<br>(-1.81) | -0.003***<br>(-5.47) |
| Short | -0.002<br>(-1.54) | 0.000<br>(0.13) | -0.001<br>(-0.52) | 0.002<br>(1.29) |
| Deviation×Star | -0.001<br>(-0.58) | -0.001<br>(-0.88) | -0.001<br>(-0.42) | -0.001<br>(-0.92) |
| Star | 0.004<br>(1.24) | 0.002<br>(1.09) | 0.008**<br>(2.21) | 0.005**<br>(2.00) |
| Deviation×Instute | 0.001<br>(1.13) | -0.000<br>(-0.56) | 0.001<br>(1.04) | 0.000<br>(0.05) |
| Instute | 0.003**<br>(2.02) | 0.000<br>(0.26) | 0.002<br>(0.96) | 0.001<br>(0.65) |
| Direction | 0.003***<br>(3.27) | 0.006***<br>(13.07) | 0.004***<br>(3.33) | 0.008***<br>(13.08) |
| Direction×Star | 0.003<br>(0.96) | 0.001<br>(0.78) | 0.006*<br>(1.66) | 0.004*<br>(1.73) |

续表

|  | (1) | (2) | (3) | (4) |
| --- | --- | --- | --- | --- |
|  | (0, 1) | (0, 1) | (0, 3) | (0, 3) |
|  | Bear=0 | Bear=1 | Bear=0 | Bear=1 |
| Direction×Instute | 0.002 | -0.000 | 0.001 | 0.001 |
|  | (1.33) | (-0.38) | (0.49) | (0.54) |
| Multi | 0.017*** | 0.005*** | 0.025*** | 0.008*** |
|  | (5.15) | (3.10) | (6.06) | (4.19) |
| Single | 0.010*** | 0.000 | 0.014*** | -0.000 |
|  | (7.09) | (1.15) | (7.68) | (-1.17) |
| _cons | 0.016*** | 0.016*** | 0.020*** | 0.021*** |
|  | (6.43) | (10.89) | (6.35) | (9.86) |
| Year | Yes | Yes | Yes | Yes |
| Firm | Yes | Yes | Yes | Yes |
| N | 52463 | 130259 | 52463 | 130259 |
| $R^2$ | 0.010 | 0.012 | 0.010 | 0.011 |
| 组间差异 p 值 | 0.000 | | 0.165 | |

PanelB：考虑其他分析师评级分歧度

|  | (1) | (2) | (3) | (4) |
| --- | --- | --- | --- | --- |
|  | (0, 1) | (0, 1) | (0, 3) | (0, 3) |
|  | Bear=0 | Bear=1 | Bear=0 | Bear=1 |
| Deviation | 0.003*** | 0.003*** | 0.004*** | 0.004*** |
|  | (4.95) | (9.31) | (4.81) | (9.98) |
| Deviation×Short | -0.000 | -0.002*** | -0.002* | -0.003*** |
|  | (-0.67) | (-5.46) | (-1.77) | (-5.39) |
| Short | -0.002 | 0.000 | -0.001 | 0.002 |
|  | (-1.53) | (0.09) | (-0.51) | (1.25) |
| Deviation×Dmy | -0.000 | -0.000 | 0.000 | -0.001 |
|  | (-0.01) | (-0.08) | (0.27) | (-1.29) |
| Dmy | 0.000 | -0.003*** | 0.000 | -0.003*** |
|  | (0.03) | (-3.17) | (0.10) | (-2.63) |
| Direction×Dmy | 0.002 | -0.000 | 0.002 | -0.000 |
|  | (1.28) | (-0.66) | (1.37) | (-0.05) |

续表

|  | (1) | (2) | (3) | (4) |
|---|---|---|---|---|
|  | (0, 1) | (0, 1) | (0, 3) | (0, 3) |
|  | Bear=0 | Bear=1 | Bear=0 | Bear=1 |
| Direction | 0.007*** | 0.007*** | 0.009*** | 0.008*** |
|  | (7.97) | (12.72) | (7.92) | (12.58) |
| _cons | 0.021*** | 0.019*** | 0.027*** | 0.024*** |
|  | (8.51) | (11.80) | (8.39) | (10.68) |
| Year | Yes | Yes | Yes | Yes |
| Firm | Yes | Yes | Yes | Yes |
| N | 52463 | 130259 | 52463 | 130259 |
| $R^2$ | 0.008 | 0.012 | 0.008 | 0.012 |
| 组间差异 p 值 | 0.000 | | 0.132 | |

注：*、**、*** 分别表示在 10%、5%、1% 的显著性水平下显著（双尾检验）。

## 7.5 稳健性检验

为了保证研究结论的稳健可靠，进行了如下几方面的稳健性测试，结果大体支持上述研究结论。

### 7.5.1 回归方法

前文采用面板数据固定效应模型进行检验，这里采用混合 OLS 回归方法进行检验，回归结果见表 7-6。表 7-6 PanelA 考虑分析师个人声誉与所附属券商时，列（1）~列（4）短期分析师评级偏离度（Deviation）的系数均显著为正；列（5）~列（7）长期 Deviation 的系数均显著为负，说明股票的累计超额收益率与分析师评级偏离度间存在显著的负相关关系。PanelB 得到与 PanelA 大致相同的检验结果。表 7-6 的检验证实 H7-1 即分析师存在"羊群行为"这一结论可靠。

表 7-6 分析师"羊群行为"（混合 OLS）

| PanelA：考虑分析师个人声誉与所附属券商 | | | | | | | |
|---|---|---|---|---|---|---|---|
|  | (1) | (2) | (3) | (4) | (5) | (6) | (7) |
|  | (0, 1) | (0, 3) | (0, 5) | (0, 10) | (0, 30) | (0, 45) | (0, 90) |
| Deviation | 0.003*** | 0.003*** | 0.003*** | 0.002*** | -0.002*** | -0.006*** | -0.018*** |
|  | (12.75) | (11.69) | (9.84) | (5.17) | (-3.80) | (-7.03) | (-16.74) |

续表

|  | (1)<br>(0, 1) | (2)<br>(0, 3) | (3)<br>(0, 5) | (4)<br>(0, 10) | (5)<br>(0, 30) | (6)<br>(0, 45) | (7)<br>(0, 90) |
| --- | --- | --- | --- | --- | --- | --- | --- |
| Deviation×Star | −0.000<br>(−0.50) | −0.001<br>(−1.04) | −0.002<br>(−1.60) | −0.002<br>(−1.44) | −0.002<br>(−0.81) | −0.004<br>(−1.60) | 0.001<br>(0.15) |
| Star | 0.004**<br>(2.46) | 0.007***<br>(3.79) | 0.008***<br>(3.77) | 0.006**<br>(2.20) | 0.007*<br>(1.76) | 0.008<br>(1.60) | 0.009<br>(1.41) |
| Deviation×Instute | 0.000<br>(0.16) | 0.000<br>(0.74) | 0.000<br>(0.60) | 0.001<br>(1.03) | 0.001<br>(1.10) | 0.000<br>(0.24) | −0.001<br>(−0.39) |
| Instute | 0.001*<br>(1.95) | 0.002**<br>(2.08) | 0.001<br>(1.37) | 0.002<br>(1.24) | 0.004**<br>(2.27) | 0.005**<br>(2.15) | 0.006*<br>(1.94) |
| Direction | 0.006***<br>(16.46) | 0.008***<br>(16.31) | 0.008***<br>(14.65) | 0.010***<br>(14.26) | 0.014***<br>(12.85) | 0.017***<br>(12.90) | 0.019***<br>(10.99) |
| Direction×Star | 0.003*<br>(1.80) | 0.006***<br>(3.03) | 0.007***<br>(3.32) | 0.004*<br>(1.68) | 0.005<br>(1.18) | 0.005<br>(1.09) | 0.008<br>(1.31) |
| Direction×Instute | 0.000<br>(0.72) | 0.001<br>(1.51) | 0.001<br>(1.02) | 0.001<br>(0.82) | 0.004**<br>(2.08) | 0.004<br>(1.58) | 0.004<br>(1.46) |
| Multi | 0.007***<br>(5.19) | 0.011***<br>(6.38) | 0.012***<br>(5.72) | 0.014***<br>(5.43) | 0.019***<br>(4.78) | 0.024***<br>(5.07) | 0.039***<br>(6.02) |
| Single | 0.000<br>(0.93) | −0.000<br>(−1.36) | −0.000***<br>(−9.14) | 0.000<br>(0.42) | 0.000<br>(0.68) | 0.000<br>(0.87) | 0.000<br>(1.34) |
| _cons | 0.013***<br>(11.10) | 0.019***<br>(12.22) | 0.017***<br>(9.29) | 0.023***<br>(10.11) | 0.039***<br>(11.17) | 0.057***<br>(13.33) | 0.105***<br>(18.23) |
| Year | Yes | Yes | Yes | Yes | Yes | Yes | Yes |
| Ind | Yes | Yes | Yes | Yes | Yes | Yes | Yes |
| N | 201753 | 201753 | 201753 | 201753 | 201753 | 201753 | 201753 |
| $R^2$ | 0.013 | 0.013 | 0.012 | 0.012 | 0.031 | 0.041 | 0.061 |
| PanelB：考虑其他分析师评级分歧度 | | | | | | | |
|  | (1)<br>(0, 1) | (2)<br>(0, 3) | (3)<br>(0, 5) | (4)<br>(0, 10) | (5)<br>(0, 30) | (6)<br>(0, 45) | (7)<br>(0, 90) |
| Deviation | 0.003***<br>(9.85) | 0.003***<br>(9.61) | 0.003***<br>(8.57) | 0.003***<br>(5.07) | 0.001<br>(0.85) | −0.002*<br>(−1.74) | −0.011***<br>(−8.07) |
| Deviation×Dmy | 0.000<br>(0.94) | 0.000<br>(0.67) | −0.000<br>(−0.13) | −0.000<br>(−0.08) | −0.004***<br>(−3.66) | −0.006***<br>(−4.23) | −0.011***<br>(−6.03) |

续表

|  | (1) | (2) | (3) | (4) | (5) | (6) | (7) |
|---|---|---|---|---|---|---|---|
|  | (0, 1) | (0, 3) | (0, 5) | (0, 10) | (0, 30) | (0, 45) | (0, 90) |
| Dmy | -0.003*** | -0.003*** | -0.003*** | -0.005*** | -0.011*** | -0.017*** | -0.025*** |
|  | (-4.29) | (-3.55) | (-3.72) | (-4.35) | (-6.44) | (-8.10) | (-8.87) |
| Direction× Dmy | -0.000 | 0.000 | 0.000 | 0.000 | -0.000 | -0.000 | -0.001 |
|  | (-0.18) | (0.58) | (0.49) | (0.02) | (-0.15) | (-0.18) | (-0.18) |
| Direction | 0.007*** | 0.009*** | 0.009*** | 0.011*** | 0.016*** | 0.019*** | 0.022*** |
|  | (16.53) | (16.47) | (14.80) | (14.45) | (13.74) | (13.77) | (11.89) |
| _cons | 0.016*** | 0.023*** | 0.021*** | 0.027*** | 0.050*** | 0.072*** | 0.127*** |
|  | (13.33) | (14.31) | (11.36) | (12.17) | (14.12) | (16.81) | (21.88) |
| Year | Yes | Yes | Yes | Yes | Yes | Yes | Yes |
| Ind | Yes | Yes | Yes | Yes | Yes | Yes | Yes |
| N | 201753 | 201753 | 201753 | 201753 | 201753 | 201753 | 201753 |
| $R^2$ | 0.013 | 0.014 | 0.013 | 0.013 | 0.032 | 0.043 | 0.064 |

注：*、**、***分别表示在10%、5%、1%的显著性水平上显著（双尾检验）。

采用混合OLS回归方法对卖空与分析师"羊群行为"关系进行回归，表7-7 PanelA和PanelB报告了结果，列（1）~列（7）分析师评级偏离度与卖空交乘项（Deviation×Short）的系数均显著为负，证实H7-2即卖空机制减少分析师"羊群行为"这一结论可靠。

表7-7 卖空与分析师"羊群行为"（混合OLS）

| PanelA：考虑分析师个人声誉与所属券商 | | | | | | | |
|---|---|---|---|---|---|---|---|
|  | (1) | (2) | (3) | (4) | (5) | (6) | (7) |
|  | (0, 1) | (0, 3) | (0, 5) | (0, 10) | (0, 15) | (0, 45) | (0, 90) |
| Deviation | 0.003*** | 0.004*** | 0.004*** | 0.003*** | -0.001 | -0.004*** | -0.016*** |
|  | (12.81) | (12.30) | (10.59) | (6.59) | (-1.42) | (-3.92) | (-13.37) |
| Deviation× Short | -0.001*** | -0.002*** | -0.002*** | -0.003*** | -0.005*** | -0.007*** | -0.006*** |
|  | (-3.80) | (-4.80) | (-4.71) | (-4.80) | (-4.59) | (-5.43) | (-3.25) |
| Short | -0.001*** | -0.002*** | -0.003*** | -0.004*** | -0.005*** | -0.006*** | -0.028*** |
|  | (-3.29) | (-5.45) | (-7.20) | (-9.57) | (-6.31) | (-6.15) | (-22.67) |
| Deviation× Star | -0.000 | -0.001 | -0.001 | -0.001 | -0.001 | -0.003 | 0.003 |
|  | (-0.12) | (-0.53) | (-1.05) | (-0.82) | (-0.26) | (-0.99) | (0.92) |

续表

|  | (1) | (2) | (3) | (4) | (5) | (6) | (7) |
| --- | --- | --- | --- | --- | --- | --- | --- |
|  | (0, 1) | (0, 3) | (0, 5) | (0, 10) | (0, 15) | (0, 45) | (0, 90) |
| Star | 0.004** | 0.007*** | 0.008*** | 0.006** | 0.007* | 0.008 | 0.009 |
|  | (2.47) | (3.80) | (3.78) | (2.21) | (1.77) | (1.61) | (1.46) |
| Deviation× Instute | 0.000 | 0.000 | 0.000 | 0.001 | 0.001 | 0.000 | −0.001 |
|  | (0.13) | (0.69) | (0.52) | (0.91) | (1.03) | (0.18) | (−0.72) |
| Instute | 0.001* | 0.002** | 0.001 | 0.002 | 0.004** | 0.005** | 0.006** |
|  | (1.94) | (2.07) | (1.38) | (1.26) | (2.28) | (2.14) | (2.07) |
| Direction | 0.006*** | 0.008*** | 0.008*** | 0.010*** | 0.014*** | 0.017*** | 0.019*** |
|  | (16.41) | (16.24) | (14.57) | (14.15) | (12.77) | (12.82) | (10.79) |
| Direction× Star | 0.003* | 0.006*** | 0.007*** | 0.004 | 0.005 | 0.005 | 0.007 |
|  | (1.77) | (2.98) | (3.26) | (1.60) | (1.12) | (1.03) | (1.15) |
| Direction× Instute | 0.000 | 0.001 | 0.001 | 0.001 | 0.004** | 0.003 | 0.004 |
|  | (0.71) | (1.50) | (1.01) | (0.81) | (2.06) | (1.56) | (1.47) |
| Multi | 0.007*** | 0.011*** | 0.012*** | 0.014*** | 0.020*** | 0.024*** | 0.039*** |
|  | (5.25) | (6.45) | (5.80) | (5.51) | (4.86) | (5.17) | (6.06) |
| Single | 0.000 | −0.000 | −0.000*** | 0.000 | 0.000 | 0.000 | 0.000 |
|  | (0.91) | (−1.44) | (−9.50) | (0.39) | (0.65) | (0.85) | (1.28) |
| _cons | 0.013*** | 0.019*** | 0.016*** | 0.022*** | 0.038*** | 0.056*** | 0.102*** |
|  | (11.03) | (12.11) | (9.14) | (9.92) | (11.03) | (13.19) | (17.78) |
| Year | Yes | Yes | Yes | Yes | Yes | Yes | Yes |
| Ind | Yes | Yes | Yes | Yes | Yes | Yes | Yes |
| N | 201753 | 201753 | 201753 | 201753 | 201753 | 201753 | 201753 |
| $R^2$ | 0.013 | 0.013 | 0.012 | 0.013 | 0.031 | 0.041 | 0.063 |

PanelB：考虑其他分析师评级分歧度

|  | (1) | (2) | (3) | (4) | (5) | (6) | (7) |
| --- | --- | --- | --- | --- | --- | --- | --- |
|  | (0, 1) | (0, 3) | (0, 5) | (0, 10) | (0, 15) | (0, 45) | (0, 90) |
| Deviation | 0.003*** | 0.004*** | 0.004*** | 0.004*** | 0.002** | 0.001 | −0.009*** |
|  | (10.31) | (10.45) | (9.50) | (6.40) | (2.54) | (0.60) | (−5.97) |
| Deviation× Short | −0.001*** | −0.002*** | −0.002*** | −0.003*** | −0.005*** | −0.008*** | −0.006*** |
|  | (−3.60) | (−4.59) | (−4.61) | (−4.67) | (−4.57) | (−5.52) | (−3.23) |
| Short | −0.001** | −0.002*** | −0.002*** | −0.004*** | −0.004*** | −0.005*** | −0.026*** |
|  | (−2.56) | (−4.80) | (−6.60) | (−8.96) | (−5.46) | (−5.11) | (−21.62) |
| Deviation× Dmy | 0.000 | 0.000 | −0.000 | −0.000 | −0.004*** | −0.006*** | −0.011*** |
|  | (0.79) | (0.48) | (−0.31) | (−0.25) | (−3.84) | (−4.46) | (−6.11) |

续表

|  | (1) | (2) | (3) | (4) | (5) | (6) | (7) |
|---|---|---|---|---|---|---|---|
|  | (0, 1) | (0, 3) | (0, 5) | (0, 10) | (0, 15) | (0, 45) | (0, 90) |
| Dmy | -0.003*** | -0.003*** | -0.003*** | -0.005*** | -0.011*** | -0.017*** | -0.023*** |
|  | (-4.21) | (-3.42) | (-3.56) | (-4.14) | (-6.30) | (-7.94) | (-8.40) |
| Direction×Dmy | -0.000 | 0.001 | 0.001 | 0.000 | -0.000 | -0.000 | -0.000 |
|  | (-0.14) | (0.63) | (0.55) | (0.11) | (-0.09) | (-0.11) | (-0.02) |
| Direction | 0.007*** | 0.009*** | 0.009*** | 0.011*** | 0.016*** | 0.019*** | 0.022*** |
|  | (16.46) | (16.36) | (14.67) | (14.29) | (13.61) | (13.64) | (11.57) |
| _cons | 0.016*** | 0.022*** | 0.020*** | 0.027*** | 0.049*** | 0.071*** | 0.124*** |
|  | (13.25) | (14.17) | (11.17) | (11.92) | (13.95) | (16.65) | (21.32) |
| Year | Yes | Yes | Yes | Yes | Yes | Yes | Yes |
| Ind | Yes | Yes | Yes | Yes | Yes | Yes | Yes |
| N | 201753 | 201753 | 201753 | 201753 | 201753 | 201753 | 201753 |
| $R^2$ | 0.013 | 0.014 | 0.013 | 0.013 | 0.033 | 0.043 | 0.066 |

注：*、**、***分别表示在10%、5%、1%的显著性水平上显著（双尾检验）。

### 7.5.2 关键变量指标替换

这里参考蔡庆丰等（2011）用行业分析师一致预期（$Consensus_{i,j,t-1}$）即在$t$时刻前180天内其他分析师对公司股票$j$所在行业的所有股票发布的评级均值作为观测变量进行回归，表7-8报告了回归结果。PanelA考虑分析师个人声誉与所附属券商时，列（1）~列（4）短期分析师一致预期（Consensus）的系数均显著为正，列（6）~列（7）中长期Consensus的系数均显著为负。PanelB考虑其他分析师评级分歧度时，得到与PanelA大致相同的检验结果。表7-8的检验再次验证了H7-1。

表7-8 分析师"羊群行为"（替换关键变量指标）

| PanelA：考虑分析师个人声誉与所附属券商 | | | | | | | |
|---|---|---|---|---|---|---|---|
|  | (1) | (2) | (3) | (4) | (5) | (6) | (7) |
|  | (0, 1) | (0, 3) | (0, 5) | (0, 10) | (0, 30) | (0, 45) | (0, 90) |
| Consensus | 0.003*** | 0.003*** | 0.003*** | 0.003*** | -0.001 | -0.004*** | -0.014*** |
|  | (12.37) | (11.32) | (9.90) | (5.90) | (-1.27) | (-3.83) | (-9.51) |

续表

|  | (1) | (2) | (3) | (4) | (5) | (6) | (7) |
| --- | --- | --- | --- | --- | --- | --- | --- |
|  | (0, 1) | (0, 3) | (0, 5) | (0, 10) | (0, 30) | (0, 45) | (0, 90) |
| Consensus×Star | -0.001* | -0.001** | -0.001* | -0.001 | -0.003* | -0.004* | -0.004 |
|  | (-1.87) | (-2.09) | (-1.79) | (-1.30) | (-1.77) | (-1.80) | (-1.26) |
| Star | 0.004*** | 0.007*** | 0.008*** | 0.007*** | 0.008*** | 0.010*** | 0.013*** |
|  | (4.21) | (5.60) | (6.22) | (4.34) | (2.89) | (3.32) | (3.20) |
| Consensus×Instute | 0.000 | 0.000 | -0.000 | -0.000 | 0.001 | 0.000 | -0.000 |
|  | (0.37) | (0.50) | (-0.31) | (-0.57) | (0.41) | (0.08) | (-0.21) |
| Instute | 0.000 | 0.000 | -0.001 | -0.000 | 0.002 | 0.002 | 0.001 |
|  | (0.43) | (0.35) | (-0.52) | (-0.20) | (1.12) | (0.76) | (0.39) |
| Direction | 0.006*** | 0.008*** | 0.008*** | 0.009*** | 0.014*** | 0.017*** | 0.020*** |
|  | (14.75) | (14.41) | (12.93) | (12.61) | (11.50) | (12.22) | (10.58) |
| Direction×Star | 0.003*** | 0.005*** | 0.007*** | 0.005*** | 0.005* | 0.007** | 0.007 |
|  | (2.81) | (4.20) | (4.99) | (3.04) | (1.94) | (2.18) | (1.63) |
| Direction×Instute | 0.000 | 0.000 | -0.000 | -0.000 | 0.002 | 0.001 | 0.000 |
|  | (0.05) | (0.42) | (-0.25) | (-0.10) | (0.96) | (0.35) | (0.02) |
| Multi | 0.007*** | 0.010*** | 0.010*** | 0.012*** | 0.015*** | 0.017*** | 0.032*** |
|  | (4.91) | (5.90) | (5.37) | (4.97) | (3.80) | (3.77) | (5.18) |
| Single | -0.000* | -0.000*** | -0.000* | -0.000** | 0.000*** | -0.000 | 0.000*** |
|  | (-1.82) | (-9.36) | (-1.72) | (-2.32) | (3.97) | (-1.04) | (13.90) |
| _cons | 0.016*** | 0.022*** | 0.020*** | 0.026*** | 0.050*** | 0.081*** | 0.139*** |
|  | (11.16) | (10.65) | (8.79) | (8.58) | (10.44) | (12.23) | (13.92) |
| Year | Yes | Yes | Yes | Yes | Yes | Yes | Yes |
| Firm | Yes | Yes | Yes | Yes | Yes | Yes | Yes |
| N | 201753 | 201753 | 201753 | 201753 | 201753 | 201753 | 201753 |
| $R^2$ | 0.010 | 0.011 | 0.010 | 0.012 | 0.031 | 0.041 | 0.059 |

PanelB：考虑其他分析师评级分歧度

|  | (1) | (2) | (3) | (4) | (5) | (6) | (7) |
| --- | --- | --- | --- | --- | --- | --- | --- |
|  | (0, 1) | (0, 3) | (0, 5) | (0, 10) | (0, 30) | (0, 45) | (0, 90) |
| Consensus | 0.003*** | 0.003*** | 0.003*** | 0.002*** | 0.001 | -0.001 | -0.009*** |
|  | (9.20) | (8.62) | (7.32) | (4.07) | (0.88) | (-1.22) | (-5.73) |
| Consensus×Dmy | 0.000 | 0.000 | 0.000 | 0.001 | -0.003*** | -0.004*** | -0.008*** |
|  | (1.15) | (0.96) | (0.45) | (0.77) | (-2.59) | (-2.93) | (-3.93) |

续表

|  | （1） | （2） | （3） | （4） | （5） | （6） | （7） |
|---|---|---|---|---|---|---|---|
|  | （0，1） | （0，3） | （0，5） | （0，10） | （0，30） | （0，45） | （0，90） |
| Dmy | -0.002** | -0.002* | -0.003** | -0.003** | -0.009*** | -0.013*** | -0.017*** |
|  | (-2.18) | (-1.76) | (-2.38) | (-2.46) | (-3.59) | (-4.03) | (-3.32) |
| Direction×Dmy | 0.001 | 0.001 | 0.001 | 0.001 | -0.000 | 0.001 | 0.001 |
|  | (0.90) | (1.44) | (0.81) | (0.64) | (-0.04) | (0.23) | (0.20) |
| Direction | 0.007*** | 0.008*** | 0.009*** | 0.010*** | 0.016*** | 0.019*** | 0.022*** |
|  | (14.77) | (14.85) | (13.53) | (13.08) | (12.49) | (12.60) | (10.50) |
| _cons | 0.019*** | 0.025*** | 0.024*** | 0.030*** | 0.059*** | 0.092*** | 0.153*** |
|  | (12.33) | (11.79) | (10.17) | (9.60) | (11.76) | (13.66) | (14.87) |
| Year | Yes | Yes | Yes | Yes | Yes | Yes | Yes |
| Firm | Yes | Yes | Yes | Yes | Yes | Yes | Yes |
| N | 201753 | 201753 | 201753 | 201753 | 201753 | 201753 | 201753 |
| $R^2$ | 0.010 | 0.011 | 0.010 | 0.012 | 0.032 | 0.042 | 0.060 |

注：*、**、***分别表示在10%、5%、1%的显著性水平上显著（双尾检验）。

用行业分析师一致预期（Consensus）替换关键观测变量分析师评级偏离度（Deviation），检测卖空与分析师"羊群行为"的关系，表7-9 PanelA 和 PanelB 报告了结果，列（1）~列（7）分析师一致预期与卖空交乘项（Consensus×Short）的系数均显著为负，证实H7-2卖空机制减少分析师"羊群行为"这一结论可靠。

表7-9 卖空与分析师"羊群行为"（替换关键变量指标）

| PanelA：考虑分析师个人声誉与所属券商 | | | | | | | |
|---|---|---|---|---|---|---|---|
|  | （1） | （2） | （3） | （4） | （5） | （6） | （7） |
|  | （0，1） | （0，3） | （0，5） | （0，10） | （0，15） | （0，45） | （0，90） |
| Consensus | 0.003*** | 0.004*** | 0.004*** | 0.004*** | 0.001 | -0.002 | -0.012*** |
|  | (11.78) | (11.63) | (10.18) | (6.76) | (0.58) | (-1.42) | (-7.59) |
| Consensus×Short | -0.001*** | -0.002*** | -0.002*** | -0.003*** | -0.005*** | -0.008*** | -0.007** |
|  | (-3.57) | (-4.53) | (-4.02) | (-3.78) | (-3.74) | (-4.09) | (-2.37) |
| Short | -0.001 | 0.000 | 0.000 | -0.003 | -0.007** | -0.010** | -0.030*** |
|  | (-0.94) | (0.26) | (0.31) | (-1.54) | (-1.99) | (-2.11) | (-3.84) |
| Consensus×Star | -0.001 | -0.001* | -0.001 | -0.001 | -0.003 | -0.003 | -0.003 |
|  | (-1.62) | (-1.80) | (-1.53) | (-1.01) | (-1.47) | (-1.46) | (-1.02) |

续表

| | (1) | (2) | (3) | (4) | (5) | (6) | (7) |
|---|---|---|---|---|---|---|---|
| | (0, 1) | (0, 3) | (0, 5) | (0, 10) | (0, 15) | (0, 45) | (0, 90) |
| Star | 0.004*** | 0.007*** | 0.008*** | 0.007*** | 0.008*** | 0.010*** | 0.013*** |
| | (4.21) | (5.60) | (6.22) | (4.33) | (2.88) | (3.31) | (3.18) |
| Consensus×Instute | 0.000 | 0.000 | −0.000 | −0.000 | 0.001 | 0.000 | −0.000 |
| | (0.40) | (0.54) | (−0.27) | (−0.53) | (0.44) | (0.12) | (−0.21) |
| Instute | 0.000 | 0.000 | −0.001 | −0.000 | 0.002 | 0.002 | 0.001 |
| | (0.40) | (0.31) | (−0.55) | (−0.23) | (1.08) | (0.71) | (0.37) |
| Direction | 0.006*** | 0.008*** | 0.008*** | 0.009*** | 0.014*** | 0.017*** | 0.020*** |
| | (14.73) | (14.38) | (12.90) | (12.58) | (11.47) | (12.18) | (10.55) |
| Direction×Star | 0.003*** | 0.005*** | 0.007*** | 0.005*** | 0.005* | 0.007** | 0.007 |
| | (2.80) | (4.19) | (4.98) | (3.02) | (1.93) | (2.16) | (1.60) |
| Direction×Instute | 0.000 | 0.000 | −0.000 | −0.000 | 0.002 | 0.001 | 0.000 |
| | (0.03) | (0.40) | (−0.27) | (−0.12) | (0.94) | (0.31) | (0.00) |
| Multi | 0.007*** | 0.010*** | 0.011*** | 0.012*** | 0.015*** | 0.018*** | 0.032*** |
| | (4.97) | (5.97) | (5.44) | (5.03) | (3.84) | (3.83) | (5.20) |
| Single | −0.000** | −0.000*** | −0.000* | −0.000*** | 0.000*** | −0.000* | 0.000*** |
| | (−2.13) | (−9.33) | (−1.84) | (−2.85) | (3.02) | (−1.91) | (12.18) |
| _cons | 0.016*** | 0.022*** | 0.020*** | 0.025*** | 0.049*** | 0.079*** | 0.134*** |
| | (10.99) | (10.59) | (8.70) | (8.34) | (10.09) | (11.92) | (13.35) |
| Year | Yes | Yes | Yes | Yes | Yes | Yes | Yes |
| Firm | Yes | Yes | Yes | Yes | Yes | Yes | Yes |
| N | 201753 | 201753 | 201753 | 201753 | 201753 | 201753 | 201753 |
| $R^2$ | 0.010 | 0.011 | 0.010 | 0.012 | 0.031 | 0.041 | 0.061 |

PanelB：考虑其他分析师评级分歧度

| | (1) | (2) | (3) | (4) | (5) | (6) | (7) |
|---|---|---|---|---|---|---|---|
| | (0, 1) | (0, 3) | (0, 5) | (0, 10) | (0, 15) | (0, 45) | (0, 90) |
| Consensus | 0.003*** | 0.004*** | 0.004*** | 0.003*** | 0.002** | 0.001 | −0.007*** |
| | (9.47) | (9.39) | (7.95) | (5.16) | (2.42) | (0.78) | (−4.03) |
| Consensus×Short | −0.001*** | −0.002*** | −0.002*** | −0.003*** | −0.005*** | −0.008*** | −0.006** |
| | (−3.42) | (−4.39) | (−3.90) | (−3.62) | (−3.69) | (−4.04) | (−2.30) |
| Short | −0.001 | 0.000 | 0.000 | −0.003 | −0.007** | −0.010** | −0.030*** |
| | (−0.98) | (0.22) | (0.26) | (−1.58) | (−2.03) | (−2.15) | (−3.88) |

续表

|  | （1） | （2） | （3） | （4） | （5） | （6） | （7） |
|---|---|---|---|---|---|---|---|
|  | （0，1） | （0，3） | （0，5） | （0，10） | （0，15） | （0，45） | （0，90） |
| Consensus× Dmy | 0.000 | 0.000 | 0.000 | 0.001 | -0.003*** | -0.004*** | -0.008*** |
|  | （1.10） | （0.89） | （0.39） | （0.73） | （-2.64） | （-2.99） | （-3.92） |
| Dmy | -0.002** | -0.002* | -0.003** | -0.003** | -0.009*** | -0.013*** | -0.016*** |
|  | （-2.14） | （-1.73） | （-2.36） | （-2.42） | （-3.54） | （-3.98） | （-3.25） |
| Direction× Dmy | 0.001 | 0.001 | 0.001 | 0.001 | 0.000 | 0.001 | 0.001 |
|  | （0.93） | （1.45） | （0.83） | （0.69） | （0.02） | （0.30） | （0.32） |
| Direction | 0.007*** | 0.008*** | 0.009*** | 0.010*** | 0.016*** | 0.019*** | 0.022*** |
|  | （14.70） | （14.81） | （13.49） | （13.00） | （12.43） | （12.52） | （10.39） |
| _cons | 0.018*** | 0.025*** | 0.024*** | 0.029*** | 0.058*** | 0.090*** | 0.148*** |
|  | （12.16） | （11.72） | （10.07） | （9.38） | （11.45） | （13.39） | （14.35） |
| Year | Yes | Yes | Yes | Yes | Yes | Yes | Yes |
| Firm | Yes | Yes | Yes | Yes | Yes | Yes | Yes |
| N | 201753 | 201753 | 201753 | 201753 | 201753 | 201753 | 201753 |
| $R^2$ | 0.010 | 0.011 | 0.010 | 0.012 | 0.032 | 0.042 | 0.062 |

注：*、**、***分别表示在10％、5％、1％的显著性水平上显著（双尾检验）。

### 7.5.3 去掉进入卖空标的当年数据

启动卖空机制之前市场可能会由于预期提前做出反应，在卖空机制启动后市场由于信息不对称等出现过度反应。这里参考褚剑和方军雄（2016）的做法，剔除进入卖空标的公司当年数据进行检测，回归结果如表7-10所示。PanelA 和 PanelB 列（1）~列（7）分析师评级偏离度与卖空交乘项（Deviation×Short）的系数均显著为负，证实 H7-2 卖空机制减少分析师"羊群行为"这一结论稳健。

表7-10 卖空与分析师"羊群行为"（去掉卖空当年数据）

| PanelA：考虑分析师个人声誉与所属券商 | | | | | | | |
|---|---|---|---|---|---|---|---|
|  | （1） | （2） | （3） | （4） | （5） | （6） | （7） |
|  | （0，1） | （0，3） | （0，5） | （0，10） | （0，15） | （0，45） | （0，90） |
| Deviation | 0.003*** | 0.004*** | 0.004*** | 0.004*** | 0.000 | -0.002** | -0.013*** |
|  | （12.30） | （12.04） | （10.59） | （7.29） | （0.03） | （-2.09） | （-8.65） |
| Deviation× Short | -0.002*** | -0.003*** | -0.003*** | -0.004*** | -0.006*** | -0.008*** | -0.008*** |
|  | （-4.12） | （-5.53） | （-5.47） | （-5.06） | （-4.34） | （-4.70） | （-3.02） |

续表

|  | （1） | （2） | （3） | （4） | （5） | （6） | （7） |
|---|---|---|---|---|---|---|---|
|  | （0，1） | （0，3） | （0，5） | （0，10） | （0，15） | （0，45） | （0，90） |
| Short | −0.001 | 0.000 | 0.001 | −0.000 | −0.002 | −0.006 | −0.022** |
|  | （−1.17） | （0.06） | （0.66） | （−0.14） | （−0.51） | （−1.12） | （−2.17） |
| Deviation× Star | −0.000 | −0.000 | −0.000 | −0.000 | −0.001 | −0.005 | −0.002 |
|  | （−0.24） | （−0.39） | （−0.28） | （−0.27） | （−0.53） | （−1.43） | （−0.38） |
| Star | 0.003** | 0.007*** | 0.009*** | 0.006** | 0.007 | 0.009 | 0.013* |
|  | （1.99） | （3.35） | （3.39） | （2.14） | （1.52） | （1.59） | （1.95） |
| Deviation× Instute | 0.000 | 0.000 | −0.000 | −0.000 | 0.000 | 0.000 | 0.001 |
|  | （0.48） | （0.73） | （−0.18） | （−0.42） | （0.18） | （0.12） | （0.26） |
| Instute | 0.001 | 0.001 | 0.000 | 0.000 | 0.003* | 0.003 | 0.005* |
|  | （1.23） | （1.05） | （0.39） | （0.33） | （1.71） | （1.53） | （1.69） |
| Direction | 0.006*** | 0.008*** | 0.008*** | 0.010*** | 0.014*** | 0.017*** | 0.019*** |
|  | （15.23） | （14.95） | （13.30） | （13.37） | （11.32） | （11.89） | （9.76） |
| Direction× Star | 0.003 | 0.006*** | 0.008*** | 0.005 | 0.005 | 0.006 | 0.010 |
|  | （1.56） | （2.67） | （2.92） | （1.54） | （0.94） | （1.02） | （1.48） |
| Direction× Instute | 0.000 | 0.001 | 0.000 | 0.000 | 0.003* | 0.003 | 0.003 |
|  | （0.28） | （0.75） | （0.39） | （0.11） | （1.77） | （1.27） | （0.99） |
| Multi | 0.006*** | 0.010*** | 0.010*** | 0.011*** | 0.015*** | 0.019*** | 0.034*** |
|  | （4.26） | （5.15） | （4.64） | （4.04） | （3.51） | （3.90） | （5.35） |
| Single | 0.000 | −0.000 | −0.000* | 0.000 | 0.000* | 0.000 | 0.000** |
|  | （1.24） | （−0.82） | （−1.89） | （1.26） | （1.70） | （1.33） | （2.32） |
| _cons | 0.016*** | 0.022*** | 0.021*** | 0.025*** | 0.044*** | 0.067*** | 0.110*** |
|  | （12.73） | （12.01） | （10.09） | （9.31） | （10.33） | （11.60） | （12.05） |
| Year | Yes | Yes | Yes | Yes | Yes | Yes | Yes |
| Firm | Yes | Yes | Yes | Yes | Yes | Yes | Yes |
| N | 177657 | 177657 | 177657 | 177657 | 177657 | 177657 | 177657 |
| $R^2$ | 0.010 | 0.010 | 0.009 | 0.010 | 0.022 | 0.027 | 0.040 |

PanelB：考虑其他分析师评级分歧度

|  | （1） | （2） | （3） | （4） | （5） | （6） | （7） |
|---|---|---|---|---|---|---|---|
|  | （0，1） | （0，3） | （0，5） | （0，10） | （0，15） | （0，45） | （0，90） |
| Deviation | 0.003*** | 0.004*** | 0.004*** | 0.004*** | 0.003*** | 0.001 | −0.007*** |
|  | （10.06） | （10.42） | （9.09） | （6.45） | （2.71） | （1.01） | （−3.99） |

续表

|  | (1)<br>(0, 1) | (2)<br>(0, 3) | (3)<br>(0, 5) | (4)<br>(0, 10) | (5)<br>(0, 15) | (6)<br>(0, 45) | (7)<br>(0, 90) |
| --- | --- | --- | --- | --- | --- | --- | --- |
| Deviation×Short | -0.002*** | -0.003*** | -0.003*** | -0.004*** | -0.006*** | -0.009*** | -0.008*** |
|  | (-3.98) | (-5.39) | (-5.40) | (-4.98) | (-4.27) | (-4.76) | (-2.99) |
| Short | -0.001 | -0.000 | 0.001 | -0.001 | -0.003 | -0.007 | -0.023** |
|  | (-1.37) | (-0.11) | (0.50) | (-0.28) | (-0.69) | (-1.32) | (-2.31) |
| Deviation×Dmy | 0.000 | 0.000 | -0.000 | 0.000 | -0.004*** | -0.005*** | -0.009*** |
|  | (0.72) | (0.31) | (-0.12) | (0.09) | (-3.14) | (-3.49) | (-4.31) |
| Dmy | -0.003*** | -0.003*** | -0.004*** | -0.004*** | -0.011*** | -0.016*** | -0.018*** |
|  | (-3.72) | (-2.93) | (-3.09) | (-2.98) | (-4.47) | (-5.02) | (-3.89) |
| Direction×Dmy | -0.000 | 0.000 | 0.000 | 0.000 | -0.000 | -0.000 | 0.000 |
|  | (-0.31) | (0.43) | (0.24) | (0.16) | (-0.13) | (-0.14) | (0.03) |
| Direction | 0.007*** | 0.009*** | 0.009*** | 0.010*** | 0.016*** | 0.019*** | 0.021*** |
|  | (14.52) | (14.50) | (12.92) | (12.90) | (12.01) | (12.34) | (10.07) |
| _cons | 0.019*** | 0.025*** | 0.024*** | 0.028*** | 0.053*** | 0.080*** | 0.125*** |
|  | (14.07) | (13.08) | (11.34) | (10.29) | (12.06) | (13.35) | (13.18) |
| Year | Yes | Yes | Yes | Yes | Yes | Yes | Yes |
| Firm | Yes | Yes | Yes | Yes | Yes | Yes | Yes |
| N | 177657 | 177657 | 177657 | 177657 | 177657 | 177657 | 177657 |
| $R^2$ | 0.011 | 0.011 | 0.009 | 0.010 | 0.023 | 0.029 | 0.041 |

注：*、**、***分别表示在10%、5%、1%的显著性水平上显著（双尾检验）。

## 7.6 研究结论与启示

基于中国证券市场2010年起逐步放松卖管机制的准自然实验，以2007~2014年对沪、深两市A股发布评级报告的分析师为研究样本，考察卖空机制对分析师"羊群行为"的影响。研究发现：中国证券市场存在分析师"羊群行为"；启动卖空交易后，分析师通过股价学习和选择相信卖空投资者，减少其"羊群行为"；股票市场行情为"熊市"时，投资者对分析师高质量信息服务需求增大，使卖空机制减少分析师"羊群行为"尤为显著。研究证实卖空机制发挥治理作用，减少分析师"羊群行为"这种资本市场异象。从这个角度讲，中国启动卖空机制对减少资本市场异象、提升整个资本市场效率具有重要的现实指导意义。另外，根据中国逐步放松卖空管制的检验，本书研究的结果说明，证监会采取循序渐进的方式启动卖空机制达到了提高资本市

### 卖空机制对分析师行为的影响研究

场效率的目的。

以上的实证结果表明,从整体上看,中国启动卖空机制减少了分析师"羊群行为"。这种效果的产生从卖空机制角度而言是因为卖空机制发挥治理作用;从分析师角度而言则是因为卖空机制提高了公司信息透明度,减少了分析师信息收集成本,进而纠正他们的"羊群行为"。但中国启动卖空机制,卖空标的同时也允许被融资交易,从中国融资融券交易量统计来看,融资交易额远大于融券交易额(卖空量)。基于中国的融资融券双重制度背景,考察对分析师乃至其他资本市场参与者行为的影响,则是另一个有趣的研究方向,这有助于人们更全面地认识中国卖空机制的经济后果。

# 研究结论、政策启示及局限性

CHAPTER 8

作为本书的结束部分，对全书的研究结论进行归纳和总结，基于本书研究得到卖空机制对分析师行为影响的证据，讨论中国资本市场调整卖空机制如何影响分析师行为及产生的经济后果，并探讨中国卖空交易制度的有效性问题，总结本书研究存在的局限性，并展望未来可能研究的方向。

## 8.1 主要研究结论

根据有效市场假说、行为金融理论、分析师角色等理论，观测卖空机制对分析师行为的影响，具体从分析师跟踪和分析师预测两种行为展开实证检验。并进一步探讨了卖空机制影响分析师行为的作用机制和经济后果。本书的主要研究结论可归纳如下：

第一，放松卖空管制后，标的公司信息环境变得更为复杂，使投机型投资者对分析师服务需求增加，导致分析师跟踪增加。第四章的研究重点在于讨论卖空机制对分析师跟踪行为的影响及作用机制。以 2007~2015 年沪、深两市 A 股上市公司为样本，采用双重查分模型（DID）检验发现，中国放松卖空管制标的公司吸引分析师跟踪和明星分析师跟踪。放松卖空管制标的公司吸引分析师初始跟踪；退出卖空管制标的公司分析师跟踪减少。卖空机制影响分析师跟踪的作用机制检验得到如下结果：并非是公司治理作用，而是放松卖空管制标的公司信息环境变得更为复杂，使投机型投资者对分析师的需求增加，导致分析师跟踪增加，表明中国卖空机制受到噪声交易者干扰严重。研究证实，与未进入卖空标的相比，进入卖空标的公司分析师跟踪增多，但这种分析师跟踪增加不能判定为信息环境的改善，而是投机者的需求。

第二，放松卖空管制后，公司管理层和券商机构在市场压力机制下，干预分析师发布乐观预测报告。第五章的研究重点在于讨论卖空机制对分析师预测行为的影响和作用机制。以 2007~2015 年沪、深两市 A 股上市公司数据为样本，采用双重查分模型（DID）检验发现，放松卖空管制标的公司的分析师预测乐观偏差增大；对股市行情影响较大的市值规模大公司，放松卖空

## 卖空机制对分析师行为的影响研究

管制标的公司增加分析师预测乐观偏差更为显著。虽然与 Ke 等（2015）基于美国的研究和李丹等（2016）基于中国的研究发现卖空机制降低分析师预测乐观度的结论不一致，但却与张俊瑞等（2016）发现中国放松卖空管制标的公司发生内幕交易的可能性显著上升的结论一致。研究还发现，卖空机制对明星分析师预测乐观偏差并不具有显著作用；公司本身业绩较好导致分析师预测乐观偏差增加的替代性解释并不成立；当市场处于"牛市"时，由于投资者的"自负"心理作用，券商的经纪收入对股市行情的敏感程度更大，放松卖空管制提升分析师预测乐观偏差更为显著。而收紧卖空管制标的公司分析师预测乐观偏差降低，佐证了上述主要研究结论。作用机制检验发现，信息环境机制不成立，市场压力机制得以验证，即由于放松卖空管制标的公司股价下行风险增大，公司管理层担心影响其薪酬甚至引起离职，券商机构恐股市行情下滑、中小投资者离场影响其经纪收入，促使分析师发布乐观盈利预测。总体而言，研究证实，与未进入卖空标的相比，进入卖空标的公司分析师盈利预测乐观偏差增大，表明目前在噪声交易者充斥的中国资本市场中，卖空机制对分析师尚不满足发挥治理作用的条件。

第三，放松卖空管制标的公司的分析师预测乐观偏差增大，将加剧公司股价崩盘风险。第六章的研究重点在于讨论卖空机制影响分析师行为的经济后果。研究发现，分析师盈利预测乐观偏差越大，关于公司的负面消息却未能及时被反映到股价中，公司股价被高估得就越多。当累计的负面消息最终被市场识破时，将导致股价泡沫破灭，使股价大幅下跌，出现股价崩盘风险。在股市行情为"牛市"时，投资普遍具有自负心理，此时分析师发布乐观倾向预测报告能较好"煽动"投资者的投资情绪，导致股价泡沫更多。小型券商机构业务单一，更加依赖于传统的经纪业务收入，更有可能促使分析师发布乐观偏差盈利预测报告，并且也会采取隐瞒公司"坏消息"的政策，导致卖空机制与分析师乐观偏差加剧公司股价崩盘风险更为显著。由于卖空标的均是成分大盘股，对市场走势影响较大。这些公司的股价崩盘传染到市场，引起市场层面的股价崩盘，这可能是 2015 年 6 月中国证券市场发生股灾的重要诱因。

第四，中国证券市场存在分析师"羊群行为"；启动卖空交易后，分析师通过股价学习和选择相信卖空投资者，减少其"羊群行为"；股票市场行情为"熊市"时，投资者对分析师高质量信息服务需求增大，使卖空机制减少分析师"羊群行为"尤为显著。从整体上看，中国启动卖空机制减少了分析师"羊群行为"。这种效果的产生从卖空机制角度而言是因为卖空机制发挥治理作用；从分析师角度而言则是因为卖空机制提高了公司信息透明度，减少了分析师信息收集成本，进而纠正他们的"羊群行为"。

## 8.2 政策建议

中国从 2010 年逐步放松卖空管制，由于投机型投资者的服务需求增加了分析师跟踪，因而提升了分析师预测乐观偏差，可见并未改善市场信息环境，由此可能诱发金融动荡的负面作用值得警惕。分析师作为市场信息中介，其预测质量决定着资本市场的信息环境，进而影响市场效率。中国证券市场放松卖空管制实施过程中的问题，需要检验和总结。本书相关结论有助于从市场信息中介分析师的角度评估卖空机制的经济后果，这对于投资者、证券市场监管部门和政策制定部门具有一定的参考价值。未来证券监管中，除了促进卖空机制治理作用的发挥，还需加强对分析师行业和券商机构的监管，培育市场成熟的投资理念，以提高证券市场效率。因此，就加强发挥卖空机制作用，规范证券分析师行业发展，防范股灾发生，本书提出一些政策建议。

### 8.2.1 卖空机制政策实施方面

中国证监会于 2010 年启动卖空机制，在这种创新型的金融交易制度展开的过程中，除了学习西方发达国家实施经验外，还需根据中国自身的制度背景和市场特点进行相应的制度调整和监控。根据本书研究的结论，这里主要提出如下两点政策建议：

第一，放低卖空交易制度门槛。中国政府放松卖空管制的主要意图，是赋予投资者挖掘公司"坏消息"投资获利，达到提高公司信息透明度的作用。但中国设置参与卖空交易资格门槛较高，普通投资者很难具备卖空交易资格，使卖空机制被噪声交易者干扰。对于卖空机制的政府主管部门而言，未来的制度建设和监管过程中，可以考虑降低卖空交易门槛，使更多投资者可以参与卖空交易，如果更多投资者参与挖掘公司"坏消息"，将提高公司信息的透明度。

第二，破解市场无券可融的尴尬境况。目前，中国证券市场的券商机构惜于向市场提供融券标的现象严重，导致市场出现无券可融的尴尬境况，制约了卖空机制的发展。本书认为，可参考香港股票市场的做法，如果上市公司认为自身股价被严重高估，投资者无法卖空平仓时，可以无须像 A 股那样履行诸多审批程序供股。通过增大融券交易供给，完善卖空交易机制。

### 8.2.2 分析师行业监管方面

分析师行业是近年来逐渐崛起的新兴金融中介行业，除了如人们预期的那样改善市场信息环境外，分析师是理性经济人，也会谋求个人私利。并且在中国独立分析师非常少，附属于券商机构的卖方分析师居多。因此，券商机构为了投机获利等可能干预分析师，使分析师行为偏差增大。综合本书所得结论，这里对分析师行业监管提出如下政策建议：

第一，强化分析师声誉机制。随着中国资本市场的发展，证券分析师行业面临各种利益冲突，如因交易佣金受到买方限制、内部业务受到券商管制、私有信息受到上市公司影响等。对证券监管部门而言，除了通过完善相关政策法规外，不能忽视对分析师的激励作用。具体来看，监管部门可增强对分析师行业的监管，如通过建立分析师信誉档案，提高分析师违规的声誉成本，能力评估机制定期对分析师声誉和信誉进行评估，并将结果公之于众，接受社会公众的监督。另外，本书认为，还可以尝试建立合理的分析师激励机制，由独立的第三方专业机构执行，以避免引发新的利益冲突。未来需打破现在基金经理和分析师"互惠互利"的评选平台，探索包括更多提名权和投票权的明星分析师评选机制。通过建立声誉机制，促进分析师积极发挥中介作用。

第二，加强对券商机构的监管。分析师的利益冲突背后隐藏着券商利益冲突，而券商的利益冲突主要原因是随着中国证券市场的发展，券商机构获取丰厚利润的利益追逐。近年来，中国证券行业日益兴盛，券商的利润主要来源于经纪（佣金）、自营（自有资金买卖股票）和投行（证券发行与承销）等。卖空机制虽然可以在一定程度上提升券商机构融券交易佣金，但可能损害券商最主要业务经纪佣金。在对券商机构监管的过程中，应加强对其业务审理和违规处罚，做好风险控制。

### 8.2.3 市场信息环境方面

虽然本书观测到卖空机制提升分析师预测乐观偏差，将加剧公司股价崩盘风险，但卖空机制无论从信息增量提供和外部监管增强角度都是有助于市场规范、有效运作的，整体上是有助于会计信息质量提高的，可为什么在中国证券市场却产生了负面的市场影响？这应当主要归咎于中国证券市场本身的客观环境。为此，根据本书的发现，这里从以下方面提出一些政策建议：

第一，培育市场投资理念。中国资本市场尚不够成熟，投资理念比较落后。卖空机制这种新兴金融交易制度的投资逻辑是看跌，与中国证券市场目前广大投机型投资者信奉的"追涨杀跌"理念相背离，所以卖空交易制度短时间内难以被投资者所接受。通过积极引导和推广卖空交易机制，提高市场参与者的风险意识和参与意识。

第二，建立股灾防范机制。2015年6月中国证券市场的股灾为中国资本市场带来了前所未有的重创，为了防止灾难再次发生，应根据金融市场的交易制度和市场信息中介的行为特征，关注市场走向，建立股灾预警机制。

## 8.3 研究局限性及未来研究展望

虽然本书尝试着观测卖空机制对分析师跟踪、预测和评级行为的影响，进一步从股价崩盘风险的角度观测卖空机制影响分析师行为的经济后果，但本书的研究还存在一定的局限性，主要体现在以下几个方面：

首先，本选题注重关注政策效应，导致本书内容的系统性和连贯性方面稍显薄弱。随着中国放松卖空管制，关注卖空机制经济后果的文献不断增多。一部分学者（许红伟和陈欣，2012；李科等，2014；李志生等，2015；肖浩和孔爱国，2014；陈海强和范云菲，2015；张俊瑞等，2016等）从市场效率，另一部分学者（陈晖丽和刘峰，2014；靳庆鲁等，2015；张璇等，2016；侯青川等，2016；权小锋和尹洪英，2017等）从公司行为方面进行了大量、丰富的研究，但关于市场信息中介的影响才引起关注。李丹等（2016）发现，中国放松卖空管制降低了分析师预测偏差，认为卖空机制发挥了治理作用。胡凡和夏翊（2017）也发现，允许卖空有助于矫正分析师发布乐观盈余预测报告这种商业动机有助于增强分析师的专业性。然而，本书却得到在中国证券市场，卖空机制对分析师尚不满足卖空机制发挥治理作用条件的结论。围绕分析师行为的客观影响因素和自身主观能力，本书分别从分析师跟踪、预测和评级三个方面观测卖空机制的影响，并检验了作用机制。三个研究主题分别是卖空机制对分析师跟踪的影响和作用机制、卖空机制对分析师预测行为的影响和作用机制、卖空机制影响分析师行为的经济后果。这三章内容相对独立又有一定关联性，大大丰富了已有基于信息中介分析师的角度对卖空机制经济后果的研究。然而，本书主要观测卖空机制调整对分析师行为的影响，降低了内在的逻辑紧密性，使研究主线不够清晰。

其次，中国卖空机制调整过程的影响研究不够深入。中国自2010年启动卖空机制以来，经过五次扩容调整，期间又有部分股票退出卖空标的。2015年6月中国股市发生股灾后，同年8月中国证监会通过交易细则收紧卖空管制。对于卖空机制调整对关注问题的影响，本书虽有所涉猎，但还很有限，主要包括：对进入卖空标的后又退出卖空标的的公司样本，仅发现退出卖空标的公司减少了分析师跟踪，间接支持了卖空机制增加分析师跟踪的结论，但并没有找到退出卖空标的公司后外界投资者对分析师的服务需求降低的直接证据，关于退出卖空标的公司对分析师其他行为影响可以作为未来的研究方向。关于中国 2015 年 8 月收紧卖空管制的影响，仅发现了收紧卖空管制降低分析师预测乐观偏差的结论，但中国政府这次收紧卖空管制的政策考虑是多方面的，最直接的原因是 2015 年 6 月中国发生的股灾，没有对股灾进行测度。未来研究中可利用收紧卖空管制的实验场景，研究对证券市场各参与者的行为影响，丰富卖空机制理论研究体系。

再次，对分析师行为观测的结论存在片面性。基于行为金融理论，从分析师个人乐观偏差行为的逻辑，证实中国放松卖空管制加剧了分析师预测乐观偏差。回顾已有分析师乐观偏差的文献，除了通过分析师预测，还可以通过分析师评级数据度量，分析师预测偏差行为还包括其他如"羊群行为"等。近年来，分析师调研等行为也已引起关注，限于篇幅未对这些数据和角度进行讨论。本书在主要研究结论的相关横截面分析，对分析师的能力、质量等个人特质方面的讨论还有所欠缺。未来研究中，可以通过这些角度来丰富该主题相关研究。

最后，对于公司层面的股价崩盘风险传递到市场形成市场股价崩盘，以致造成严重股灾的论证，缺乏作用链条的实证支持证据。本书虽然通过现实观察和逻辑推演证实公司层面的股价崩盘风险通过传染机制，会波及市场，从而造成市场层面的股价崩盘，认为是解释中国 2015 年 6 月发生严重股灾的重要原因，但由于本书的研究主题为卖空机制对分析师行为的影响、作用机制及经济后果，股价崩盘风险只是作为卖空机制提升分析师预测乐观偏差的经济后果观测，所以本书并未花更多笔墨对公司层面的股价崩盘风险传递到市场层面的造成股灾进行验证和推演，并构建模型进行实证检验。股灾是中国现时期资本市场具有重大意义的研究话题，将留待未来研究继续探索。

# 参考文献

[1] 白晓宇.上市公司信息披露政策对分析师预测的多重影响研究 [J]. 金融研究, 2009 (4): 92-112.

[2] 蔡庆丰, 杨侃, 林剑波. "羊群行为" 的叠加及其市场影响——基于证券分析师与机构投资者行为的实证研究 [J]. 中国工业经济, 2011 (12): 111-121.

[3] 曹胜, 朱红军.王婆贩瓜: 券商自营业务与分析师乐观性 [J]. 管理世界, 2011 (7): 20-30.

[4] 曹丰, 鲁冰, 李争光, 徐凯.机构投资者降低了股价崩盘风险吗? [J]. 会计研究, 2015 (11): 55-61.

[5] 程博, 潘飞.语言多样性、信息获取与分析师盈余预测质量 [J]. 管理科学学报, 2017 (4): 50-70.

[6] 陈国进, 张贻军.异质信念、卖空限制与我国股市的暴跌现象研究 [J]. 金融研究, 2009 (4): 80-91.

[7] 陈国进, 张贻军, 刘淳.机构投资者是股市暴跌暴涨的助推器吗?——来自中国上海 A 股市场的经验证据 [J]. 金融研究, 2010 (11): 45-59.

[8] 陈海强, 范云菲.融资融券交易制度对中国股市波动率的影响——基于面板数据政策评估方法的分析 [J]. 金融研究, 2015 (6): 159-172.

[9] 陈胜蓝, 马慧.卖空压力与公司并购——来自卖空管制放松的准自然实验证据 [J]. 管理世界, 2017 (7): 142-156.

[10] 陈晖丽, 刘峰.融资融券的治理效应研究——基于公司盈余管理的视角 [J]. 会计研究, 2014 (9): 45-52.

[11] 褚剑, 方军雄.中国式融资融券制度安排与股价崩盘风险的恶化 [J]. 经济研究, 2016 (5): 143-158.

[12] 窦欢, 王会娟.私募股权投资与证券分析师新股关注 [J]. 会计研究, 2015 (2): 44-50, 93.

[13] 方军雄.我国上市公司信息披露透明度与证券分析师预测 [J]. 金

融研究，2007（6）：136-148.

[14] 顾乃康，周艳利．卖空的事前威慑．公司治理与企业融资行为［J］．管理世界，2017（2）：120-134.

[15] 侯青川，靳庆鲁，刘阳．放松卖空管制与公司现金价值——基于中国资本市场的准自然实验［J］．金融研究，2016（11）：112-127.

[16] 侯青川，靳庆鲁，苏玲，于潇潇．放松卖空管制与大股东掏空［J］．经济学（季刊），2017（3）：1143-1172.

[17] 胡凡，夏翊．分析师商业性动机与盈余预测偏差：来自融资融券的证据［J］．财经研究，2017（7）：45-56.

[18] 胡奕明．证券分析师研究报告：市场信息的解读［M］．北京：清华大学出版社，2005.

[19] 胡奕明，林文雄．信息关注深度，分析能力与分析质量——对我国证券分析师的调查分析［J］．金融研究，2005（2）：46-58.

[20] 黄超，黄俊．卖空机制、诉讼风险与审计收费［J］．财经研究，2016（5）：77-87.

[21] 胡娜．独立性、声誉机制与分析师行为实证研究［D］．西南财经大学博士学位论文，2014.

[22] 靳庆鲁，侯青川，李刚，谢亚茜．放松卖空管制、公司投资决策与期权价值［J］．经济研究，2015（10）：76-88.

[23] 金智．新会计准则、会计信息质量与股价同步性［J］．会计研究，2010（7）：19-26，95.

[24] 江轩宇，许年行．企业过度投资与股价崩盘风险［J］．金融研究，2015（8）：141-158.

[25] 李春涛，宋敏，张璇．分析师跟踪与企业盈余管理——来自中国上市公司的研究［J］．金融研究，2014（7）：124-139.

[26] 李春涛，刘贝贝，周鹏．卖空与信息披露：融券准自然实验的证据［J］．金融研究，2017（9）：130-145.

[27] 李丹，袁淳，廖冠民．卖空机制与分析师乐观性偏差——基于双重差分模型的检验［J］．会计研究，2016（9）：25-31.

[28] 李科，徐龙炳，朱伟骅．卖空限制与股票错误定价——融资融券制度的证据［J］．经济研究，2014（10）：165-178.

[29] 李丽青．分析师盈利预测能表征"市场预期盈利"吗——来自中国A股市场的经验证据［J］．南开管理评论，2012（6）：44-50.

[30] 李琳，张敦力．分析师跟踪、股权结构与内部人交易收益［J］．会

计研究, 2017 (1): 53-60, 96.

[31] 李培功, 肖珉. CEO 任期与企业资本投资 [J]. 金融研究, 2012 (2): 127-141.

[32] 李培功, 沈艺峰. 媒体的公司治理作用: 中国的经验证据 [J]. 经济研究, 2010 (4): 14-27.

[33] 李心丹, 宋素荣, 卢斌, 查晓磊. 证券市场内幕交易的行为动机研究 [J]. 经济研究, 2008 (10): 65-79, 92.

[34] 李小荣, 刘行. CEO vs CFO: 性别与股价崩盘风险 [J]. 世界经济, 2012 (12): 102-129.

[35] 李馨子, 肖土盛. 管理层业绩预告有助于分析师盈余预测修正吗 [J]. 南开管理评论, 2015 (2): 30-38.

[36] 李焰, 王琳. 媒体监督、声誉共同体与投资者保护 [J]. 管理世界, 2013 (11): 130-143, 188.

[37] 李志生, 陈晨, 林秉旋. 卖空机制提高了中国股票市场的定价效率吗——基于自然实验的证据 [J]. 经济研究, 2015 (4): 165-177.

[38] 李志生, 李好, 刘淳, 张霆. 天使还是魔鬼——分析师媒体荐股的市场效应 [J]. 管理科学学报, 2017 (5): 66-81.

[39] 梁丽珍, 孔东明. 中国股市的流动性指标定价研究 [J]. 管理科学, 2008 (3): 85-93.

[40] 林晚发, 李国平, 王海妹, 刘蕾. 分析师预测与企业债券信用利差——基于 2008~2012 年中国企业债券数据 [J]. 会计研究, 2013 (8): 69-75.

[41] 刘晓星, 张旭, 顾笑贤, 姚登宝. 投资者行为如何影响股票市场流动性——基于投资者情绪、信息认知和卖空约束的分析 [J]. 管理科学学报, 2016 (10): 87-100.

[42] 刘永泽, 高嵩. 信息披露质量、分析师行业专长与预测准确性——来自我国深市 A 股的经验证据 [J]. 会计研究, 2014 (12): 60-65, 96.

[43] 逯东, 孙岩, 杨丹. 会计信息与资源配置效率研究述评 [J]. 会计研究, 2012 (6): 19-24, 92.

[44] 罗宏, 曾永良, 方军雄, 周大伟. 会计信息的宏观预测价值: 基于中国制度环境的研究 [J]. 会计研究, 2016 (4): 9-18, 95.

[45] 倪骁然, 朱玉杰. 卖空压力影响企业的风险行为吗——来自 A 股市场的经验证据 [J]. 经济学 (季刊), 2017 (3): 1173-1198.

[46] 潘越, 戴亦一, 刘思超. 我国承销商利用分析师报告托市了吗?

[J].经济研究,2011a(3):131-144.

[47]潘越,戴亦一,林超群.信息不透明,分析师关注与个股暴跌风险[J].金融研究,2011b(9):138-151.

[48]丘心颖,郑小翠,邓可斌.分析师能有效发挥专业解读信息的作用吗?——基于汉字年报复杂性指标的研究[J].经济学(季刊),2016(4):1483-1506.

[49]曲晓辉,毕超.会计信息与分析师的信息解释行为[J].会计研究,2016(4):19-26.

[50]权小锋,吴世农,尹洪英.企业社会责任与股价崩盘风险:"价值利器"或"自利工具"[J].经济研究,2015(11):49-64.

[51]权小锋,尹洪英.中国式卖空机制与公司创新[J].管理世界,2017(1):128-144.

[52]谭松涛,甘顺利,阚铄.媒体报道能够降低分析师预测偏差吗?[J].金融研究,2015(5):192-206.

[53]陶洪亮,申宇.股价暴跌、投资者认知与信息透明度[J].投资研究,2011(10):66-77.

[54]王艳艳,于李胜,安然.非财务信息披露是否能够改善资本市场信息环境——基于社会责任报告披露的研究[J].金融研究,2014(8):178-191.

[55]王玉涛,王彦超.业绩预告信息对分析师预测行为有影响吗[J].金融研究,2012(6):193-206.

[56]吴超鹏,郑方镳,杨世杰.证券分析师的盈余预测和股票评级是否具有独立性?[J].经济学(季刊),2013(3):935-958.

[57]吴东辉,薛祖云.财务分析师盈利预测的投资价值:来自深沪A股市场的证据[J].会计研究,2005(8):37-43,96.

[58]吴世农,吴超鹏.盈余信息度量、市场反应与投资者框架依赖偏差分析[J].经济研究,2005(2):54-62.

[59]吴锡皓,胡国柳.不确定性、会计稳健性与分析师盈余预测[J].会计研究,2015(9):27-34.

[60]吴偎立,张峥,乔坤元.信息质量、市场评价与激励有效性——基于《新财富》最佳分析师评选的证据[J].经济学(季刊),2016(1):723-744.

[61]肖土盛,宋顺林,李路.信息披露质量与股价崩盘风险:分析师预测的中介作用[J].财经研究,2017(2):110-121.

[62]肖浩,孔爱国.融资融券对股价特质性波动的影响机理研究:基于

双重差分模型的检验 [J]. 管理世界, 2014 (8): 30-43.

[63] 肖峻. 股市周期与基金投资者的选择 [J]. 经济学 (季刊), 2013 (4): 1299-1320.

[64] 辛清泉, 孔东民, 郝颖. 公司透明度与股价波动性 [J]. 金融研究, 2014 (10): 193-206.

[65] 许红伟, 陈欣. 我国推出融资融券交易促进了标的股票的定价效率吗——基于双重差分模型的实证研究 [J]. 管理世界, 2012 (5): 52-61.

[66] 许年行, 江轩宇, 伊志宏, 徐信忠. 分析师利益冲突、乐观偏差与股价崩盘风险 [J]. 经济研究, 2012 (7): 127-140.

[67] 许年行, 于上尧, 伊志宏. 机构投资者"羊群行为"与股价崩盘风险 [J]. 管理世界, 2013 (7): 31-43.

[68] 伊志宏, 李颖, 江轩宇. 女性分析师关注与股价同步性 [J]. 金融研究, 2015 (11): 175-189.

[69] 袁怀宇. 中国证券市场卖空机制研究 [D]. 华中科技大学博士学位论文, 2009.

[70] 翟胜宝, 张雯, 曹源, 朴仁玉. 分析师跟踪与审计意见购买 [J]. 会计研究, 2016 (6): 86-93, 95.

[71] 张纯, 吕伟. 信息披露、信息中介与企业过度投资 [J]. 会计研究, 2009 (1): 60-65.

[72] 张俊瑞, 白雪莲, 孟祥展. 启动融资融券助长内幕交易行为了吗——来自我国上市公司的经验证据 [J]. 金融研究, 2016 (6): 176-192.

[73] 张璇, 周鹏, 李春涛. 卖空与盈余质量——来自财务重述的证据 [J]. 金融研究, 2016 (8): 175-190.

[74] 张宗新, 杨万成. 声誉模式抑或信息模式: 中国证券分析师如何影响市场? [J]. 经济研究, 2016 (9): 104-117.

[75] 赵良玉, 李增泉, 刘军霞. 管理层偏好、投资评级乐观性与私有信息获取 [J]. 管理世界, 2013 (4): 33-46.

[76] 郑建明, 黄晓蓓, 张新民. 管理层业绩预告违规与分析师监管 [J]. 会计研究, 2015 (3): 50-56, 95.

[77] 周开国, 应千伟, 陈晓娴. 媒体关注度、分析师关注度与盈余预测准确度 [J]. 金融研究, 2014 (2): 139-152.

[78] 朱红军, 何贤杰, 陶琳. 中国证券分析师能提高资本市场效率吗? [J]. 金融研究, 2007 (2): 110-122.

[79] 朱宏泉, 余江, 陈林. 异质信念, 卖空限制与股票收益——基于中

国证券市场的分析[J]. 管理科学学报, 2016 (7): 115-126.

[80] 祝继高, 端杨, 李鑫. 中概股公司私有化研究: 动机与经济后果[J]. 财经研究, 2015 (4): 110-121.

[81] Abarbanell J S. Do Analysts' Earnings Forecasts Incorporate Information in Prior Stock Price Changes? [J]. *Journal of Accounting and Economics*, 1991 (2): 147-165.

[82] Admati A R, Pfleiderer P. A Monopolistic Market for Information [J]. *Journal of Economic Theory*, 1986, 39 (2): 400-438.

[83] Aitken M J, Frino A, McCorry M S, et al. Short Sales are Almost Instantaneously Bad News: Evidence from the Australian Stock Exchange [J]. *The Journal of Finance*, 1998, 53 (6): 2205-2223.

[84] Alford A W, Berger P G. A Simultaneous Equations Analysis of Forecast Accuracy, Analyst Following, and Trading Volume [J]. *Journal of Accounting, Auditing & Finance*, 1999, 14 (3): 219-240.

[85] Ali A, Klein A, Rosenfeld J. Analysts' Use of Information about Permanent and Transitory Earnings Components in Forecasting Annual EPS [J]. *Accounting Review*, 1992, 67 (1): 183-198.

[86] Arya A, Mittendorf B. The Interaction among Disclosure, Competition between Firms, and Analyst Following [J]. *Journal of Accounting and Economics*, 2007, 43 (2): 321-339.

[87] Ashton R H, Cianci A M. Motivational and Cognitive Determinants of Buy-Side and Sell-Side Analyst Earnings Forecasts: An Experimental Study [J]. *The Journal of Behavioral Finance*, 2007, 8 (1): 9-19.

[88] Barber B M, Loeffler D. The "Dartboard" Column: Second-Hand Information and Price Pressure [J]. *Journal of Financial and Quantitative Analysis*, 1993, 28 (2): 273-284.

[89] Ball R, Brown P. An Empirical Evaluation of Accounting Income Numbers [J]. *Journal of Accounting Research*, 1968, 6 (2): 159-178.

[90] Barth M E, Cram D P, Nelson K K. Accruals and the Prediction of Future Cash Flows [J]. *The Accounting Review*, 2001a, 76 (1): 27-58.

[91] Barth M E, Kasznik R, McNichols M F. Analyst Coverage and Intangible Assets [J]. *Journal of Accounting Research*, 2001b, 39 (1): 1-34.

[92] Bertrand M, Mullainathan S. Enjoying the Quiet Life? Corporate Governance and Managerial Preferences [J]. *Journal of Political Economy*, 2003, 111

(5): 1043-1075.

[93] Beyer A. Financial Analysts' Forecast Revisions and Managers' Reporting Behavior [J]. *Journal of Accounting and Economics*, 2008, 46 (2): 334-348.

[94] Beyer A, Cohen D A, Lys T Z, et al. The Financial Reporting Environment: Review of the Recent Literature [J]. *Journal of Accounting and Economics*, 2010, 50 (2): 296-343.

[95] Beyer A, Guttman I. Voluntary Disclosure, Manipulation, and Real Effects [J]. *Journal of Accounting Research*, 2012, 50 (5): 1141-1177.

[96] Biais B, Bossaerts P, Rochet J C. An Optimal IPO Mechanism [J]. *The Review of Economic Studies*, 2002, 69 (1): 117-146.

[97] Bhushan R. Firm Characteristics and Analyst Following [J]. *Journal of Accounting and Economics*, 1989, 11 (2): 255-274.

[98] Boehmer E, Jones C M, Zhang X. Which Shorts are Informed? [J]. *The Journal of Finance*, 2008, 63 (2): 491-527.

[99] Boni L, Womack K L. Analysts, Industries, and Price Momentum [J]. Journal of Financial and Quantitative Analysis, 2006, 41 (1): 85-109.

[100] Bowen R M, Chen X, Cheng Q. Analyst Coverage and the Cost of Raising Equity Capital: Evidence from Underpricing of Seasoned Equity Offerings [J]. *Contemporary Accounting Research*, 2008, 25 (3): 657-700.

[101] Brennan M J, Hughes P J. Stock Prices and the Supply of Information [J]. *The Journal of Finance*, 1991, 46 (5): 1665-1691.

[102] Bris A, Goetzmann W N, Zhu N. Efficiency and the Bear: Short Sales and Markets around the World [J]. *The Journal of Finance*, 2007, 62 (3): 1029-1079.

[103] Brown L D, Rozeff M S. The Superiority of Analyst Forecasts as Measures of Expectations: Evidence from Earnings [J]. *The Journal of Finance*, 1978, 33 (1): 1-16.

[104] Callen J L, Fang X. Institutional Investors and Crash Risk: Monitoring or Expropriation [Z]. *Rotman School of Management*, Working Paper, 2011.

[105] Chang, EC; Lin, TC; Ma, X. Does Short Selling Discipline Overinvestment [R]. *The 2015 China International Conference in Finance*, 2015.

[106] Chen L. The Informational Role of Short Sellers: The Evidence from Short Sellers' Reports on US-Listed Chinese Firms [J]. *Journal of Business Finance & Accounting*, 2016, 43 (9-10): 1444-1482.

[107] Chen X, Cheng Q, Lo Kin. On the Relationship between Analyst Reports and Corporate Disclosures: Exploring the Roles of Information Discovery and Interpretation [J]. *Journal of Accounting and Economics*, 2010, 49 (3): 206-226.

[108] Chen S, Matsumoto D A. Favorable Versus Unfavorable Recommendations: The Impact on Analyst Access to Management-Provided Information [J]. *Journal of Accounting Research*, 2006, 44 (4): 657-689.

[109] Chung K H, Jo H. The Impact of Security Analysts' Monitoring and Marketing Functions on the Market Value of Firms [J]. *Journal of Financial and Quantitative Analysis*, 1996, 31 (4): 493-512.

[110] Clement M B. Analyst Forecast Accuracy: Do Ability, Resources, and Portfolio Complexity Matter? [J]. *Journal of Accounting and Economics*, 1999, 27 (3): 285-303.

[111] Cowen A, Groysberg B, Healy P. Which Types of Analyst Firms are More Optimistic? [J]. *Journal of Accounting and Economics*, 2006, 41 (1): 119-146.

[112] Crawford S S, Roulstone D T, So E C. Analyst Initiations of Coverage and Stock Return Synchronicity [J]. *The Accounting Review*, 2012 (5): 1527-1553.

[113] Daniel, Naveen D, Sangmook Lee, Lalitha Naveen. Information Discovery by Analysts [Z]. *AFA Annual Meeting*, Working Paper, 2016.

[114] Das S, Levine C B, Sivaramakrishnan K. Earnings Predictability and Bias in Analysts' Earnings Forecasts [J]. *Accounting Review*, 1998, 73 (2): 277-294.

[115] De Bondt W F M, Thaler R H. Do Security Analysts Overreact? [J]. *The American Economic Review*, 1990, 80 (2): 52-57.

[116] DeGeorge J, Constantino M J. Perceptions of Analogue Therapist Empathy as a Function of Salient Experience Similarity [J]. *Journal of Psychotherapy Integration*, 2012, 22 (1): 52.

[117] Demiroglu C, Ryngaert M. The First Analyst Coverage of Neglected Stocks [J]. *Financial Management*, 2010, 39 (2): 555-584.

[118] Demsetz, H. The Cost of Transacting [J]. *The Quarterly Journal of Economics*, 1968, 82 (1), 33-53.

[119] Dhaliwal D S, Li O Z, Tsang A, et al. Voluntary Nonfinancial Disclosure and the Cost of Equity Capital: The Initiation of Corporate Social Responsibility

Reporting [J]. *The Accounting Review*, 2011, 86 (1): 59-100.

[120] Dhaliwal D S, Radhakrishnan S, Tsang A, et al. Nonfinancial Disclosure and Analyst Forecast Accuracy: International Evidence on Corporate Social Responsibility Disclosure [J]. *The Accounting Review*, 2012, 87 (3): 723-759.

[121] Diamond D W, Verrecchia R E. Constraints on Short-Selling and Asset Price Adjustment to Private Information [J]. *Journal of Financial Economics*, 1987, 18 (2): 277-311.

[122] Diether K B, Lee K H, Werner I M. Short-Sale Strategies and Return Predictability [J]. *Review of Financial Studies*, 2009, 22 (2): 575-607.

[123] Dugar A, Nathan S. The Effect of Investment Banking Relationships on Financial Analysts' Earnings Forecasts and Investment Recommendations [J]. *Contemporary Accounting Research*, 1995, 12 (1): 131-160.

[124] Easterwood J C, Nutt S R. Inefficiency in Analysts' Earnings Forecasts: Systematic Misreaction or Systematic Optimism? [J]. *The Journal of Finance*, 1999, 54 (5): 1777-1797.

[125] Fama E F. The Behavior of Stock-Market Prices [J]. *The Journal of Business*, 1965, 38 (1): 34-105.

[126] Fama E F. Efficient Capital Markets: A Review of Theory and Empirical Work [J]. *The Journal of Finance*, 1970, 25 (2): 383-417.

[127] Fang L, Yasuda A. The Effectiveness of Reputation as a Disciplinary Mechanism in Sell-Side Research [J]. *Review of Financial Studies*, 2009, 22 (9): 3735-3777.

[128] Fang V W, Huang A H, Karpoff J M. Short Selling and Earnings Management: A Controlled Experiment [J]. *The Journal of Finance*, 2016, 71 (3): 1251-1294.

[129] Fields T D, Lys T Z, Vincent L. Empirical Research on Accounting Choice [J]. *Journal of Accounting and Economics*, 2001, 31 (1): 255-307.

[130] Firth M, Lin C, Liu P, et al. The Client is King: Do Mutual Fund Relationships Bias Analyst Recommendations? [J]. *Journal of Accounting Research*, 2013, 51 (1): 165-200.

[131] Fischer P E, Stocken P C. Analyst Information Acquisition and Communication [J]. *The Accounting Review*, 2010, 85 (6): 1985-2009.

[132] Fox M B. Short Selling and the News: A Preliminary Report on an Empirical Study [D]. *Columbia Law School*, 2010.

[133] Francis J, Philbrick D. Analysts' Decisions as Products of a Multi-Task Environment [J]. *Journal of Accounting Research*, 1993, 31 (2): 216-230.

[134] Fried D, Givoly D. Financial Analysts' Forecasts of Earnings: A Better Surrogate for Market Expectations [J]. *Journal of Accounting and Economics*, 1982, 4 (2): 85-107.

[135] Garman M B. Market Microstructure [J]. *Journal of financial Economics*, 1976, 3 (3): 257-275.

[136] Gleason C A, Lee C M C. Analyst Forecast Revisions and Market Price Discovery [J]. *The Accounting Review*, 2003, 78 (1): 193-225.

[137] Graham J R. Herding Among Investment Newsletters: Theory and Evidence [J]. *The Journal of Finance*, 1999, 54 (1): 237-268.

[138] Graham J R, Harvey C R, Rajgopal S. The Economic Implications of Corporate Financial Reporting [J]. *Journal of Accounting and Economics*, 2005, 40 (1): 3-73.

[139] Groysberg B, Healy P M, Maber D A. What Drives Sell-Side Analyst Compensation at High-Status Investment Banks? [J]. *Journal of Accounting Research*, 2011, 49 (4): 969-1000.

[140] Gu Z, Li Z, Yang Y G. Monitors or Predators: The Influence of Institutional Investors on Sell-Side Analysts [J]. *The Accounting Review*, 2012, 88 (1): 137-169.

[141] Gu Z, Li G, Li Z, et al. Friends in Need are Friends Indeed: The Effects of Social Ties between Financial Analysts and Mutual Fund Managers [Z]. *Working paper*, 2014.

[142] Hambrick D C, Mason P A. Upper echelons: The Organization as a Reflection of Its Top Managers [J]. *Academy of Management Review*, 1984, 9 (2): 193-206.

[143] Hayes R M. The Impact of Trading Commission Incentives on Analysts' Stock Coverage Decisions and Earnings Forecasts [J]. *Journal of Accounting Research*, 1998, 36 (2): 299-320.

[144] He J J, Tian X. The Dark Side of Analyst Coverage: The Case of Innovation [J]. *Journal of Financial Economics*, 2013, 109 (3): 856-878.

[145] He J, Tian X. SHO Time for Innovation: The Real Effects of Short Sellers [J]. *Kelley School of Business Research Paper*, 2014.

[146] Healy P M, Palepu K G. Information Asymmetry, Corporate Disclosure,

and the Capital Markets: A Review of the Empirical Disclosure Literature [J]. Journal of Accounting and Economics, 2001, 31 (1): 405-440.

[147] Hilary G, Hsu C. Analyst Forecast Consistency [J]. The Journal of Finance, 2013, 68 (1): 271-297.

[148] Hong H, Kubik J D. Analyzing the Analysts: Career Concerns and Biased Earnings Forecasts [J]. The Journal of Finance, 2003, 58 (1): 313-351.

[149] Hong H, Lim T, Stein J C. Bad News Travels Slowly: Size, Analyst Coverage, and the Profitability of Momentum Strategies [J]. The Journal of Finance, 2000 (1): 265-295.

[150] Hong H, Stein J C. Differences of Opinion, Short-Sales Constraints, and Market Crashes [J]. The Review of Financial Studies, 2003, 16 (2): 487-525.

[151] Hope O K, Hu D, Zhao W. Third-Party Consequences of Short-Selling Threats: The Case of Auditor Behavior [J]. Journal of Accounting and Economics, 2017, 63 (2): 479-498.

[152] Hutton A P, Marcus A J, Tehranian H. Opaque Financial Reports, $R^2$, and Crash Risk [J]. Journal of Financial Economics, 2009, 94 (1): 67-86.

[153] Irvine P J. The Incremental Impact of Analyst Initiation of Coverage [J]. Journal of Corporate Finance, 2003, 9 (4): 431-451.

[154] Jacob J, Lys T Z, Neale M A. Expertise in Forecasting Performance of Security Analysts [J]. Journal of Accounting and Economics, 1999, 28 (1): 51-82.

[155] Jegadeesh N, Kim W. Do Analysts Herd? An analysis of Recommendations and Market Reactions [J]. Review of Financial Studies, 2010 (2): 901-937.

[156] Jensen M C, Meckling W H. Theory of the Firm: Managerial Behavior, Agency Costs and Ownership Structure [J]. Journal of Financial Economics, 1976, 3 (4): 305-360.

[157] Jin L, Myers S C. $R^2$ around the World: New Theory and New Tests [J]. Journal of Financial Economics, 2006, 79 (2): 257-292.

[158] Kadan O, Madureira L, Wang R, et al. Analysts' Industry Expertise [J]. Journal of Accounting and Economics, 2012, 54 (2): 95-120.

[159] Kahneman D, Tversky A. Prospect Theory: An Analysis of Decision under Risk [J]. Econometrica: Journal of the Econometric Society, 1979, 47 (2): 263-291.

[160] Ke Y, Lo K, Sheng J, et al. Does Short Selling Mitigate Optimism in Financial Analyst Forecast? Evidence from a Randomized Experiment [Z]. *Working Paper*, 2015.

[161] Ke B, Yu Y. The Effect of Issuing Biased Earnings Forecasts on Analysts' Access to Management and Survival [J]. *Journal of Accounting Research*, 2006, 44 (5): 965-999.

[162] Kelly B, Ljungqvist A. Testing Asymmetric-Information Asset Pricing Models [J]. *Review of Financial Studies*, 2012, 25 (5): 1366-1413.

[163] Kim O, Verrecchia R E. Market Liquidity and Volume around Earnings Announcements [J]. *Journal of Accounting and Economics*, 1994, 17 (1-2): 41-67.

[164] Kim Y, Lobo G J, Song M. Analyst Characteristics, Timing of Forecast Revisions, and Analyst Forecasting Ability [J]. *Journal of Banking & Finance*, 2011, 35 (8): 2158-2168.

[165] Kothari S P. Capital Markets Research in Accounting [J]. *Journal of accounting and economics*, 2001, 31 (1): 105-231.

[166] Kumar A. Self-Selection and the Forecasting Abilities of Female Equity Analysts [J]. *Journal of Accounting Research*, 2010, 48 (2): 393-435.

[167] Lang M H, Lins K V, Miller D P. ADRs, Analysts, and Accuracy: Does Cross Listing in the United States Improve a Firm's Information Environment and Increase Market Value? [J]. *Journal of Accounting Research*, 2003, 41 (2): 317-345.

[168] Lang M H, Lundholm R J. Corporate Disclosure Policy and Analyst Behavior [J]. *Accounting Rreview*, 1996, 71 (4): 467-492.

[169] Lehavy R, Li F, Merkley K. The Effect of Annual Report Readability on Analyst Following and the Properties of Their Earnings Forecasts [J]. *The Accounting Review*, 2011, 86 (3): 1087-1115.

[170] Li Y, Zhang L. Short Selling Pressure, Stock Price Behavior, and Management Forecast Precision: Evidence from a Natural Experiment [J]. *Journal of Accounting Research*, 2015, 53 (1): 79-117.

[171] Libby R, Hunton J E, TAN H U N T, et al. Retracted: Relationship Incentives and the Optimistic/Pessimistic Pattern in Analysts' Forecasts [J]. *Journal of Accounting Research*, 2008, 46 (1): 173-198.

[172] Lim T. Rationality and Analysts' Forecast Bias [J]. *The Journal of Fi-

*nance*, 2001, 56 (1): 369-385.

[173] Lizzeri A. Information Revelation and Certification Intermediaries [J]. *The RAND Journal of Economics*, 1999, 30 (2): 214-231.

[174] Loh R K, Stulz R M. When are Analyst Recommendation Changes Influential? [J]. *Review of Financial Studies*, 2011, 24 (2): 593-627.

[175] Lys T, Sohn S. The Association between Revisions of Financial Analysts' Earnings fForecasts and Security-price Changes [J]. *Journal of Accounting and Economics*, 1990 (4): 341-363.

[176] Massa M, Zhang B, Zhang H. The Invisible Hand of Short Selling: Does Short Selling Discipline Earnings Management? [J]. *Review of Financial Studies*, 2015, 28 (6): 1701-1736.

[177] Matsumoto D A. Management's Incentives to Avoid Negative Earnings Surprises [J]. *The Accounting Review*, 2002, 77 (3): 483-514.

[178] Mayew W J. Evidence of Management Discrimination Among Analysts During Earnings Conference Calls [J]. *Journal of Accounting Research*, 2008, 46 (3): 627-659.

[179] Mayew W J, Sharp N Y, Venkatachalam M. Using Earnings Conference Calls to Identify Analysts with Superior Private Information [J]. *Review of Accounting Studies*, 2013, 18 (2): 386-413.

[180] Mikhail M B, Walther B R, Willis R H. Does Forecast Accuracy Matter to Security Analysts? [J]. *The Accounting Review*, 1999, 74 (2): 185-200.

[181] Miller D, Shamsie J. Learning across the Life Cycle: Experimentation and Performance among the Hollywood Studio Heads [J]. *Strategic Management Journal*, 2001, 22 (8): 725-745.

[182] Miller E M Risk. Uncertainty, and Divergence of Opinion [J]. *The Journal of Finance*, 1977, 32 (4): 1151-1168.

[183] Mola S, Guidolin M. Affiliated Mutual Funds and Analyst Optimism [J]. *Journal of Financial Economics*, 2009, 93 (1): 108-137.

[184] Morck R, Shleifer A, Vishny R W, et al. The Stock Market and Investment: Is the Market a Sideshow? [J]. *Brookings Papers on Economic Activity*, 1990 (2): 157-215.

[185] Morgan J, Stocken P C. An Analysis of Stock Recommendations [J]. *RAND Journal of Economics*, 2003, 34 (1): 183-203.

[186] Morris S, Shin H S. Unique Equilibrium in a Model of Self-Fulfilling

Currency Attacks [J]. *American Economic Review*, 1998, 88 (3): 587-597.

[187] Moshirian F, Ng D, Wu E. The Value of Stock Analysts' Recommendations: Evidence from Emerging Markets [J]. *International Review of Financial Analysis*, 2009, 18 (1): 74-83.

[188] O'Brien P C, Bhushan R. Analyst Following and Institutional Ownership [J]. *Journal of Accounting Research*, 1990, 28: 55-76.

[189] O'Brien P C, McNichols M F, Hsiou-Wei L. Analyst Impartiality and Investment Banking Relationships [J]. *Journal of Accounting Research*, 2005, 43 (4): 623-650.

[190] Olsen R A. Implications of Herding Behavior for Earnings Estimation, Risk Assessment, and Stock Returns [J]. *Financial Analysts Journal*, 1996 (4): 37-41.

[191] Piotroski J D, Wong T J. Institutions and Information Environment of Chinese Listed Firms [M] //Capitalizing China. University of Chicago Press, 2012: 201-242.

[192] Prendergast C, Stole L. Impetuous Youngsters and Jaded Old-Timers: Acquiring a Reputation for Learning [J]. *Journal of political Economy*, 1996, 104 (6): 1105-1134.

[193] Rennekamp, K. M., Rupar, K., & Seybert, N. Short-Selling Pressure, Reporting Transparency, and the Use of Real and Accruals Earnings Management to Meet Benchmarks [Z]. *Working Paper*, 2017.

[194] Richardson S, Teoh S H, Wysocki P D. The Walk-Down to Beatable Analyst Forecasts: The Role of Equity Issuance and Insider Trading Incentives [J]. *Contemporary Accounting Research*, 2004, 21 (4): 885-924.

[195] Rock S, Sedo S, Willenborg M. Analyst Following and Count-Data Econometrics [J]. *Journal of Accounting and Economics*, 2000, 30 (3): 351-373.

[196] Roulstone D T. Analyst Following and Market Liquidity [J]. *Contemporary Accounting Research*, 2003, 20 (3): 552-578.

[197] Scharfstein D S, Stein J C. Herd Behavior and Investment [J]. *The American Economic Review*, 1990 (3): 465-479.

[198] Stein J C. Takeover Threats and Managerial Myopia [J]. *The Journal of Political Economy*, 1988, 96 (1): 61-80.

[199] Stickel S E. Reputation and Performance among Security Analysts [J]. *The Journal of Finance*, 1992, 47 (5): 1811-1836.

[200] Trueman B. Analyst Forecasts and Herding Behavior [J]. *Review of Financial Studies*, 1994, 7 (1): 97–124.

[201] Welch I. Herding Among Security Analysts [J]. *Journal of Financial economics*, 2000, 58 (3): 369–396.

[202] Williams P A, Moyes G D, Park K. Factors Affecting Earnings Forecast Revisions for the Buy-Side and Sell-Side Analyst [J]. *Accounting Horizons*, 1996, 10 (3): 112.

[203] Xu N, Jiang X, Chan K C, et al. Analyst Coverage, Optimism, and Stock Price Crash Risk: Evidence from China [J]. *Pacific-Basin Finance Journal*, 2013, 25: 217–239.

# 后　记

　　本书是在我西南财经大学博士学位论文的基础上，经过补充和完善完成的。至今清晰地记得博士二年级的下学期，我开始大量翻阅文献，试图寻找一个研究方向，正式确定博士论文研究题目。虽然自己已完成了两篇小论文，但是博士论文需要十万字以上，比小论文的理论框架和结构体系要丰满得多，真正确定选题时才发现真的好难。这个阶段，一方面，我通过与导师交流，试图确定一个方向；另一方面，通过大量阅读中英文文献，寻找到一些有意思的研究话题。经过一段时间，我初步拟定了卖空机制经济后果的研究方向。在撰写开题报告的过程中，由于自身积累有限，确实难以寻找到较好的研究问题。一开始，我想要追随当前学术研究的热点话题，如创新等研究问题。但是，在与导师和其他老师的交流后才发现，自己的研究问题应当契合中国的现实制度背景，需要有较强的现实观察的支撑。这促使我不断调整自己的研究设计，寻找一些更具有现实制度背景的研究问题。

　　与此同时，为了验证自己的一些初步想法，我也开始着手写作一篇卖空机制经济后果的小论文，以帮助自己厘清思路和搜集数据。感谢上天的眷顾，正是这个行动，不仅为博士论文奠定了基础，解决了博士毕业需发表小论文的问题，也让我更加坚定了研究方向。当人处于犹豫不决、不知所措的时候，可能行动起来是寻求答案最好的办法。

　　博士论文开题时，因为受到老师们的批评而难过了好一阵子。之后，自己仔细想想，我虽然大致找到了一个研究方向，但确实没有想好博士论文到底要研究什么问题。随后，通过与导师以及到西南财经大学担任短期课程的海外教授张连栋老师交流，才让我初步懂得了博士论文的体系和写作的方法。2016年7月，我参加了北京大学组织的"第九届会计与公司财务全国研究生暑期学校日程安排"，让我有种茅塞顿开的感觉，大致明白了怎么确定研究问题。

　　博士二年级的暑假，我开始着手撰写博士论文。虽然自己已经有了比较明确的研究方向，但是对于研究问题始终不是太清晰。这个阶段，我边看文献边进行数据测试，把自己想到的都尝试着进行数据测试，试图提炼出研究问题。经历了大概四个月的时间，我得到了一些自己预期的结果。但是，令我非常痛苦的是，我尚未形成成熟的博士论文体系。此时，很幸运能与到西南财经大学担任短期课程的海外教授交流得到启发，才最终确定了我的博士论文研究框架体系。

当有了比较清晰的论文框架体系之后，在前期文献收集和数据搜集、整理工作的基础上，论文写作显得比较得心应手，很快就完成了初稿。但这个时候我又碰到了另一个难题，对于论文第三个实证章节，一开始我想做市场反应，但始终无法很好地说服自己。于是，我将自己的想法与导师和其他老师进行交流，听取他们的建议和看法，这给了我很好的启发。经过这样一个思想火花碰撞的过程，直到有一天，我看到一篇股价崩盘风险的文献，受此启发，终于确定了我的博士论文第三个实证章节的研究方向和问题。自此，才算终于完成了博士论文的整个撰写工作。在论文写作的过程中，我边思考新内容，边修改、完善已完成部分的内容。终稿完成之后，又多次进行格式调整、润色打磨，期望以最好的形态问世。

虽然我竭尽全力地完善博士论文，但还是有不尽如人意的地方。比如，对2015年中国股价崩盘风险的原因，只是根据行为金融理论，从卖空机制制度背景到市场信息中介分析师行为的角度进行了解释。资本市场的参与者是多维度的，尤其是中国资本市场尚不成熟，对市场运行规律的理解还需要深入分析。这就当作是留给我将来研究的方向，继续努力吧！

在西南财经大学求学四年，初入校之景历历在目。没有家人的支持，我不可能顺利完成学业；没有导师的栽培，我不可能迅速成长起来进入学术研究之门；没有老师们的指点，我不可能迈过那些沟沟坎坎；没有同学、朋友们的陪伴，我不足以抵御那些困难重重的寒冬……

回首这些岁月，我成长了。祝福我的母校，也祝福那些奋斗在科研路上的人！坚持努力，总能走过寒冬迎来春日。

笔者

2019 年 9 月